SOMMERLOCH-LESEBUCH

Herausgegeben von
Aleksia Sidney

K
A
M
P
A

Für den Blick hinter die Verlagskulissen:
www.kampaverlag.ch/newsletter

KAMPA POCKET
DIE ERSTE KLIMANEUTRALE TASCHENBUCHREIHE
Gedruckt auf säurefreiem und chlorfrei gebleichtem Papier zur Unterstützung verantwortungsvoller Waldnutzung, zertifiziert durch das Forest Stewardship Council. Der Umschlag enthält kein Plastik. Kampa Pockets werden klimaneutral gedruckt, kampaverlag.ch/nachhaltig informiert über das unterstützte CO_2-Kompensationsprojekt.

Der Kampa Verlag wird in der Schweiz vom Bundesamt für Kultur mit einem Strukturbeitrag für die Jahre 2021–2024 unterstützt.

Veröffentlicht im Juni 2024 als Kampa Pocket
Copyright © 2024 by Kampa Verlag AG, Zürich
Covergestaltung und Satz: Lara Flues, Kampa Verlag
Covermotiv: Giordano Poloni © Kampa Verlag
Gesetzt aus der Stempel Garamond LT / 240140
Druck und Bindung: GGP Media GmbH, Pößneck
ISBN 978 3 311 15089 3

www.kampaverlag.ch

Inhalt

Milan Kundera	*Fingierter Autostop* 7
Tessa Hadley	*Sonnenstich* 33
William Boyd	*Frau mit Hund am Strand* 58
Lucia Berlin	*Manchmal im Sommer* 73
Deborah Levy	*Schlaglicht* 85
Ricarda Huch	*Der letzte Sommer* 93
Walter Benjamin	*In der Sonne* 199
Kurt Tucholsky	*Wandertage in Südfrankreich* 205
Tim Krohn	*Wie Zugvögel* 215
F. Scott Fitzgerald	*Liebe in der Nacht* 224
Roger Graf	*Das Sommerloch* 252
Martin Suter	*Die Sommerlochfrage* 265
Anna Katharina Hahn	*Sommerloch* 268

Nachweis 285

Milan Kundera

Fingierter Autostop

I

Der Zeiger der Benzinuhr sank plötzlich auf Null, und der junge Fahrer des Sportwagens verkündete, es sei zum Verrücktwerden, wie viel dieses Auto fresse. »Dass wir bloß nicht wieder ohne Benzin stehenbleiben«, sagte die (etwa zweiundzwanzigjährige) junge Frau und erinnerte den Fahrer an einige Orte im Land, wo ihnen das bereits passiert war. Der junge Mann antwortete, er mache sich keine Sorgen, denn alles, was er mit ihr erlebe, habe für ihn den Reiz eines Abenteuers. Die junge Frau widersprach; jedes Mal, wenn auf halber Strecke das Benzin ausgegangen sei, sei das immer nur für sie ein Abenteuer gewesen, weil er sich dann versteckt habe und sie ihre Reize habe missbrauchen müssen: ein Auto anhalten, sich zur nächsten Tankstelle fahren lassen, wieder ein Auto anhalten und mit dem Kanister zurückkommen. Er fragte sie, ob denn die Fahrer, die sie mitgenommen hatten, so unangenehm gewesen seien, dass sie von ihrer Aufgabe als von einer Zumutung spreche. Sie antwortete (unbeholfen kokett), sie seien manchmal sogar *sehr* angenehm gewesen, aber was habe sie schon davon gehabt, wenn sie sich, beladen mit dem Kanister, von ihnen habe verabschieden müssen, bevor etwas hätte beginnen können. »Schlitzohr«, sagte der junge Mann. Die junge Frau erwiderte, nicht sie, sondern er sei ein Schlitzohr; weiß Gott, wie viele Frauen seinen Wagen anhielten, wenn er allein unterwegs war! Er legte ihr im Fahren den Arm um die Schultern und küsste sie flüchtig auf die Stirn. Er wusste, dass sie ihn liebte und eifersüchtig war. Eifersucht ist nun allerdings keine angenehme Eigenschaft, wenn sie aber nicht missbraucht wird (und sich mit Bescheidenheit verbindet), so hat sie neben dem Unbequemen auch etwas Rührendes. Der junge Mann meinte das zumindest. Da er erst achtundzwanzig war, glaubte er, in diesem vorgerückten Alter bereits alles zu kennen, was ein Mann mit Frauen erleben kann. An der jungen Frau, die jetzt neben ihm saß, schätzte er vor allem, was er bei anderen Frauen bisher am wenigsten angetroffen hatte: die Reinheit.

Der Zeiger stand bereits auf Null, als der junge Mann rechter Hand ein Schild erblickte, das die nächste Tankstelle in fünfhundert Metern Entfernung ankündigte. Die junge Frau fand kaum Zeit zu sagen, es sei ihr ein Stein vom Herzen gefallen, da betätigte der junge Mann schon den linken Blinker und fuhr auf den Platz vor den Zapfsäulen. Er musste aber in einiger Entfernung davon anhalten, weil ein riesiger Tanklastzug vor den Zapfsäulen stand und die Tanks gerade aus einem dicken Schlauch nachfüllte. »Da können wir lang warten«, sagte er zu ihr und stieg aus dem Auto. »Wie lange wird es dauern?« rief er dem Mann im Overall zu. »Eine Minute«, antwortete dieser, und der junge Mann sagte: »Solche Minuten kenne ich.« Er wollte sich wieder in den Wagen setzen, sah aber, dass sie auf der anderen Seite ebenfalls ausgestiegen war. »Ich verschwinde mal eben«, sagte sie. »Wohin denn?« fragte er absichtlich, weil er sie in Verlegenheit bringen wollte. Er kannte sie nun ein ganzes Jahr, aber sie wurde in seiner Gegenwart immer noch rot; er genoss diese Augenblicke ihrer Schamhaftigkeit sehr; einerseits, weil seine Freundin sich dadurch von den Frauen unterschied, mit denen er vor ihr verkehrt hatte, andererseits, weil ihm die Vergänglichkeit aller Dinge bewusst war, die ihm sogar die Schamgefühle seiner Freundin kostbar erscheinen ließ.

2

Die junge Frau mochte es überhaupt nicht, wenn sie während der Fahrt um einen kurzen Halt bei ein paar Bäumen bitten musste (der junge Mann fuhr oft stundenlang, ohne anzuhalten). Sie wurde jedes Mal wütend, wenn er mit gespielter Verwunderung fragte, warum er denn anhalten solle. Sie wusste, ihre Schamhaftigkeit war lächerlich und altmodisch. Bestätigt bekam sie dies häufig auch an ihrem Arbeitsplatz, wo man sie bewusst provozierte und wegen ihrer Empfindlichkeit auslachte. Sie errötete immer schon im Voraus, weil sie wusste, dass sie erröten würde. Sie wünschte sich oft, sich in ihrem Körper so sorglos, frei und unbeschwert zu fühlen, wie die meisten Frauen um sie herum. Sie hatte sich sogar eine ganz besondere Erziehungsmethode zurechtgelegt: immer wieder sagte sie sich, dass jeder Mensch bei der Geburt einen der Millionen bereitstehender Körper erhielt, als teilte man ihm eines von Millionen Zimmern in einem riesigen Hotel zu; infolgedessen sei der Körper etwas Zufälliges und Unpersönliches, nur ein geborgter Gebrauchsgegenstand. Das sagte sie sich in verschiedenen Variationen, aber sie hatte es nie geschafft, sich dementsprechend zu fühlen. Der Dualismus von Körper und Seele blieb ihr fremd. Sie selbst war zu sehr eins mit ihrem Körper, und so erlebte sie ihn immer mit einer gewissen Ängstlichkeit.

Sogar mit dem jungen Mann ging sie so ängstlich um; sie hatte ihn vor einem Jahr kennengelernt und war mit ihm vielleicht gerade deshalb so glücklich, weil er ihren Körper nie von ihrer Seele getrennt wahrnahm und sie so *ganz* mit ihm zusammen sein konnte. In dieser Ungespaltenheit lag ihr Glück; aber hinter jedem Glück lauert auch schon ein Verdacht, und ihr Verdacht war groß. Oft musste sie zum Beispiel daran denken, dass andere Frauen (die unbeschwerten) anziehender und verführerischer waren, und der junge Mann, der nicht verheimlichte, diesen Frauentyp gut zu kennen, sie eines Tages wegen einer solchen Frau verlassen würde. (Er behauptete zwar, für den Rest seines Lebens von diesem Typ genug zu haben, sie aber wusste, dass er viel jünger war, als er dachte.) Sie wollte, dass er ganz ihr und sie ganz ihm gehörte, doch schien ihr oft, als verweigerte sie ihm etwas in dem Maße, wie sie sich bemühte, ihm alles zu geben, als verweigerte sie ihm gerade das, was nicht die tiefe Liebe, sondern ein oberflächlicher Flirt dem Menschen gibt. Sie litt darunter, dass sie neben ihrer Ernsthaftigkeit nicht auch leichtsinnig sein konnte.

Diesmal jedoch litt sie nicht und hegte keine solchen Gedanken. Sie fühlte sich wohl. Es war der erste Tag ihres gemeinsamen Urlaubs (eines vierzehntägigen Urlaubs, von dem sie das ganze Jahr lang sehnsüchtig geträumt hatte), der

Himmel war blau (das ganze Jahr lang hatte sie sich Sorgen gemacht, ob der Himmel auch wirklich blau sein würde), und er war bei ihr. Auf sein »wohin denn?« errötete sie und lief wortlos weg. Sie ging um die Tankstelle herum, die inmitten von Feldern verlassen am Straßenrand stand; nach etwa hundert Metern (in ihrer Fahrtrichtung) begann ein Wald. Sie ging darauf zu, verschwand dann hinter einem Gebüsch und gab sich ganz ihrem Wohlgefühl hin. (Auch die Freude über die Gegenwart des geliebten Mannes lässt sich nämlich am besten in der Einsamkeit genießen.)

Dann trat sie aus dem Wald auf die Straße; die Tankstelle war von hier aus gut zu sehen; der Tankwagen war weggefahren und der Sportwagen vor die rote Zapfsäule gerollt. Sie ging auf der Straße weiter und schaute sich von Zeit zu Zeit um, ob der Sportwagen kam. Dann sah sie ihn: sie blieb stehen und begann zu winken wie eine Anhalterin, die einem fremden Wagen winkt. Das Auto bremste und hielt direkt vor ihr an. Der junge Mann drehte die Scheibe herunter und fragte lächelnd: »Wohin wollen Sie denn, Fräulein?« »Fahren Sie nach Bystrica?« fragte sie und lächelte ihm kokett zu. »Bitte, steigen Sie ein«, sagte er und öffnete die Tür. Sie stieg ein, und das Auto fuhr weiter.

3

Der junge Mann war immer froh, wenn seine Freundin gut gelaunt war, und das geschah selten genug: sie hatte einen anstrengenden Beruf, das Arbeitsklima war deprimierend, dazu Überstunden, die sie nicht abfeiern konnte, und zu Hause eine kranke Mutter; sie war fast immer müde, zeichnete sich weder durch besonders gute Nerven noch durch Selbstsicherheit aus und verfiel leicht in Trübsal und Angst. Er begrüßte deshalb jedes Anzeichen von Fröhlichkeit mit der zärtlichen Fürsorge eines Pflegevaters. Er lächelte ihr zu und sagte: »Heute habe ich Glück. Ich fahre schon fünf Jahre Auto, aber eine so schöne Anhalterin habe ich noch nie mitgenommen.«

Die junge Frau war dem jungen Mann für jedes Kompliment dankbar; sie wollte sich noch für einen Moment daran wärmen und sagte daher: »Lügen können Sie ganz gut.«

»Sehe ich aus wie ein Lügner?«

»Sie sehen aus wie ein Frauenbelüger«, sagte die junge Frau, und in ihren Worten lag unwillkürlich eine Spur der alten Angst, denn sie glaubte wirklich, dass ihr Freund Frauen gerne etwas vormachte.

Ihre Eifersucht hatte ihn schon oft verstimmt, heute aber konnte er leicht darüber hinweggehen, denn der Satz galt ja nicht ihm, sondern dem unbekannten Fahrer. Und so fragte er bloß: »Stört Sie das?«

»Wenn ich Ihre Freundin wäre, würde es mich stören«, sagte sie, und es war dies ein sanfter pädagogischer Wink an die Adresse des jungen Mannes; der Schluss des Satzes jedoch galt nur noch dem fremden Fahrer: »Aber Sie kenne ich ja nicht, also stört es mich auch nicht.«

»Am eigenen Mann stört die Frauen immer viel mehr, als an einem fremden« (das wiederum war ein sanfter pädagogischer Wink an die Adresse der jungen Frau), »in Anbetracht der Tatsache aber, dass wir uns nicht kennen, könnten wir uns ganz gut verstehen.«

Sie wollte den pädagogischen Unterton bewusst nicht hören und wandte sich also wieder ausschließlich an den unbekannten Fahrer: »Was hätten wir denn davon, wo wir uns ohnehin bald schon wieder trennen müssen?«

»Wieso?« fragte der junge Mann.

»Ich steige doch in Bystrica aus.«

»Und wenn ich mit Ihnen aussteige?«

Nach diesen Worten sah die junge Frau den jungen Mann kurz an und stellte fest, dass er genauso aussah, wie sie ihn sich in den qualvollsten Stunden der Eifersucht vorstellte: sie war entsetzt, wie schmeichlerisch er mit ihr (einer unbekannten Anhalterin) flirtete, und welch gute Figur er dabei machte. Sie erwiderte deshalb trotzig und herausfordernd: »Ich bitte Sie, was würden *Sie* denn mit mir anfangen?«

»Bei einer so schönen Frau brauchte ich mir das nicht lange zu überlegen«, sagte der junge Mann galant, in diesem Moment wieder viel mehr zu seiner Freundin als zur Anhalterin.

Ihr aber schien es, als hätte sie ihn aufgrund dieses schmeichelnden Satzes ertappt, als hätte sie ihm mit betrügerischer List ein Geständnis entlockt; sie verspürte ein kurzes, heftiges Hassgefühl und sagte: »Nehmen Sie den Mund nicht etwas zu voll?«

Er sah sie an: ihr trotziges Gesicht schien völlig verkrampft; er hatte Mitleid mit ihr und sehnte sich nach ihrem bekannten, vertrauten Blick (von dem er stets behauptete, er sei so schlicht und kindlich), er neigte sich zu ihr, legte ihr den Arm um die Schultern und nannte sie leise bei ihrem Kosenamen, um das Spiel damit abzubrechen.

Die junge Frau jedoch entwand sich seiner Umarmung und sagte: »Sie sind mir ein bisschen zu schnell.«

Der zurückgewiesene junge Mann sagte: »Verzeihen Sie, Fräulein«, und schaute schweigend vor sich hin auf die Straße.

4

Die wehmütige Eifersucht verließ die junge Frau ebenso rasch, wie sie sie befallen hatte. Schließlich war sie vernünftig und wusste ganz genau, dass alles nur ein Spiel war. Es kam ihr jetzt sogar irgendwie lächerlich vor, dass sie den jungen Mann aus eifersüchtiger Wut weggestoßen hatte, und es wäre ihr nicht recht gewesen, wenn er dies bemerkt hätte. Frauen haben zum Glück das wunderbare Talent, den Sinn ihrer Handlungen im Nachhinein zu verändern. Sie machte sich dieses Talent jetzt zunutze und beschloss, ihn nicht aus Wut weggestoßen zu haben, sondern weil sie das Spiel fortsetzen wollte, das in seiner Ausgelassenheit gut zu einem ersten Urlaubstag passte.

Sie war also wieder die Anhalterin, die eben einen zudringlichen Fahrer abgewiesen hat, und zwar nur, um die Eroberung zu verlangsamen und so noch reizvoller zu gestalten. Sie wandte sich an den jungen Mann und sagte schmeichelnd:

»Mein Herr, ich wollte Sie nicht beleidigen!«

»Verzeihen Sie, ich werde Sie nicht mehr anrühren«, sagte er.

Er war wütend auf seine Freundin, weil sie nicht auf ihn eingegangen war und es abgelehnt hatte, wieder sie selber zu sein, als er das Bedürfnis danach hatte; und da sie auch weiterhin auf ihrer Maskierung bestand, übertrug er seinen Zorn auf die fremde Anhalterin, die sie darstellte, und hatte so endlich den Charakter seiner Rolle entdeckt: er verzichtete auf die galanten Bemerkungen, mit denen er seiner Freundin indirekt hatte schmeicheln wollen, und begann, den harten Mann herauszukehren, der Frauen gegenüber die gröberen Seiten seiner Männlichkeit spielen lässt: Stärke, Sarkasmus, Selbstsicherheit.

Diese Rolle stand in krassem Gegensatz zu der fürsorglichen Haltung, die er ihr gegenüber gewöhnlich einnahm. Bevor er sie kennengelernt hatte, war er mit Frauen tatsächlich eher grob als sanft umgegangen, aber den wirklich harten Männertyp hatte er nie verkörpert, weil er sich weder durch Zielstrebigkeit noch durch Rücksichtslosigkeit auszeichnete. Und obwohl er mit solchen Männern keine Ähnlichkeit hatte, hatte er es sich früher umso mehr *gewünscht*, ihnen ähnlich zu sein. Gewiss handelt es sich eher um einen naiven Wunsch, aber wie auch immer: kindische Wünsche umgehen alle Fallen des erwachsenen Bewusstseins und überleben dieses oft bis ins hohe Alter. Und auch sein kindischer Wunsch nutzte auf der Stelle die Gelegenheit, um in die angebotene Rolle zu schlüpfen.

Der jungen Frau kam die sarkastische Reserviertheit des jungen Mannes sehr gelegen: sie wurde dadurch von sich selbst befreit. Sie selbst, das war vor allem ihre Eifersucht. Von dem Augenblick an, da sie neben sich nicht mehr einen galanten Verführer, sondern ein unnahbares Gesicht sah, besänftigte sich die Eifersucht. Die junge Frau konnte sich selbst vergessen und völlig in ihrer Rolle aufgehen.

In ihrer Rolle? Was war ihre Rolle? Es war eine Rolle aus der Trivialliteratur. Die Anhalterin hatte das Auto nicht gestoppt, um mitgenommen zu werden, sondern um den Fahrer zu verführen; sie war eine abgebrühte Verführerin, die ihre Reize gekonnt einsetzte. Die junge Frau war in diese alberne Rolle aus einem Trivialroman geschlüpft, und dies mit einer Leichtigkeit, die sie selbst überraschte und bezauberte.

Und so fuhren sie dahin und führten Gespräche; ein fremder Fahrer und eine fremde Anhalterin.

5

Nichts im Leben fehlte dem jungen Mann mehr als Sorglosigkeit. Die Straße seines Lebens war mit unerbittlicher Strenge vorgezeichnet: seine Arbeit erschöpfte sich nicht in nur acht Stunden am Tag, sie drang in der Langeweile von Fernstudium und obligatorischen Versammlungen auch in die verbleibende Zeit, und sie drang in der Aufmerksamkeit unzähliger Kollegen und Kolleginnen auch in sein karg bemessenes Privatleben, das so nie geheim bleiben konnte und im Übrigen bereits mehr als einmal zu Tratsch und öffentlichen Diskussionen Anlass gegeben hatte. Sogar die zwei Wochen Urlaub konnten ihm kein Gefühl von Befreiung und Abenteuer verschaffen; der graue Schatten strengster Planung lag auch auf ihnen; der Mangel an Ferienwohnungen in seinem Land hatte ihn gezwungen, das Zimmer in der Tatra schon ein halbes Jahr im Voraus zu reservieren, wofür er eine Empfehlung des Betriebsrates benötigte, dessen allgegenwärtiger Geist also keinen Moment aufhörte zu wissen, was er tat.

Er hatte sich mit all dem abgefunden, und dennoch überfiel ihn zeitweise die schreckliche Vorstellung einer Straße, die er vor aller Augen entlanggehetzt wurde und von der er nicht abweichen durfte. Diese Vorstellung drängte sich ihm auch jetzt auf; in einem sonderbaren Kurzschluss identifizierte er die fiktive mit der wirklichen Straße, auf der er fuhr – und das brachte ihn plötzlich auf eine verrückte Idee.

»Wohin, sagten Sie, wollen Sie fahren?« fragte er die junge Frau.

»Nach Banská Bystrica«, antwortete sie.

»Und was wollen Sie dort?«

»Ich bin verabredet.«

»Mit wem?«

»Mit einem Herrn.«

Das Auto rollte jetzt auf eine große Kreuzung zu; der Fahrer verlangsamte das Tempo, um die Wegweiser zu lesen, und bog dann rechts ab.

»Und was passiert, wenn Sie zu dieser Verabredung nicht erscheinen?«

»Das hätten Sie dann auf dem Gewissen und müssten sich um mich kümmern.«

»Sie haben anscheinend nicht bemerkt, dass ich nach Nové Zámky abgebogen bin.«

»Wirklich? Sie sind wohl verrückt geworden!«

»Keine Angst, ich werde mich um Sie kümmern«, sagte der junge Mann.

Das Spiel hatte mit einem Mal ein anderes Niveau erreicht. Das Auto entfernte sich nicht nur vom imaginären Ziel Banská Bystrica, sondern auch von seinem wirklichen, wohin es am Morgen aufgebrochen war: von der Tatra und dem reservierten Zimmer. Das gespielte Leben hatte das ungespielte unerwartet angegriffen. Der junge Mann hatte sich von sich selbst entfernt und von seiner strengen schnurgeraden Straße, von der er bisher noch nie abgebogen war.

»Aber Sie haben doch gesagt, Sie würden in die Tatra fahren!« wunderte sich die junge Frau.

»Ich fahre, wohin es mir passt, mein Fräulein. Ich bin ein freier Mensch und tue, was ich will und was mir Spaß macht.«

6

Als sie in Nové Zámky ankamen, wurde es bereits langsam dunkel.

Der junge Mann war dort noch nie gewesen, und es dauerte eine Weile, bis er sich orientiert hatte. Er musste den Wagen einige Male anhalten und nach einem Hotel fragen. Mehrere Straßen waren aufgerissen, sodass die Fahrt dorthin mit allen Umleitungen eine gute Viertelstunde dauerte, obwohl das Hotel (wie alle Gefragten behaupteten) ganz in der Nähe lag. Es sah nicht sehr verlockend aus, aber es war das Einzige in der Stadt, und der junge Mann hatte keine Lust, noch weiter zu fahren. Er sagte also zu der jungen Frau: »Warten Sie einen Augenblick!«

Als er aus dem Wagen gestiegen war, war er sofort wieder er selbst. Und er ärgerte sich, an diesem Abend ganz woanders zu sein, als er beabsichtigt hatte: dies umso mehr, als niemand ihn dazu gezwungen, ja nicht einmal er selbst es gewollt hatte. Er warf sich seine Verrücktheit vor, beruhigte sich dann aber: das Zimmer in der Tatra konnte auch bis morgen warten, und es schadete nichts, den ersten Urlaubstag mit etwas Unvorhergesehenem zu feiern.

Er ging durch ein verrauchtes, überfülltes und lautes Lokal und fragte nach der Rezeption. Man schickte ihn nach hinten zum Treppenhaus, wo eine ältliche Blondine hinter einer Glastür unter einem Schlüsselbrett saß; nur mit Mühe bekam er den Schlüssel des letzten freien Zimmers ausgehändigt.

Auch die junge Frau legte, sobald sie allein war, ihre Rolle ab. Sie allerdings ärgerte sich nicht darüber, sich in einer anderen Stadt als erwartet wiederzufinden. Sie war dem jungen Mann so ergeben, dass sie nie etwas anzweifelte, was er tat, und ihm jeden Augenblick ihres Lebens zuversichtlich anvertraute. Dafür tauchte von Neuem der Gedanke in ihr auf, dass vielleicht – genau so, wie sie jetzt – andere Frauen im Auto auf ihn gewartet hatten, wenn er dienstlich unterwegs war. Erstaunlicherweise schmerzte sie diese Vorstellung keineswegs; sie musste sogar lächeln bei dem Gedanken, wie schön es war, selber diese fremde Frau zu sein, eine fremde, vulgäre Frau ohne Verantwortung, eine von denen, auf die sie so eifersüchtig war; es kam ihr vor, als hätte sie sie alle ausgestochen, als sei sie dahintergekommen, wie man sich ihrer Waffen bediente, wie man dem jungen Mann das geben konnte, was sie ihm bisher nicht zu geben verstanden hatte: Leichtigkeit, Schamlosigkeit und Ausgelassenheit. Sie wurde von einem seltsamen Gefühl der Genugtuung erfüllt: nur sie allein besaß die Fähigkeit, alle Frauen auf einmal zu sein, sie (und nur sie allein) konnte ihren Liebsten auf diese Weise ganz gefangen nehmen und verschlingen.

Der junge Mann öffnete die Autotür und führte die junge Frau ins Restaurant. Im Lärm, Schmutz und Rauch entdeckte er in einer Ecke einen freien Tisch.

7

»Wie wollen Sie sich jetzt um mich kümmern?« fragte die junge Frau herausfordernd.

»Was für einen Aperitif wünschen Sie?«

Sie mochte Alkohol nicht besonders, hin und wieder trank sie ein Glas Wein, und auch Wermut mochte sie ganz gern. Diesmal jedoch sagte sie mit Absicht: »Wodka.«

»Ausgezeichnet«, sagte der junge Mann. »Dass Sie sich mir aber nicht betrinken.«

»Und wenn ich's doch tue?« sagte die junge Frau.

Er gab keine Antwort, rief den Kellner und bestellte zwei Wodka und zwei Steaks. Nach einer Weile brachte der Kellner ein Tablett mit zwei Gläschen und stellte es vor sie auf den Tisch.

Der junge Mann hob sein Glas und sagte: »Auf Sie!«

»Ein geistreicherer Trinkspruch fällt Ihnen nicht ein?«

An dem Spiel der jungen Frau begann den jungen Mann etwas zu irritieren; jetzt, da er ihr gegenübersaß, begriff er, dass es nicht nur ihre *Worte* waren, die sie in eine Fremde verwandelten, sondern dass sie vielmehr *vollkommen* verwandelt war, in Gestik und Mimik, und so fast peinlich genau jenem Frauentyp glich, den er so gut kannte und gegen den er eine Abneigung empfand.

Und so korrigierte er seinen Trinkspruch (das Glas in der

erhobenen Hand): »Gut, ich trinke nicht auf Sie, sondern auf Ihre Gattung, in der sich das Bessere im Tier so gelungen mit dem Schlechteren im Menschen verbindet.«

»Meinen Sie mit dieser Gattung alle Frauen?« fragte sie.

»Nein, nur solche, die Ihnen gleichen.«

»Trotzdem finde ich es nicht gerade witzig, Frauen mit Tieren zu vergleichen.«

»Nun gut« – der junge Mann hielt das Glas immer noch hoch – »ich trinke nicht auf Ihre Gattung, sondern auf Ihre Seele! Einverstanden? Auf Ihre Seele, die aufflammt, wenn sie vom Kopf in den Bauch hinabsteigt, und verlöscht, wenn sie wieder in den Kopf hinaufsteigt.«

Auch die junge Frau hob ihr Glas: »Also gut, auf meine Seele, die in den Bauch hinabsteigt.«

»Ich muss mich nochmals korrigieren«, sagte er, »auf Ihren Bauch, in den Ihre Seele hinabsteigt.«

»Auf meinen Bauch«, sagte sie, und ihr Bauch (als er so direkt angesprochen wurde) schien den Ruf zu erwidern: sie spürte ihn, jeden Millimeter.

Dann brachte der Kellner die Steaks, und der junge Mann bestellte nochmals zwei Wodka und Soda (diesmal tranken sie auf den Busen der jungen Frau), und das Gespräch ging in diesem eigenartig frivolen Ton weiter. Den jungen Mann irritierte es zunehmend mehr, wie gut seine Freundin es *verstand*, sich in dieses laszive Fräulein zu verwandeln, und er dachte: wenn sie es so gut kann, bedeutet das, dass sie es in Wahrheit auch *ist*; schließlich ist keine fremde Seele von irgendwoher aus dem All in sie gefahren; was sie da spielt, ist sie selber; vielleicht ist es der Teil ihres Wesens, der sonst unter Verschluss gehalten wird, und den sie jetzt unter dem Vorwand des Spiels aus dem Käfig lässt; vielleicht glaubt sie, sich durch dieses Spiel zu *verleugnen*; ist es aber nicht gerade umgekehrt? wird sie nicht erst im Spiel sie selbst? wird sie nicht befreit durch das Spiel? nein, ihm gegenüber sitzt keine fremde Frau im Körper seiner Freundin; es *ist* nur seine Freundin, sie selbst und niemand anders. Er sah sie an und empfand ihr gegenüber eine wachsende Abneigung.

Es war aber nicht nur Abneigung. Je mehr die junge Frau sich psychisch von dem jungen Mann entfernte, desto heftiger begehrte er sie physisch; die Fremdheit der Seele verfremdete ihren Körper; ja, diese Fremdheit war es eigentlich, die aus ihrem Körper überhaupt erst einen Körper machte; als hätte er bisher für den jungen Mann nur in Wolken von Mitgefühl, Zärtlichkeit, Fürsorge, Liebe und Rührung existiert; als hätte er sich früher in diesen Wolken verloren (ja, als hätte der Körper *sich verloren!*) Es kam ihm vor, als ob er ihn heute zum ersten Mal *sehen* würde.

Nach dem dritten Wodka stand die junge Frau auf und sagte kokett: »Entschuldigen Sie.«

Der junge Mann sagte: »Darf ich fragen, wohin Sie gehen, Fräulein?«

»Pissen, wenn Sie gestatten«, sagte sie und ging zwischen den Tischen hindurch auf den Plüschvorhang zu.

8

Sie war zufrieden mit der Art und Weise, wie sie den jungen Mann verblüfft hatte mit einem – zwar ziemlich unschuldigen – Wort, das er aus ihrem Mund jedoch noch nie gehört hatte; nichts schien ihr die Frau, die sie spielte, besser zu charakterisieren als der kokette Nachdruck, mit dem das erwähnte Wort ausgesprochen wurde; ja, sie war zufrieden, sie war in glänzender Form; das Spiel hatte sie gefesselt; es ließ sie Dinge fühlen, die sie bisher noch nie gefühlt hatte: zum Beispiel dieses *Gefühl unbeschwerter Unverantwortlichkeit.*

Sie, die sie sich immer im Voraus vor jedem neuen Schritt gefürchtet hatte, fühlte sich nun plötzlich ganz gelöst. Das fremde Leben, in das sie geschlüpft war, war ein Leben ohne Scham, ohne biografische Festlegung, ohne Vergangenheit und Zukunft, ohne Verpflichtungen; es war ein ungewöhnlich freies Leben. Als Anhalterin durfte sie alles: *alles war ihr erlaubt*; sie konnte sagen, tun und fühlen, was sie wollte.

Sie schritt durch den Saal und registrierte, wie man sie von allen Tischen her beobachtete; auch dies war ein neues Gefühl, das sie bisher nicht gekannt hatte: *die schamlose Freude am eigenen Körper.* Bis jetzt hatte sie sich nämlich nie vollständig von jenem vierzehnjährigen Mädchen lösen können, das sich für ihre Brüste schämte und das unangenehme Gefühl hatte, schamlos zu sein, weil sie sich sichtbar vom Körper abhoben. Und obwohl sie stolz darauf war, hübsch und gutgewachsen zu sein, wurde dieser Stolz immer sofort durch die Scham gedämpft: sie spürte genau, dass die weibliche Schönheit vor allem als Sexappeal fungierte, und das war ihr unangenehm; sie wünschte sich, dass ihr Körper sich einzig dem Menschen zuwandte, den sie liebte. Wenn ihr die Männer auf der Straße auf den Busen stierten, schien es ihr, als beschmutzten sie ein Stück ihrer geheimsten Intimsphäre, die nur ihr und ihrem Geliebten gehörte. Aber jetzt war sie die Anhalterin, eine Frau ohne

Schicksal; sie war von den zärtlichen Banden ihrer Liebe befreit und wurde sich ihres Körpers intensiv bewusst; sie empfand ihn als um so aufreizender, je fremder die Augen waren, die ihn beobachteten.

Sie ging gerade am letzten Tisch vorbei, als ein angetrunkener Mann, der mit seiner Weltgewandtheit prahlen wollte, sie ansprach: »Combien, Mademoiselle?«

Die junge Frau verstand die Worte. Ihr Körper spannte sich, sie genoss jede Bewegung ihrer Hüften und verschwand hinter dem Plüschvorhang.

9

Es war ein merkwürdiges Spiel. Die Merkwürdigkeit lag zum Beispiel darin, dass der junge Mann nicht aufhörte, in der Anhalterin seine Freundin zu sehen, obwohl er selbst sich glänzend in die Rolle des unbekannten Fahrers hineinversetzt hatte. Und gerade das war quälend; er sah seine Freundin einen fremden Mann verführen, er genoss das bittere Privileg, dabei zu sein, aus der Nähe mitanzusehen, wie sie aussah und was sie sagte, wenn sie ihn betrog (betrogen hatte, betrügen würde). Er hatte die paradoxe Ehre, selbst Gegenstand ihrer Untreue zu sein.

Das war umso schlimmer, als er die junge Frau mehr vergötterte als liebte; es war ihm immer so vorgekommen, als sei ihr Wesen nur innerhalb der Grenzen von Treue und Reinheit *wirklich*, als existierte es jenseits dieser Grenze ganz einfach nicht, als hörte die junge Frau jenseits dieser Grenze auf, sie selber zu sein (wie Wasser über dem Siedepunkt aufhört, Wasser zu sein). Als er nun sah, mit welch eleganter Selbstverständlichkeit sie diese entsetzliche Grenze überschritten hatte, packte ihn die Wut.

Sie kehrte von der Toilette zurück und beklagte sich: »Irgendein Typ dort hat zu mir gesagt, ›combien, Mademoiselle?‹.«

»Kein Wunder«, sagte der junge Mann, »Sie sehen ja auch aus wie eine Nutte.«

»Wissen Sie, dass mir das überhaupt nichts ausmacht?«

»Sie hätten mit diesem Herrn gehen sollen!«

»Ich habe ja Sie hier!«

»Sie können mit ihm gehen, wenn Sie mit mir fertig sind. Machen Sie es mit ihm aus.«

»Er gefällt mir nicht.«

»Aber grundsätzlich sind Sie nicht dagegen, mehrere Männer in einer Nacht zu haben?«

»Warum nicht, wenn sie gut aussehen?«

»Haben Sie sie lieber nacheinander oder gleichzeitig?«

»Sowohl als auch.«

Das Gespräch artete in immer größere Ungeheuerlichkeiten aus; die junge Frau war leicht schockiert, konnte aber nicht protestieren. Sogar in einem Spiel gibt es versteckte Zwänge, sogar das Spiel wird für den Spieler zur Falle. Wäre es kein Spiel und säßen sich tatsächlich zwei fremde Menschen gegenüber, hätte die Anhalterin längst beleidigt weggehen können; einem Spiel aber kann man nicht entrinnen; eine Mannschaft kann nicht vor dem Schlusspfiff vom Feld laufen, Schachfiguren können nicht vom Brett fliehen, die Grenzen eines Spielfeldes sind nicht zu überschreiten. Die junge Frau wusste, dass sie jetzt jedes Spiel mitmachen musste, gerade weil es sich um ein Spiel handelte. Sie wusste, je extremer das Spiel werden würde, desto mehr würde es zum Spiel, desto folgsamer würde sie mitmachen müssen. Und vergeblich hätte sie die Vernunft zu Hilfe gerufen und die verwirrte Seele gewarnt, dem Spiel gegenüber Abstand zu wahren, es nicht ernst zu nehmen. Gerade weil es nur ein Spiel war, fürchtete sich die Seele nicht, sie widersetzte sich nicht und verfiel ihm wie einem Narkotikum.

Der junge Mann rief den Kellner und zahlte. Dann stand er auf und sagte zur jungen Frau: »Gehen wir.«

»Und wohin?« tat sie verwundert.

»Frag nicht und mach vorwärts«, sagte er.

»Wie reden Sie denn mit mir?«

»Wie mit einer Nutte.«

10

Sie stiegen das spärlich beleuchtete Treppenhaus hinauf: auf dem Absatz vor dem ersten Stock stand vor der Toilette eine Gruppe angetrunkener Männer. Der junge Mann fasste die junge Frau von hinten so, dass er mit der einen Hand ihre Brust festpresste. Die Männer sahen es und fingen an zu johlen. Die junge Frau wollte sich dem Griff entwinden, aber der junge Mann schrie sie an: »Halt still!« Die Männer quittierten dies mit derber Kumpelhaftigkeit und riefen ihr ein paar schlüpfrige Bemerkungen zu. Als die beiden im ersten Stock angekommen waren, öffnete er die Zimmertür und drehte das Licht an.

Es war ein enges Zimmer mit zwei Betten, einem Tischchen, einem Stuhl und einem Waschbecken. Der junge Mann schloss die Tür ab und wandte sich der jungen Frau zu. Sie stand ihm in herausfordernder Haltung gegenüber, mit unverfrorener Sinnlichkeit im Blick. Er sah sie an und versuchte, hinter diesem lasziven Ausdruck die vertrauten Züge zu entdecken, die er zärtlich liebte. Es war, als schaute er in einem Guckkasten auf zwei einander überlagernde und durchdringende Bilder. Die beiden Bilder sagten ihm, dass im Innern der jungen Frau *alles* vorhanden und ihre Seele schrecklich amorph war, dass Treue und Untreue, Verrat und Unschuld, Koketterie und Keuschheit in ihr wohnten; dieser wilde Wirrwarr widerte ihn an wie die Buntheit eines Müllhaufens. Die beiden Bilder schoben sich unablässig übereinander, und der junge Mann begriff, dass seine Freundin sich nur auf der Oberfläche von anderen Frauen unterschied, in ihrem tiefsten Inneren aber genauso war wie alle, voll von allen möglichen Gedanken, Gefühlen und Lastern, die all seine heimlichen Zweifel und Eifersüchte bestätigten. Er begriff, dass die Konturen, die ihre Individualität charakterisierten, nur ein Trugbild waren, dem ihr Gegenüber zum Opfer fiel, derjenige, der sie betrachtete, er selbst. Es kam ihm so vor, als sei die junge Frau, wie er sie liebte, nur eine Schöpfung seiner Sehnsucht, seiner Abstraktion, seines Vertrauens gewesen, als stünde seine *wirkliche* Freundin erst jetzt vor ihm: hoffnungslos *anders*, hoffnungslos *fremd*, hoffnungslos *vieldeutig*. Er hasste sie.

»Worauf wartest du noch? Zieh dich aus«, sagte er.

Sie neigte den Kopf kokett zur Seite und sagte: »Muss es sein?«

Der Ton, in dem sie es sagte, kam ihm sehr bekannt vor,

es schien ihm, als hätte ihm das eine andere Frau irgendwann vor langer Zeit ebenso gesagt, doch wusste er nicht mehr, welche. Er hatte Lust, sie zu erniedrigen. Nicht die Anhalterin, sondern seine eigene Freundin. Das Spiel vermischte sich mit dem Leben. Das Spiel, in dem die Anhalterin erniedrigt werden sollte, wurde zum Vorwand für die Erniedrigung der Freundin. Der junge Mann hatte vergessen, dass er spielte. Er hasste ganz einfach die Frau, die vor ihm stand. Er sah sie unverwandt an und zog einen Fünfzigkronenschein aus der Brusttasche: »Genügt das?«

Sie nahm das Geld und sagte: »Besonders viel scheine ich Ihnen nicht wert zu sein.«

Der junge Mann sagte: »Du bist nicht mehr wert.«

Sie schmiegte sich an ihn: »Mir kannst du nicht so kommen. Mit mir musst du anders umgehen, musst dich ein bisschen anstrengen!«

Sie umarmte ihn und bot ihm ihre Lippen zum Kuss. Er legte seine Finger auf ihren Mund und schob sie sanft von sich. Er sagte: »Ich küsse nur Frauen, die ich liebe.«

»Und mich liebst du nicht?«

»Nein.«

»Wen liebst du denn?«

»Was geht dich das an. Zieh dich aus!«

11

Sie hatte sich noch nie so ausgezogen. Die Schüchternheit, die fahrige Nervosität, das Gefühl innerer Panik, all das, was sie stets empfunden hatte, wenn sie sich vor dem jungen Mann auszog (und sich nicht im Dunkeln verstecken konnte), all das war weg. Sie stand selbstbewusst und keck vor ihm, in hellem Licht und selber überrascht, woher sie auf einmal die ihr bisher unbekannten Bewegungen nahm, mit denen sie sich langsam und aufreizend entkleidete.

Sie bemerkte seine Blicke, legte spielerisch ein Kleidungsstück nach dem anderen ab und genoss jede einzelne Phase dieser Entblößung.

Aber dann stand sie auf einmal ganz nackt vor ihm, und in diesem Moment ging ihr durch den Kopf, dass an diesem Punkt jedes Spiel zu Ende war, dass sie mit den Kleidern auch ihre Maskierung abgelegt hatte und jetzt nackt war, was bedeutete, dass sie wieder sie selbst war und der junge Mann jetzt auf sie zukommen und eine Geste machen musste, mit der er alles wegwischen würde und auf die dann nur noch ihre vertrautesten Liebesspiele folgten. So stand sie nackt vor ihm und hatte in diesem Moment zu spielen aufgehört; sie wurde verlegen, und auf ihrem Gesicht erschien ein Lächeln, das wirklich nur ihr eigen war: schüchtern und verwirrt.

Aber der junge Mann ging nicht auf sie zu und setzte dem Spiel kein Ende. Er hatte das sonst so vertraute Lächeln nicht bemerkt; er sah vor sich nur den fremden, schönen Körper seiner Freundin, die er hasste. Dieser Hass nahm seiner Sinnlichkeit alle Gefühlsverbrämungen. Die junge Frau wollte auf ihn zutreten, aber er sagte: »Bleib, wo du bist. Ich will dich genau sehen.« Er hatte nur noch ein Bedürfnis: sie wie eine bezahlte Nutte zu behandeln. Aber der junge Mann hatte noch nie eine Nutte gehabt, und seine diesbezüglichen Vorstellungen stammten aus der Literatur oder vom Hörensagen. Er vergegenwärtigte sich also diese

Bilder, und das erste, das vor ihm auftauchte, war eine Frau in schwarzer Unterwäsche (und schwarzen Strümpfen), die auf einem glänzenden Klavierdeckel tanzte. Im Hotelzimmer gab es kein Klavier, nur ein an die Wand gerücktes Tischchen, auf dem ein Leinendeckchen lag. Er befahl ihr, auf das Tischchen zu steigen. Sie machte eine bittende Geste, aber er sagte: »Du bist bezahlt worden.«

Als sie die unerbittliche Besessenheit in seinem Blick sah, versuchte sie, das Spiel fortzusetzen, obwohl sie weder weiter konnte noch wusste. Mit Tränen in den Augen stieg sie auf den Tisch. Die Platte maß kaum einen Quadratmeter, und ein Bein war etwas kürzer als die anderen; das Mädchen stand darauf und fürchtete, jeden Moment herunterzufallen.

Der junge Mann hingegen war zufrieden mit der nackten Gestalt, die über ihm aufragte, und ihre verschämte Unsicherheit stachelte seine Kommandierlust nur noch stärker an. Er wollte diesen Körper in allen Positionen und von allen Seiten sehen, so wie er sich vorstellte, dass andere Männer ihn gesehen hatten und sehen würden. Er war ordinär und obszön. Er sagte ihr Wörter, die sie aus seinem Mund noch nie gehört hatte. Sie wollte sich zur Wehr setzen, wollte dem Spiel entfliehen, nannte ihn bei seinem Namen, aber er schrie sie sogleich an, sie habe kein Recht, ihn so vertraulich anzusprechen. Und so gehorchte sie schließlich, den Tränen nahe und voller Verwirrung, sie beugte sich nach seinen Wünschen vornüber und kauerte sich nieder, sie salutierte und wackelte mit den Hüften, um ihm einen Twist vorzuführen. Da verrutschte bei einer abrupten Bewegung das Tuch unter ihren Füßen, und sie wäre beinahe vom Tisch gefallen. Er fing sie auf und warf sie aufs Bett.

Er schlief mit ihr. Sie war froh, dass jetzt wenigstens

dieses unglückliche Spiel aufhören und sie wieder die beiden sein würden, die sie vorher gewesen waren, zwei, die sich liebten. Sie wollte sich an seinen Lippen festsaugen. Er stieß ihren Kopf jedoch weg und wiederholte, er küsse nur Frauen, die er liebe. Sie fing an zu weinen. Aber nicht einmal das Weinen war ihr vergönnt, denn seine rasende Leidenschaft ergriff allmählich auch von ihrem Körper Besitz und brachte die Klagen ihrer Seele zum Verstummen. Auf dem Bett lagen bald zwei Körper in größter Harmonie, zwei sinnliche Körper, die sich fremd waren. Das war genau das, wovor die junge Frau sich immer am meisten gefürchtet und was sie angstvoll gemieden hatte: den Liebesakt ohne Gefühle und ohne Liebe. Sie wusste, dass sie eine verbotene Grenze überschritten hatte, bewegte sich aber jenseits davon bereits ohne Widerrede und voller Teilnahme; nur irgendwo weit weg, in einem Winkel ihres Bewusstseins, spürte sie das Entsetzen darüber, dass sie noch nie solche Lust und noch nie so viel Lust gehabt hatte wie gerade jetzt – jenseits der Grenze.

12

Dann war alles vorbei. Der junge Mann löste sich von der jungen Frau, griff nach der langen Schnur über dem Bett und löschte das Licht. Er wollte ihr Gesicht nicht sehen. Er wusste, dass das Spiel aus war, hatte aber keine Lust, in das gewohnte Verhältnis zurückzukehren; er fürchtete diese Rückkehr. Er lag neben ihr im Dunkeln, und zwar so, dass ihre Körper sich nicht berührten.

Nach einer Weile hörte er sie leise schluchzen; ihre Hand berührte die seine zaghaft und kindlich: sie berührte sie, zog sich zurück, berührte sie wieder, und dann sagte eine bittende, schluchzende Stimme, die ihn beim Namen nannte: »Ich bin ich, ich bin ich ...«

Der junge Mann schwieg, rührte sich nicht und dachte über die traurige Bedeutungslosigkeit ihrer Beteuerung nach, in der eine unbekannte Größe mit sich selbst definiert wurde.

Ihr Schluchzen ging bald in lautes Weinen über, und sie wiederholte die rührende Tautologie noch unzählige Male: »Ich bin ich, ich bin ich, ich bin ich ...«

Der junge Mann begann, das Mitgefühl zur Hilfe zu rufen, um die junge Frau zu beruhigen (er musste es aus weiter Ferne herbeirufen, in der Nähe war es nirgends). Es lagen noch dreizehn Urlaubstage vor ihnen.

Tessa Hadley

Sonnenstich

Der Strand liegt nicht direkt am Meer, sondern am Bristol Channel: Wales ist als blaue Hügelkette auf der anderen Seite zu sehen. Die Gemeinde hat Sand ankarren lassen und als Abgrenzung ein kompliziertes und hässliches System aus Deichen und steinernen Wellenbrechern errichtet, damit der Strand mehr wie ein Strand aussieht, aber die Einheimischen sind der Ansicht, dass alles bei der ersten Springflut weggeschwemmt werden wird. Beherzte Kinder waten auf dem weichen braunen Schlamm weit hinaus bis zum lauwarmen Wasser, das kaum die Kraft hat, sich zu einer Art Welle zu erheben. Man kann kaum glauben, dass diese Jungs und Mädchen, die zu Hause Playstations und Internet haben, immer noch Spaß daran finden, mit Krabbennetzen auf die Gezeitentümpel rauszupaddeln, die sich mit der Ebbe gebildet haben. Aber sie tun es, und sie können sich stundenlang darin vertiefen, wie Kinder es schon seit Jahrzehnten und Generationen machen.

Es ist ein Sommertag mit demselben blauen Himmel und den lustig weiß gebauschten Schäfchenwolken, wie ihn Postkarten zeigen. Die High Street ist mit Fähnchen und Wimpeln festlich geschmückt; die Spielzeugläden haben die Metallkörbe mit Eimern, Schaufeln und Plastikfahnen rausgestellt; die Cafés machen mit dem Nachmittagstee und dem

Verkauf von Pommes ein gutes Geschäft. Viele verbringen dieses Jahr ihren Urlaub in Somerset. Mit sonnenverbrannter Haut kaufen sie in Shorts und Sonnenbrille, umgeben von Horden von Kindern, handgemachtes Eis, besuchen die von Liebhabern am Leben erhaltene Dampfeisenbahn, wechseln Zwanzigpfundnoten in Münzgeld und verlieren alles an den Automaten in den Spielhallen. Vor nicht allzu langer Zeit hätte man meinen können, diese alten Seebäder hätten ihre besten Zeiten lange hinter sich, dass sie von all jenen, die ihre Ferien lieber im Ausland verbringen, der älteren Generation überlassen wurden; doch mittlerweile sind manche gar nicht mehr so scharf aufs Fliegen. Diese Touristen gratulieren sich selbst: Bei *dem* Wetter, muss man doch wirklich nicht ins Ausland reisen.

Gegenüber vom Strand befinden sich auf der anderen Straßenseite die Jubilee Gardens (und damit ist Victorias Jubiläum gemeint, nicht das der aktuellen Queen), wo es ein Putting-Green gibt und sogar eine Bühne, auf der heute allerdings niemand spielt. Zwei junge Frauen haben ein chaotisches Familienlager aufgeschlagen aus Taschen, Strickjacken, Plastikwasserflaschen und fallen gelassenen Kindershirts. Sie lagern im fleckigen Halbschatten irgendeines Zierbaums, den keine der beiden zuordnen kann – obwohl sie im Gras auf dem Rücken liegend verträumt zu dem feinen Gitterwerk aus Ästen und Zweigen hinaufgestarrt haben, das im Gegenlicht wie glitzerndes Wasser oszilliert. Die Kinder (beide haben jeweils drei) kreisen immer wieder um ihre Mütter, wollen etwas trinken, wollen Geld, Küsse oder fordern entrüstet Gerechtigkeit. Die Frauen unterbrechen ihr Gespräch kaum, um das zu verteilen, was gerade gebraucht wird, um ihre Portemonnaies zu öffnen und strenge Ultimaten zu verhängen. Sie unterhalten sich, manchmal auch über die Köpfe der Jüngsten hinweg, die, heiß und schwer auf ihrem Schoß zusammengerollt, mit ihren klebrigen Tränen Falten in den Sommerkleidern hinterlassen. Das Baby schläft im Buggy; später liegt es auf einer Decke, blinzelt ebenfalls in den Baum und reagiert mit zuckenden Armen und Beinchen auf die wandernden Muster aus Licht.

Schon an ihrem Erscheinungsbild kann man leicht erraten, dass diese Frauen und ihre diversen Kinder nicht in einer der Pensionen dieses Ferienortes wohnen, und ganz sicher nicht in einem der luxussanierten Ferienlager an der Küste. Sie sehen nicht wohlhabend aus (die Kleider der Kinder sind secondhand, die Portemonnaies abgewetzt, und die Frauen blicken mit gerunzelter Stirn hinein), aber sie haben etwas bohemienhaftes an sich, wenn das heute noch etwas zu bedeuten hat. Rachels kurvige Waden und starke nackte Arme sind auf fast herausfordernde Art nicht gebräunt, ihr üppiges tiefdunkles Haar ist zu einem unordentlichen Knoten hochgesteckt. Janie, die die Kunstakademie besucht hat, trägt ein dünnes, kurzes grünes Kleid mit rosa Paisleymuster. Ihr hellbraunes glattes Haar hat sie auf eine Art frisiert, die Rachel gleichzeitig verachtet und bewundert: fransig und schräg, als wäre es aufs Geratewohl geschnitten worden. Beide sind Anfang dreißig, dieses pikante Alter der Veränderung, wenn die äußeren fleischlichen Makel langsam vom Inneren durch Charakter und Erfahrung geglättet werden.

Sie machen einen Tagesausflug in die Stadt. Rachel und ihr Mann Sam besitzen ein Cottage im Landesinneren, in dem sie ihre Ferien verbringen; Janie und ihr Partner Vince sind gerade zu Besuch. Rachel und Janie sind schon seit der Schulzeit beste Freundinnen. Gemeinsam haben sie in Brighton ihren Abschluss gemacht und dort auch zusammengewohnt. Als Rachel wieder nach Bristol zog, wo beide aufgewachsen waren (Sam arbeitete dort für die BBC), suchte sich Janie einen Job in London und blieb. Sie ähneln sich nicht auf den ersten Blick: Rachel ist impulsiv und klingt schnell barsch und laut; Janie dagegen ist eher ironisch und skeptisch. Aber sie erzählen einander alles, oder fast alles. In den langen Monaten zwischen ihren Treffen telefonieren sie stundenlang. Beide haben auch andere Freunde, aber es ist nicht dasselbe: Es gibt niemanden sonst, dem sie ihr Seelenleben mit derselben Freiheit bloßlegen können.

Schon seit dem Aufstehen sprechen die beiden heute intensiv miteinander. Zuerst kam Rachel in Janies Schlafzimmer und setzte sich im Pyjama aufs Bett, während Janie Lulu stillte, dann unterhielten sie sich weiter, als sie die Matratzen der Kinder in Ordnung brachten, die über die gesamte Breite des Dachgeschosses ausgelegt waren. Vor ein paar Stunden zogen sie die Kinder an und fuhren mit ihnen in die Stadt; angeblich um ein paar Besorgungen zu machen und die Kinder an die frische Luft zu locken, damit Sam in Ruhe schreiben konnte, aber die ganze Zeit über hatten sie sich schon darauf gefreut – auf den faulen, köstlichen, gestohlenen Nachmittag, den sie mit Nichtstun verbrachten, fern von ihren Männern, über die sie unablässig redeten. Sie greifen tief in ihre Portemonnaies, und die Kinder spüren, dass was rauszuschlagen ist. Die älteren Jungs rennen zum Spielzeugladen und kaufen Pistolen für sich selbst und Windräder für die Kleinen.

Wie viele quälende Hausfrauentage haben diese jungen Mütter auf sich genommen, um sich diesen Tag im Sonnenschein, umgeben von ihren schönen, herumtobenden Kindern, zu verdienen? Beide gehen einem symbolischen Job außer Haus nach – Janie gibt ein paar Stunden Kunsttherapie für behinderte Kinder, Rachel lektoriert ein wenig – aber im Grunde sind sie seit Jahren halb freiwillig in der warmen Gemüsesuppe der Mutterschaft versunken, wodurch ihr Leben erstaunlicherweise sehr dem ihrer eigenen Mütter dreißig Jahre zuvor gleicht. Wie das passieren konnte, ist ihnen nicht ganz klar; vor der Geburt der Kinder wiesen ihre jeweiligen Beziehungen jedes Zeichen einer modernen Lebensgemeinschaft auf, um die Gleichwertigkeit zweier Karrieren und die geteilte Hausarbeit herum gebaut.

Keine der beiden ist wirklich unglücklich, aber in ihrem Inneren ist ein Gefühl des Ennuis entstanden, eines ungelebten Lebens. Während sie vollauf mit Buggy schieben, Fischstäbchen braten und Popo wischen beschäftigt waren, musste es irgendwo eine andere Welt voller intensiver Erfahrungen für Erwachsene geben. Es fühlt sich an, als wären sie durch ihre ständige Beschäftigung mit infantilen Themen auch selbst wieder zu Kindern geworden; als würde ihr erwachsenes Ich ganz umsonst zu voller Süße reifen – verschwendet. Dieser sinnliche Überschuss ist ihnen fast anzusehen. Er schimmert auf ihrer Haut und in ihren Augen, wie Sahne, die an die Milchoberfläche steigt (obwohl keine von beiden dick ist: Rachel ist groß und muskulös, Janie schlank und jungenhaft, nur ihre Brüste sind wegen des Stillens prall). Auf gewisse Art wissen sie selbst, wie deutlich sie ihre sexuelle Bereitschaft verströmen. Sie wissen, welchen Anblick sie abgeben, wie sie sich hier in ihren

Sommerkleidern unter dem Baum rekeln, während ihre Brut um sie herumtollt.

Die Kinder nutzen die Gunst der Stunde und verlangen nach Eis.

»Ach bitte, bitte, Mami, bitte, bitte.«

»Dann sind wir viel länger brav, und du musst dich gar nicht mehr um uns kümmern.«

Die Pistolen, die die Jungs gekauft haben, wurden in Deutschland hergestellt, und auf der grellorange leuchtenden Explosion im Inneren der Verpackung steht auf Englisch *Bang Bang,* aber auch *Toller Knall.* Die Kinder richten die Pistolen gegenseitig auf ihre Köpfe und brüllen »toller Knall, toller Knall«, und lachen sich dann schlapp darüber, wie harmlos es klingt.

»Ihr wisst, dass ich das nicht mag«, sagt Rachel. »Ich kann es überhaupt nicht leiden, wenn man Waffen auf Köpfe richtet.«

»Mum, das ist doch nur Plastikspielzeug«, erklärt Joshua geduldig. »Wahrscheinlich ist es gefährlicher, wenn ich ihn mit dem Finger pikse.«

Aber die Jungs lenken ungetrübter Stimmung ein und zielen mit einem zugekniffenen Auge auf imaginäre Hasen im Gras.

»Sam ermutigt ihn sogar dazu«, flüstert Rachel Janie zu. »Er will, dass Joshua einem Schützenverein betritt. Er kommt mit diesem ganzen Zeug an, von wegen dem Jungen Respekt vor Waffen beibringen.«

»Aber hat er nicht immer gegen den Waffenhandel gewettert?«

»Ach, irgendwann wahrscheinlich schon. Aber ich mach mir weniger Sorgen um seine Prinzipien: Hast du mal gesehen, wie er versucht, ein Regal aufzubauen? Bei Joshua habe ich weniger Bedenken. Sam ist es, den man nicht in die Nähe einer Waffe lassen sollte.«

Janies mittleres Kind Melia (viel schwieriger als die charmanten Jungs) tut so, als täten ihr die armen Häschen leid, und bricht in echte Tränen aus. Rachel fragt sich manchmal, ob Melia mit ein bisschen weniger Verständnis nicht besser klarkommen würde, aber sie schweigt diplomatisch, während Janie tröstet und verhandelt. Rachel hat den Eindruck, dass ihr das Muttersein mehr liegt als Janie; Janie ist verträumter und vermisst das Alleinsein sehr.

»Vielleicht ist Eis doch eine gute Idee«, beschließt Janie.

Die Kinder pflanzen ihre bunten Plastikwindrädchen ins Gras und rennen los, um sich bei dem gelb-weiß gestrichenen Café anzustellen. Rachel erzählt Janie von einem Mann, Kieran, einem Freund von Sam aus London, mit dem sich womöglich etwas anbahnt. Janie kennt Kieran auch, aber nicht besonders gut.

»Eigentlich ist es gar nichts. Wahrscheinlich ist es gar nichts«, sagt Rachel. »Du denkst bestimmt, ich bilde mir das alles nur ein. Aber es war schon komisch, dass er letzten Monat eines Abends einfach vor der Tür stand, als er seine Eltern in Bristol besuchte. Er wusste sicher, dass Sam nicht da war. Ich hatte Sukey und Dom gerade in die Wanne gesteckt, trug uralte Klamotten, die Ärmel hochgekrempelt, die Haare nur mit einem Gummi hochgebunden und hatte sie bestimmt seit dem Aufstehen nicht mehr gekämmt.«

»Vielleicht steht er ja drauf«, sagte Janie. »Du kennst das doch, manche Männer fahren so richtig ab auf domestizierte Frauen – nur nicht auf die, mit denen sie zusammenleben, ist ja klar.«

»Joshua hat die Tür aufgemacht, sonst hätte ich gar nicht reagiert. Und dann dachte ich, er würde gleich wieder gehen, weil Sam nicht da war, aber er kam ins Bad und half mir mit den Kindern. Er war richtig nett – wir haben uns wahnsinnig gut verstanden. Während ich ihnen vorgelesen habe, hat er das Bad sauber gemacht – das hab ich erst später bemerkt. Sam würde nie im Leben von allein auf die Idee kommen, das Bad zu putzen. Ich dachte immer, Kieran ist so ein superernsthafter Intellektueller – der immer nur über Habermas oder Adorno oder so reden will. Aber wir haben die ganze Zeit rumgealbert, und dann hat er mir von den Kindern seiner Schwester erzählt. Dom hat uns mit den Badeenten vollgespritzt, wir beide waren danach klatschnass, und ich hab mich die ganze Zeit entschuldigt, aber Kieran hat gesagt, er findet es super. ›Ich find's super‹, hat er gesagt. Und danach hab ich mich gefragt, was er mir damit sagen wollte. Was genau fand er super? Aber vielleicht habe ich's auch nur falsch verstanden.«

Janie denkt, dass Rachel viel zu empfänglich für Männer ist; dass sie die männlichen Motive und Charaktere durch ihren skeptischen Argwohn selbst viel besser einschätzen kann. Außerdem versteht sie nicht, wie Rachel mit Sams Launen klarkommt. Sie hat mit Vince ihre eigenen Probleme, aber sie würde niemals zulassen, dass jemand ihr Leben so sehr beherrscht, wie Sam es mit Rachels macht durch seine düsteren Blicke, sein Schweigen und seine Wutanfälle.

»Neulich Abend hätte ich Kieran fast angerufen«, erzählt Rachel. »In der Woche, bevor wir ins Cottage gefahren sind, hab ich seine Nummer gewählt, habe aber aufgelegt, bevor es geklingelt hat. Ich hab mir eingeredet, es wäre ganz normal und freundlich, ihn anzurufen. Ich wollte mich nur bei ihm beschweren – du weißt schon, eine lustige Geschichte aus meinem chaotischen Tag machen. Vielleicht hätte ich es tun sollen. Und ich hätte sagen wollen, dass er vorbeikommen und ein paar Tage mit uns auf dem Land verbringen soll.«

Janie ist mit Kümmern beschäftigt. Sie stillt Lulu, während die Schatten der Blätter über ihre nackte Brust flackern und der Kopf des Babys sich rhythmisch beim Saugen bewegt. »Lass dir bloß nicht wehtun«, sagt sie.

Rachel wirft sich ruhelos ins Gras. »Schön wär's«, sagt sie.

»Ich würde warten«, sagte Janie, »bis er sich meldet.«

Später dreht Rachel mit den Kindern eine Runde auf dem Putting-Green. Sie sind unglaublich langsam, weil sie eine so große Gruppe sind und die Kleinen wahnsinnig viele Abschläge brauchen, um den Ball ins Loch zu kriegen, obwohl Joshua und Tom sogar großzügigerweise ein wenig für sie mogeln. Melia wirft ihr Eisen ins Gras, schmollt, latscht ihnen hinterher und holt sie dann wieder ein. Etwa nach der Hälfte haben sich mehrere Spielergruppen hinter ihnen angesammelt, und Rachel ordnet eine Pause an und lässt sie vor. Sie rennt zu Janie, die vom Rand aus neben dem Buggy zusieht. Sie hat eine Idee. Wenn sie mit der Runde fertig sind, könnten sie doch Würstchen und Pommes beim Café holen, damit sie heute Abend nicht kochen müssen. Diese kleine Freiheit scheint diesem schönen Tag angemessen. Die drohende Schufterei – Kartoffeln schälen, braten, füttern, abwaschen – hebt sich so leicht vom Abend wie eine treibende Wolke. Warum nicht? Das Leben kann doch auch ganz einfach sein. Rachel ruft Sam und Vince an, um ihnen zu sagen, dass sie für sich selbst kochen sollen.

Sie muss ein wenig zwischen die Bäume gehen, um guten Empfang zu kriegen.

Als Rachel das Telefon wegsteckt und sich umdreht, denkt Janie einen Augenblick lang, Sam hätte etwas Fieses gesagt. Rachels Gesicht sieht vollkommen konzentriert und überrascht aus; sie geht übers Gras zurück, als müsste sie genau darauf achten, wohin sie ihre nackten Füße setzt.

»Da kommst du nie drauf«, sagt sie.

»Was?«

»Kieran ist aufgetaucht.«

»O Rach.«

»Aber ich hab ihn gar nicht angerufen. Ich hab ihn nie gefragt. Er war schon vorher ein paarmal da. Offenbar ist er heute Nachmittag einfach vorbeigekommen. Er wusste, dass wir im Cottage sind, weil Sam es erwähnt hat. Sam kocht irgendwelche Nudeln.«

»Freust du dich?«

»Es fühlt sich wie ein Zeichen an: dass ich mir das alles nicht eingebildet habe.«

»Ja, wahrscheinlich.«

»Ich hab wirklich schon gedacht, ich phantasiere nur rum. Aber du hast gemeint, ich sollte warten, bis er sich meldet, und jetzt hat er's getan. Irgendwie. Als wäre es ernst.«

Beim Golfen hatte sich Rachels Haar zum Teil aus den Spangen gelöst; lange Strähnen kräuselten sich in ihrem Nacken – eine klassische Schönheit mit wächserner, heller Haut, wie ein Porträt von Reynolds. Ihr haftet nicht die körperliche Leichtigkeit oder Beweglichkeit an, die auf Affären schließen lässt, der einfache Übergang von einem Mann zum anderen, Geheimnisse. Die Jungs rufen vom Grün herüber; sie sind wieder an der Reihe. Nachdenklich hebt sie ihren Puttingschläger auf. Janie spürt, dass sie Aufregung wie Hitze ausstrahlt.

Kierans Besuch im Cottage hätte für die Männer dort seltsam werden können, denn Kieran und Sam verband seit dem College eine jahrelange Freundschaft; Sam kannte Vince dagegen nur durch Janie und hielt ihn für eine Art Dünnbrettbohrer. Während Sam vormittags am Computer arbeitete, mühte er sich, nicht darauf zu achten, dass Vince unten offenbar nichts mit sich anzufangen wusste, durch die Zimmer schlenderte, die Zeitung von gestern las oder sich was zu essen machte. Sam war genervt, weil die Mädels Vince nicht mit in die Stadt genommen hatten, und dann blieben sie auch noch so lange weg.

Allerdings hatte Kieran eine große Plastiktüte mit Gras dabei, das schon während sie den Joint drehten und rauchten für eine unmittelbare, gut gelaunte Kumpelhaftigkeit sorgte. Sie fläzten sich in die sonnenbeschienenen Plastikstühle im Garten, rauchten und tranken eine Tasse Tee nach der anderen. Sam war so erleichtert, die Konversation mit Vince nicht ganz allein bestreiten zu müssen, dass er ihm gegenüber fast übertrieben freundlich wurde. Er hatte sich noch nie merken können, womit Vince seinen Lebensunterhalt verdiente. (In der Regel versucht er das zu verschleiern, indem er über den zeitgenössischen Roman sprach: Sam hat vor drei Jahren einen veröffentlicht und sollte eigentlich am nächsten arbeiten.) Diskret lenkt er das Gespräch jetzt auf die Art von Crossover-Elektro-Musik, die Vince hört, wie er sich erinnerte, und Vince erzählt ihnen, dass er kürzlich die Visuals für ein Konzert in der Queen Elizabeth Hall übernommen hat. Vince will unbedingt gut ankommen.

Er ist hager, sein Gesicht ist so keilförmig schmal wie das eines Collies und sein hell gebleichtes, seidiges Haar fällt ihm in die Augen. Er sieht auf eine Art gut aus, die Frauen gefällt, Männer aber gleichzeitig nicht gegen sie aufbringt. Sam kreidet Vince nicht an, dass er selbst breitschultrig ist und gerade etwas Fleisch ansetzt. Seine braunen Locken dünnen sich aus, er trägt eine kleine gold gerandete Brille, und ihm gefällt die Vorstellung, dass er dem mittelalten Coleridge ähnelt.

Der Frieden des Nachmittags wirkt umso tiefer, weil die ganzen Kinderspielzeuge noch immer dort liegen, wo sie fallen gelassen wurden, die Fahrräder auf der Seite ruhen, die Schaukel stillsteht. Das Cottage liegt versteckt am Grund einer Landfurche, die sich tief zwischen den runden Hügeln hindurchzieht; Schafe grasen auf dem Feld, das sich hinter dem Häuschen so steil erhebt, dass man von dem Pfad am unteren Rand aus fast das Dach berühren könnte. In der weiten Kuppel sanften Lichts über ihnen segeln die Bussarde geschmeidig und kreischend dahin und drehen ihre blasse Unterseite der sinkenden Sonne zu. Zaunkönige picken die Läuse von Rachels Gartenerbsen.

Kieran erzählt den anderen von seinem Großvater, der im Vertrieb einer Firma für private Telefonanlagen gearbeitet hat, die ihr Hauptgeschäft mit Zechen machte; seine Region war, unweit des Cottage, das Kohlerevier Südwestenglands gewesen, das mittlerweile ausgeweidet und vergessen war. Die Minentelefone waren aus Gusseisen, berichtet er, und wogen je einen Zentner. Kieran ist kleiner als die beiden anderen; er hat einen großen, markanten Kopf mit tief liegenden Augen, die meist nach unten blicken; seinen schwarzen Bart hat er mehrere Tage nicht rasiert. Seine Figur ist schwer zu fassen, er wirkt fast formlos, denn er ist wie immer in weite, dunkle Kleidung gehüllt, in mehr Schichten als bei diesem Wetter nötig wären.

»Im Norden von Wales hat er auch gearbeitet«, erzählt Kieran, »hat Telefonanlagen in die Schiefersteinbrüche eingebaut. Wisst ihr, dass die durchschnittliche Lebenserwartung von Minenarbeitern zwischen fünfunddreißig und vierzig lag, weil sie an Staublungen starben? Die örtlichen Ärzte gaben in ihren Berichten dem gedämpften Tee, den die Arbeiter tranken, die Schuld.«

Kieran hat immer solche Dinge parat; er vertraut auf Fakten mehr als auf Meinungen. Er spricht wie üblich konzentriert und präzise, aber irgendetwas weckt in Sam die Sorge um sein Wohlergehen. So war es in ihrer Freundschaft schon von Anfang an gewesen. Kierans Gesicht ist ein wenig aufgedunsen und neben seinem rechten Auge zuckt ein Nerv; er beugt sich angespannt und gleichzeitig erschöpft über die Papers für den Joint, was Sam befürchten lässt, dass der Job in der Kardiologie des St Bartholomew's Hospital Kieran alle Illusionen genommen hat und er an seiner zweiten Karriere, die ihn aus der akademischen Zwecklosigkeit hätte erretten sollen, zu zweifeln beginnt. Er erzählt keine Geschichten mehr über medizinische Dilemmas und Patienten mit ganz außergewöhnlichen Symptomen. In diesen Geschichten schien die Welt durch seine Arbeit als Mediziner eine ganz neue Bedeutung zu bekommen.

Rachel ruft im Cottage an, um Sam zu sagen, dass Janie und sie das Abendessen für die Kinder in der Stadt besorgen. Er ist erleichtert, dass Kierans Ankunft sie gar nicht zu stören scheint. Nach einer weiteren Runde Tee und Joints geht Sam in die Küche, macht den Kühlschrank auf und betrachtet ratlos und mit gerunzelter Stirn dessen Inhalt. Dann beginnt er ein wenig zerstreut, als täte er es zum allerersten Mal, mit der Tomatensoße, die er seit mindestens fünfzehn Jahren kochen kann. Er kramt in den Küchenschubladen auf der Suche nach Holzkochlöffel und Knoblauchpresse. Kieran öffnet im Garten seine mitgebrachte Flasche Wein. Vince scheint sich mit Wein auszukennen. Kieran nicht; er trinkt ihn einfach nur. Genau wie beim Essen – er nimmt etwas zu sich, um das System am Laufen zu halten.

Anfangs war es Vince unangenehm, mit diesen beiden Männern allein zu sein, die älter waren als er und deren Zurschaustellung ihrer Cleverness ihn so sehr einschüchterte wie ärgerte. Er liest, aber nicht die Bücher, die sie gelesen haben. (Er weiß, dass sie Literaturwissenschaft studiert haben, aber seiner Meinung nach sprechen sie meistens über Philosophie.) Als Janie vormittags mit Rachel und den Kindern loszog und Sam oben schrieb, hatte Vince sich gefragt, warum er eigentlich hier war (ging es bei diesem Urlaub nicht darum, dass er mehr Zeit mit den Kindern verbrachte?), und er spielte sogar mit dem Gedanken, nach London zu fahren und sie am Wochenende wieder abzuholen. Er vergeudete hier nur seine Tage, die er im Studio nutzen könnte. Doch nach ein paar Joints pulsierte seine gesellige Ader wieder stärker, und er hat Spaß; er freut sich schon darauf, wenn die Kinder zurückkommen, denn er will ja wirklich mehr Zeit mit ihnen verbringen.

Als Sam sich in der Küche ans Kochen macht, erzählt Vince Kieran plötzlich sehr detailliert von der Logistik für die Beleuchtungsanlage einer Show in Albany. Kierans Nachfragen fühlen sich an wie eine Belohnung. Vince erzählt weiter von den Sorgen der Branche darüber, dass die

Qualität von Tonaufnahmen für Fernsehen und Dokumentarfilm so gesunken sei, weil sich dank der Digitaltechnik niemand mehr die Mühe mache, die alten Tontechniker zu engagieren. Der Newsletter von BECTU, der Gewerkschaft für Rundfunk, Unterhaltung, Kommunikation und Theater, sei voller Wehklagen nach dem früheren Niveau. Kieran ist ein viel besserer Zuhörer als Sam. Sam will immer das Gespräch an sich reißen. Vince hat versucht, Sams Roman zu lesen, aber es nicht über das zweite Kapitel hinaus geschafft. Keine einzige der Figuren hat Gedanken, die nicht in ein verzweigtes Dickicht aus historischen oder kulturellen Assoziationen führen. Es ist gar kein Platz, damit tatsächlich mal irgendwas passiert.

Als Janie und Rachel durch das Gartentor treten, springt Kieran sofort von den Gartenliegen hoch, auf denen die Männer (allem Anschein nach stoned) herumhängen. Auf dem Tisch stehen Teller, eine Pfanne liegt daneben im Gras. Beiden Frauen fällt auf, dass Kieran in dem Moment, als sie die Arme voller Kinder und Einkäufe im Blickfeld erscheinen, Rachel ansieht. Einen Augenblick lang spiegelt sich das nackte Gefühl auf seinem Gesicht: Erleichterung, oder vielleicht auch Verzweiflung. Er läuft auf sie zu, um ihnen etwas abzunehmen. Als Reaktion auf seine Gefühlswallung wird Rachel majestätisch und unnahbar, sie zieht sich in ihre Rolle als Hausfrau zurück, verstaut die Einkäufe in den Küchenfächern und im Kühlschrank und lässt heißes Wasser über das schmutzige Pasta-Geschirr laufen.

Schon bald nach ihrer Rückkehr wird Sukey schlapp. Das ist nicht normal, eigentlich ist sie ein fröhliches kleines

Mädchen mit kräftigen Armen und Beinen und strohigem hellen Haar. Jetzt jammert sie und klammert sich an Rachel und sagt, ihr Kopf tue weh. Ihr Gesicht ist gerötet und heiß, und sobald Rachel sie mit Kuschelhund und Decke aufs Sofa gelegt hat, spuckt sie alles mit ihrem Mageninhalt voll.

»Zu viel Sonne. Meine Schuld«, sagt Rachel mit einem Tuch und einem Eimer Desinfektionsmittel auf Händen und Knien putzend. Sukey liegt in eine Decke gewickelt ermattet auf Sams Schoß, den Kopf über einer Plastikschüssel. »Ich hätte darauf bestehen müssen, dass sie einen Hut trägt. Sie hätten mehr im Schatten bleiben sollen.«

»Wir müssen nicht ins Pub«, sagt Sam, »wenn dir nicht wohl dabei ist.«

Es gab den Plan, dass alle Erwachsenen ins Pub gehen, zehn Minuten zu Fuß die Straße ins Dorf runter. Joshua und Tom sollten für den Notfall mit Handys ausgerüstet auf die Kleineren aufpassen.

»Geht ihr mal«, sagt Rachel. »Ich bin sicher, wir müssen uns keine großen Sorgen machen. Aber ich bin ziemlich müde und habe gar nichts dagegen, früh ins Bett zu gehen. Und dann kann ich sie ein wenig im Auge behalten.«

Kieran geht in die Hocke bis er auf Sukeys Höhe ist und spricht ernst und liebevoll mit ihr; sie fügt sich, erlaubt ihm, die Hand auf ihre Stirn zu legen, das Augenlid hochzuziehen, um sich ihre Pupille anzusehen, und ihren Puls zu fühlen. Seine Finger mit den abgebissenen, gelblichen Nägeln und den schwarzen Haaren wirken dunkel und zu männlich auf ihrer perlrosa Haut. Rachels Augen haften auf Kierans ruhigem Gesicht.

Er sagt zu Sukey: »Mami weiß genau, was los ist. Ich würde ihr vertrauen. Mamis wissen so was meistens am besten. Ich glaube nicht, dass du dir irgendwelche Sorgen machen musst.«

Und er lächelt zu Rachels erwartungsvoll blickenden Augen.

Kieran lächelt nicht besonders häufig. Und wenn doch, wird sein Gesicht ziemlich fröhlich und gewöhnlich. Wie eine Verschnaufpause, als wäre ein drohendes Problem unerwartet ganz leicht zu lösen.

»Warum wartest du nicht einfach ab, wie es ihr in einer halben Stunde geht?«, fragt er. »Wenn sie halbwegs gut einschläft, wüsste ich nicht, warum du sie nicht allein lassen kannst. Wahrscheinlich tut dir eine Pause auch mal gut.«

»Vielleicht«, murmelt Rachel dankbar.

Sam denkt, wenn Kieran aus seinem Dasein als Arzt so etwas ziehen kann – für medizinische Autorität mit demütigem Vertrauen belohnt zu werden –, vielleicht ist es dann doch der richtige Job für ihn.

Eine Viertelstunde später sind Janie und Rachel dabei, Dom und Melia zu baden.

»Rach, warum willst du nicht mit ins Pub? Es macht mir echt nichts aus hierzubleiben. Ich bin mir sowieso nicht sicher, ob Lulu durchschläft, und ich kann dich anrufen, falls Sukey noch mal spuckt.«

»Nein, im Ernst, ich bleibe lieber hier.«

»Ich dachte bloß, Kieran ist ja nur die eine Nacht da.«

Rachel verbirgt ihr unwillkürliches Lächeln in Doms Frosch-Badeponcho. »Da ist doch was, oder?«, flüstert sie.

»Himmel, ja«, flüstert Janie zurück. »Wie er dich angesehen hat, als wir heimgekommen sind.«

»Ich weiß.«

»Also geh ins Pub.«

»Nein. Ich glaube nicht. Ich bin nicht bereit. Noch nicht.«

Sukey muss sich nicht mehr übergeben, und sie ist auch nicht mehr heiß. Rachel liest ihr etwas vor und bleibt an ihrem Bett, bis sie tief schläft. Auch alle anderen Kinder schlafen mittlerweile, außer Joshua und Tom, die im Wohnzimmer eine DVD anschauen. Rachel geht nach unten und dann raus in den Garten. Das Licht weicht fast unmerklich vom Himmel; das samtige Pflaumenblau der Blutbuche saugt die Dunkelheit auf. Gelbes Licht von den Fenstern des Hauses glitzert auf den Betonplatten des Innenhofs. Durch die Terrassentür flackert der Fernseher und beleuchtet die Umrisse der Köpfe der Jungs, die gebannt in den Fernseher blicken.

Vince kommt vom Pub zurück, weil er seine Zigaretten vergessen hat. Er bleibt im Garten stehen, um eine zu rauchen. Sie nimmt auch eine, obwohl sie sonst nicht raucht, und sie freuen sich über die gegenseitige Zugewandtheit. Vince hat Rachel gern, sie ist nicht sein Typ, aber warmherzig und fürsorglich. Rachel dagegen fühlt mit Vince – wahrscheinlich macht Janie ihm das Leben schwer. Er sagt ihr, wie gut es ihm hier gefällt (seine Unsicherheit vom Morgen hat er schon vergessen). Er spricht darüber, wie viel ihm dieser Ort bedeutet, und dass er und Janie wirklich versuchen sollten, aus London wegzuziehen. Es ist nicht fair, Kinder dort großzuziehen; sie brauchen weite, offene Flächen und Kontakt zur Natur. Rachel hört ihm nachsichtig zu, sie weiß, dass das ohnehin nicht passieren wird, weil Vince auf dem Land vor Langeweile eingehen würde.

Als er weg ist, lärmen über ihr die Krähen. Es ist noch

dunkler. Motten besuchen wie ein blasser Windhauch Rachels Schnittlauch und den Bauerntabak. Eine Fledermaus wirbelt die Luft mit dem Schlag ihrer ledrigen Flügel auf. Einen Augenblick lang flammt in ihr der Impuls auf, den Jungs zu sagen, dass sie doch noch ins Pub geht und sie auf die Babys aufpassen sollen. Aber sie rührt sich nicht, bleibt wie angewurzelt inmitten der ruhigen Luft voller unsichtbarer Bewegungen stehen, gebadet in die Duftschwaden der Balsampappel.

Auf dem Heimweg vom Pub fallen Janie und Kieran zurück, weil er sagt, dass er eine Eule hören kann, und sie stehen bleibt, um zu lauschen. Sie freut sich aufrichtig, als auch sie sie hört. An diesem Abend haben sie nicht viel miteinander gesprochen. Sam und Kieran stritten über den Irak (es ist typisch für Kieran, dass er den Krieg nicht verurteilt, wenn alle anderen es tun). Janie hatte mit Vince eines dieser Gespräche darüber, dass er von jetzt an mehr zu Hause sein will, um ihr Raum für ihre künstlerische Arbeit zu geben. (Diesmal hat er nicht erwähnt, oder zumindest nur am Rande, dass seine Arbeit Geld einbringt und ihre nicht.) Janie hat Kieran nie wirklich vertraut; sie hatte ihn immer für einen von Sams Cambridge-Kumpels gehalten, viel zu sehr mit sich selbst und damit beschäftigt, seine intellektuelle Position zu behaupten. Was hat er nur mit Rachel im Sinn?

Um den Pub herum gibt es noch Straßenbeleuchtung, aber als sie zu den Hügeln zum Cottage abbiegen, tauchen sie in eine tiefe und vollständige Dunkelheit ein, die für diese an das allgegenwärtige orange schimmernde urbane Licht gewöhnten Städter völlig erstaunlich ist. An eine Taschenlampe haben sie nicht gedacht. In diese dichte, hemmende Dunkelheit hineinzuspazieren scheint so sehr der Intuition zuwider zu laufen, wie gegen eine Wand zu rennen.

Janie gerät ins Straucheln. »Ich habe keine Ahnung, wohin ich trete«, sagt sie.

»Halt dich an mir fest«, sagt Kieran und streckt die Hand aus. »Obwohl ich auch keine Ahnung habe.«

»Wenn wir irgendwo reinstürzen, dann wohl zumindest gemeinsam.«

Sie können einander nicht sehen; sie spürt seine suchende Hand und klammert sich mit beiden Händen an seinen Oberarm. Sie erinnert sich an das Hemd, das er trägt – grün mit gelbem Muster aus irgendeinem glatten Material –, als wäre das plötzlich von Bedeutung, obwohl sie es den ganzen Abend völlig uninteressiert wahrgenommen hatte (wenn überhaupt, dann mit Abneigung). Ihre Finger gleiten über den glatten Stoff. Seine Hand tastet nach ihrem nackten Arm unter der Strickjacke, die sie über die Schultern gelegt hat.

Weiter vorne sind die Stimmen der anderen zu hören. »Alles okay, Janie?«, ruft Vince.

»Alles gut!«

»Verdammt dunkel!«, ruft Kieran. »Verdammtes Kuhkaff!«

»Navigier mit den verdammten Sternen!«, ruft Sam zurück.

Kieran und Janie haben beide genug getrunken, um ins Wanken zu geraten, und halten sich nun ohne irgendwelche sichtbaren Wegmarken mitten auf der Straße aneinander fest. Sie stolpern und er umfasst sie, zieht sie an sich und beginnt dann ihr Gesicht zu küssen mit seinem rauchigen Bier- und Knoblauchatem (der Knoblauch war in der Pasta, die sie und Rachel nicht gegessen haben). Zuerst küsst er blindlings, aufs Ohr, seitlich an die Nase. Nach der ersten Überraschung küsst sie zurück, fährt mit der Hand in sein Haar und findet mit ihrem Mund seinen. Es ist lange her, seit sie zuletzt einen anderen als Vince richtig geküsst hat; wie schön, dass das immer noch so einfach und geschmeidig funktioniert. Dann wird ihr schwummerig, sie verlieren das Gleichgewicht und stürzen beinah. Er stellt die Beine breit auseinander, um sie zu stützen, und legt einen Arm um ihre Schultern.

»Wer bist du?«, fragt er leise und so nah, dass sie seinen Atem auf sich spürt. »Es ist so dunkel, du könntest jede sein.«

Sie kann die salzige Herbheit seiner Haare riechen, als hätte er für Shampoo nicht viel übrig. »Ich habe keine Ahnung«, sagt sie. »Wer bist du? Was ist gerade passiert?«

»Nicht aufhören. Bitte, hör nicht auf.« Seine Stimme klingt flehend, er meint es ernst.

Janie denkt, dass er genau das gemeint hat, als er Rachel am Nachmittag angesehen hatte: Er sehnte sich danach, sich so zu verlieren. Sie erfüllt dieses Bedürfnis für ihn genauso gut wie Rachel; und trotzdem ist dieser Gedanke nicht kränkend, sondern erregend. Sie fühlt genau das Gleiche: Auch für sie genügt Kieran völlig. Sie hört nicht auf. Sie fängt wieder an.

Sein Mund ist heiß und feucht. Seine Lippen fühlen sich geschwollen und dünnhäutig an; sein Bart ist lang genug, damit die Stoppeln an ihrem Mund und ihrer nassen Wange nicht kratzen. Sie denkt an die unzähligen Partys bei Sam und Rachel, bei denen sie stumm geblieben war, während

Kieran äußerst eloquent über irgendein Thema gesprochen hatte, und jetzt tastet sich dieselbe Zunge vorsichtig und schüchtern an ihre heran – und ihre ist mutiger. Es macht die Sache wunderbar einfach, dass aus diesem Moment nicht viel mehr werden kann als ein Kuss. Sie haben nur diesen einen Augenblick, ehe sie den anderen zurück ins Licht folgen müssen.

Vince ruft wieder. Seine Stimme klingt sehr weit entfernt.

»Wir lauschen auf die Eule«, ruft Kieran zurück.

Das schafft Raum zwischen ihnen. Sie weichen ein wenig voneinander ab.

»Schau, was du getan hast«, sagt Janie.

Das hätte sie ihm bei Licht nicht ins Gesicht sagen können.

»Was habe ich getan?«

Sie findet seine Hand und drückt sie an ihre Brust, wo sich auf ihrem Kleid kleine Kreise von Muttermilch gebildet haben.

»Ich stille noch. Sie sind sehr voll, bereit für das Baby, wenn ich nach Hause komme. Deinetwegen legen sie los.«

»Ich wusste nicht, dass das passieren kann«, sagte er ohne Verlegenheit mit einer Stimme voller ruhigem, wissenschaftlichem Interesse.

Diese Worte empfindet Janie als Warnung, ganz leise, wie ein Ton fern in den Bergen. Eine flüchtige Andeutung dessen, was sie in einem anderen Leben als dem, das sie bisher geführt hat, verzweifelt ersehnen und nicht bekommen würde: sein ruhiges, distanziertes Interesse, das nur ihr gilt.

Aber im Augenblick ist Kieran derjenige, der verzweifelt ist.

Rachel glaubt, dass sie wach liegen wird, vollauf beschäftigt mit der Tragweite ihres Lebens heute. Sie denkt, dass sie diese Geschichte mit Kieran nicht vorantreiben wird, nicht jetzt, nicht diesmal. Aber das mindert die Euphorie über das Wissen, dass er sie will, dass er ihr hierher gefolgt ist, nicht. Es weckt in ihr das Gefühl, als gäbe es einen prächtigen, opulenten Strom geheimer Möglichkeiten in der Welt, genug für alle. Sie meint zu spüren, dass sie jetzt in der Lage ist, jederzeit in diesen Strom einzutauchen und sich zu nehmen, was sie will.

Sam liegt neben ihr auf dem Rücken und schnarcht mit offenem Mund, weil er getrunken und geraucht hat. Sie drückt fest gegen ihn, damit er sich auf die Seite dreht, und als sie sich dann an seinen warmen breiten Rücken schmiegt, schläft sie fast sofort ein.

Janie hat Lulu ins Bett geholt, um sie zu stillen; Vince liest eine Computerzeitschrift. Ihr Verrat ihm gegenüber fällt noch nicht ins Gewicht. (Irgendwie denkt sie auch, er sei ihr das schuldig.) Wenn sie sich vorstellt, dass Rachel nach ihren ganzen Gesprächen am Nachmittag herausfinden könnte, was sie gerade mit Kieran gemacht hat, spürt sie eine klamme Unruhe. Dennoch denkt sie keineswegs, dass sie Kierans Kuss hätte abwehren müssen, der diesen prickelnden Raum in der Nacht geöffnet hat. Ein echtes Abenteuer mit einem Mann sollte man sich nicht entgehen lassen. Alles entgleitet einem so schnell – das Wichtigste ist doch, sich so viel Leben zu schnappen, wie man kriegen kann.

Und abgesehen davon war es nur ein Kuss.

Kieran hat gefragt, ob er sie anrufen könne, und sie meinte, sie wisse es noch nicht, aber während das Baby trinkt, fühlt sie, wie ihr altes Leben hohl wird. Sie ist leer und hungrig, voller aufregendem Verlangen, so schmerzhaft und drängend wie Wind.

Rachel hat das Ausziehsofa mit Laken und Decke für Kieran vorbereitet. Sie hatte immer wieder besorgt daran geschnuppert und gesagt, falls es nach Kotze riechen sollte, könne er gern ihr Bett haben, und sie und Sam würden hier unten schlafen. Am Abend hatte er nichts gerochen, jetzt aber schon. Er liegt wach und fragt sich, wie Familien mit diesem permanenten, grauenhaften Halbdämmer von falschem Schlaf klarkommen: Das Treppenlicht ist an, Rascheln und schläfriges Kindergemurmel sind zu hören, nackte Füße trappeln nach unten, geraunter elterlicher Tadel, irgendwann das laute Schreien des Babys, Sams Schnarchen, das Toilettenlicht, das ein Kind zu löschen vergessen hat, weshalb die Lüftung weiter surrt, bis er selbst aufsteht und es ausmacht. Er hört, wie eins von ihnen zu Sam und Rachel ins Bett krabbelt. Er hört, wie das Bett quietscht und protestiert, als die Erwachsenen Platz machen.

Nach seiner Ankunft am Nachmittag war er zur Toilette gegangen und hatte einen Blick in Sams und Rachels Schlafzimmer geworfen. Das breite Doppelbett mit dem schmuddeligen, gestreiften Laken von Habitat und Kleider- und Spielzeugberge auf der aufgeworfenen Decke, Rachels Bürste und ihre Gesichtscreme – das alles wirkte in diesem Augenblick wie der Inbegriff von etwas, nach dem er sich sehnte, etwas, das er verpasst hatte. In den dürren Stunden vor der Dämmerung wirkt die Wahrheit düsterer. Auch in guten Zeiten ist er kein guter Schläfer. Die Decke ist zu warm, und als er sie wegschiebt, ist ihm zu kalt. Plötzlich sehnt er sich nach der vollständigen Ruhe seines eigenen Zimmers, der er, wie er gedacht hatte, durch seine Fahrt hierher entkommen wollte.

William Boyd

Frau mit Hund am Strand

> *Das wirkliche und interessanteste Leben
> eines jeden Menschen spielt sich heimlich,
> gleichsam unter dem Mantel der Nacht ab.*
>
> *Anton Tschechow*

Aus irgendeinem Grund beschloss Garrett Rising, als er zwanzig Meilen aus Boston heraus war und Richtung New York fuhr, dass er unbedingt den Ozean sehen musste. Er hatte Sehnsucht nach dem weiten Horizont, nach dem Rauschen der Brandung, so sehr, dass ihm alles andere gleichgültig wurde. Er wusste, es würde ihn beruhigen, also bog er vom Highway ab und fuhr ostwärts zum lockenden Zeigefinger von Cape Cod.

Als Kind war er einmal dort gewesen, mit zehn oder elf, als die Familie Rising für drei Sommerwochen ein Haus in Provincetown gemietet hatte. Er erinnerte sich dunkel an das senfgelbe Haus, an klemmende Fenster, an die ewigen Wutanfälle seines Vaters, die friedliche Bucht gegenüber der Stadt und an den tosenden Ozean auf der anderen Seite, jenseits der Dünen.

Als er in Orleans zum Tanken hielt, durchfuhr ihn ein leichtes Zittern der Erregung. Bedachte er sein Problem, diese erneute Enttäuschung, tat er gerade etwas Spontanes

– und zweifellos auch Dummes –, aber das war ihm egal, und außerdem, wem schadete er schon damit. Er wusste nur, dass er jetzt nicht einfach nach New York zurückkonnte – er brauchte den Trost der Wellen.

Garrett Rising war ein hochgewachsener, agiler Mann mit breiten Schultern, schon mit kleinem Bauchansatz, aber schließlich war er einundvierzig, so alt wie das Jahrhundert, daran war nicht zu rütteln. In seinem blonden Haar zeigten sich graue Strähnen, und er hatte eine kleine, feine Nase mit auffallend weiten Nasenflügeln. Viele Frauen hatten ihm versichert, dass sie diese kleine, feine Nase bemerkenswert fanden.

»Toller Film«, sagte der Tankwart, der ihm das Wechselgeld gab und mit dem Kopf auf das Kino gegenüber zeigte: Das Rio, so hieß es. In geschwungenen kirschroten Neonlettern zog sich der Name quer über die Fassade. Der Film, der lief, hieß *Scarlet Autumn*.

»Ach, ja?«, sagte Garrett. »Muss ich mir mal ansehen.«

»Sie werden es nicht bereuen.«

Garrett fuhr weiter. Er hatte South Wellfleet hinter sich gelassen, als er langsam müde wurde und das Schild sah: »Pamet River Inn, nächste Straße rechts, Ozeanblick, Premium-Zimmer.« Er bog ab und holperte über eine zerfurchte Straße bis zu einer großen weißen holzverkleideten Villa mit Vorbau, gekiestem Wendekreis und kleinen Sommerhütten zu beiden Seiten, die durch einen überdachten Weg verbunden waren. Die Anlage wurde durch einen grasigen Strandhügel vom Ozeanwind abgeschirmt, und im Schatten des Hügels befand sich ein kleines Wäldchen aus Krüppelkiefern. Als Garrett aus dem Wagen stieg und seinen Koffer aus dem Kofferraum zog, hörte er das beruhigende Tosen der Brandung, und nach Süden hin sah er die Mittagssonne hart und silbrig auf der rauen See glitzern.

Er meldete sich an, ein Page trug seinen Koffer zu einem abgelegenen »Cottage«, wie diese Hütten jetzt hießen, und zeigte ihm die Räumlichkeiten. An diesem Freitag im April sei es im Hotel sehr ruhig, erklärte er, nur drei Gäste, und das Restaurant sei bis zum Ferienbeginn nur samstagabends und sonntagmittags geöffnet. Garrett gab ihm fünf Dollar und bat ihn, eine Karaffe Whisky zu bringen. Er machte eine Runde durch das Zimmer und öffnete die Vorhänge, um das klare, helle Licht hereinzulassen. Es gab eine gepflegte Küche mit Herd, Spüle und Eisschrank, ein Bad, und außer dem Doppelbett standen im Zimmer noch zwei Sessel mit Couchtisch. Die Wände waren weiß und schmucklos – bis auf einen alten Kupferstich mit ausgemergelten Puritanern, die gerade ein Versteck mit Maiskolben unter einer Indianerdecke im Gebüsch entdecken. Hier könnte man leben, dachte Garrett, bequem und sorglos, alles da, was der Mensch braucht, und bei der Vorstellung durchfuhr ihn wieder eine leichte Erregung. Er war froh, hier abgestiegen zu sein, aber er würde erst zu Hause anrufen und Bescheid sagen, wenn man ihm den Whisky gebracht hatte.

Er griff nach dem gestrigen *Globe*, den jemand auf dem Couchtisch hinterlassen hatte, und las die Schlagzeilen zu den Bombenangriffen der Nazis auf London, Hunderte Tote und Verletzte. In London war er nur ein Mal gewesen, 1932, auf dem Weg nach Hamburg, als Sean Kavanaugh ihn nach Deutschland geschickt hatte, um die zwei Reiner-Hoffmann-Druckmaschinen zu einem Spottpreis zu kaufen. Mit seinen amerikanischen Dollars war er dort ein reicher Mann gewesen, erinnerte er sich, so reich wie in Deutschland hatte er sich nie wieder gefühlt. Auf der Rückreise hatte er in London im Hyde Park Hotel übernachtet, und er fragte sich kurz, ob auch das Hotel von den Bomben getroffen worden war. Er dachte an das Mädchen, das er damals mit aufs Zimmer genommen hatte. Ein Pfund zehn Schilling hatte sie verlangt. Wie viel war das? Zehn Dollar? Eine ganz Süße – wie hieß sie gleich? Kitty? Mary? Bei Hotelzimmern dachte er immer an Sex, was nicht sonderlich überraschend war, wie er sich in einer kurzen Aufwallung von Scham bewusst wurde: Schon seit einiger Zeit schien sich Sex für ihn nur noch in Hotelzimmern abzuspielen.

Der Whisky kam, er trank ein wenig, bevor er seine Frau in New York anrief, um ihr mitzuteilen, dass sich seine Pläne geändert hätten und er unterwegs übernachten müsse.

»Hast du den Vertrag?«, fragte Laura.

»Wir haben es fast geschafft«, log er. »Nur noch ein paar Kleinigkeiten.«

»Gott sei Dank. Hast du Daddy angerufen?«

»Das mache ich am Wochenende. Er hat sich aus dem Geschäft zurückgezogen, das weißt du doch.«

»Er möchte aber informiert sein, er will nach wie vor ...«

»Also, ich mache unterwegs Station. Sag ihm, dass ich länger bleibe, um die Details zu regeln.«

»Wie lange?« Laura konnte den Argwohn in ihrer Stimme nicht verhehlen.

»Ich bin morgen zurück.«

»Wo übernachtest du?«

»Ich weiß noch nicht. Ich rufe von einer Telefonzelle an. Irgendwas werde ich finden.«

»Aber nicht so teuer. Wir können uns nicht leisten ...«
»Wie geht's Joanna?«
»Joanna hat wieder Kopfschmerzen. Ich habe den Arzt gerufen. Sie hat keinen Appetit.«

Garrett hörte sich die verschiedenen Krankheitssymptome seiner Tochter an, verabschiedete sich und legte auf. Seine Tochter war achtzehn, und seit ihrer Geburt schien sie immer an irgendetwas zu leiden. Wie konnte man so krank sein, ohne dass ein Arzt eine Ursache dafür fand? Ihre Mutter machte zu viel Getue um sie, immer dieses unnütze und endlose Getue, so etwas musste einen ja krank machen. Garrett versuchte diese Gedanken abzublocken – spürte jedoch den Ärger hochkriechen. Er griff nach seinem Hut: Zeit, dem Meer zu lauschen.

Der Strand war menschenleer. Die Sonne verbarg sich hinter Wolken – das Licht war grau geworden und ließ das Seegras auf den Dünen dunkel wie Moos erscheinen. Der Wind peitschte seine Krawatte; er musste sich umdrehen und die Hände eng um das Streichholz schließen, um seine Zigarette anzuzünden. Er dachte daran, wie ihm der alte Mr Foley die Nachricht beigebracht hatte: sehr schonend, das ließ sich nicht bestreiten, und er hatte ihm eine Dreimonatsfrist eingeräumt. »Foley und McBride werden den Vertrag nicht verlängern, Garrett, es tut mir sehr leid.«

Garrett starrte mit leerem Blick zum Horizont und versuchte die Auswirkungen auf die Firma abzuschätzen. Seiner Rechnung nach bestand das Geschäft zu siebzig Prozent aus dem Druck von Reiseführern für Foley und McBride – allein von den Reiseführern für Los Angeles hatten sie 30 000 Exemplare geliefert. Fünfzehn Jahre lang waren sie die Druckerei für Foley und McBride gewesen. Es würde zu Entlassungen kommen: Pauly, Tom Reed, Tom Harbinger ...

Er hörte ein schrilles, japsendes Kläffen hinter sich, drehte sich um und erblickte einen kleinen weißen Hund mit hochgerecktem Schwanz und einer dicken Fellkrause um den Hals, der an einem Seetanghaufen herumschnüffelte. Die Leine zog er lose hinter sich her. Dann ein Schrei, etwas entfernter. Mit dem Blick folgte er der Biegung des Strandes und entdeckte ein Stück weiter eine Gestalt, die mit beiden Armen winkte und etwas rief. Er hörte nur die Worte »Mister, bitte ...«, der Rest wurde vom Wind verschluckt.

Garrett näherte sich dem Hund und hob die Leine auf. Der Hund knurrte und schnappte nach ihm. Was ist das für ein Köter?, dachte er. Ein kleiner weißer Wutbolzen.

Die Gestalt kam näher, sie trug eine rostrote Windjacke und eine halblange beige Leinenhose. Es war eine Frau.

»Vielen, vielen Dank«, sagte sie. Ihr dichtes braunes Haar war zu einem losen Pferdeschwanz gebunden. Sie hatte ein markantes knochiges Gesicht und eine tiefe Stimme, eine Stimme voller Selbstgewissheit – der Selbstgewissheit des Geldes, dachte er, während sie ihm geradezu überschwänglich dafür dankte, dass er ihren garstigen, ungezogenen, verwöhnten kleinen Strolch eingefangen hatte. Als er ihr die Leine reichte, sah er die Goldringe mit den bunten Steinen an ihren Händen. Ihr Alter war schwer zu bestimmen, ein bisschen jünger als er. Nicht so starren.

»Was ist denn das für eine Rasse?«, fragte er.

»Das ist ein Zwergspitz.«

»Ach ja, richtig.«

»Hätten Sie eine Zigarette für mich? Ich würde töten für eine Zigarette!«

Er hielt ihr die Packung hin, sie nahm eine, und beide stellten sich mit dem Rücken zum Wind, um sie anzuzünden, wobei sich ihre Schultern ein- oder zweimal berührten.

Sie musterte ihn lächelnd. »Ich konnte es nicht glauben, als ich einen Mann mit Hut und Dreiteiler am Strand stehen sah. Ist das eine Fata Morgana, dachte ich, eine Erscheinung?«

»Ich wohne in dem Hotel da drüben.«

»Im Pamet? Mein Gott, so weit bin ich gelaufen? Wie sind denn dort die Zimmer?«

Sie gingen zusammen zum Hotel, weil sie telefonieren wollte, um sich aus Truro einen Wagen schicken zu lassen, der sie zurückbringen sollte, wie sie sagte. Ihr garstiges Hündchen heiße Euclid, erklärte sie, obwohl es einen so intelligenten Namen gar nicht verdient habe.

»Ich heiße Garrett Rising«, sagte er und streckte ihr die Hand hin.

Sie schüttelte ihm die Hand. »Anna ...«, sagte sie, zögerte kurz und nannte einen Nachnamen, den er nicht genau verstand. Demonserian? Staufferman? Es kam ihm unhöflich vor nachzufragen, also bot er ihr stattdessen an, sein Zimmertelefon zu benutzen.

Nachdem sie angerufen hatte, lief sie in seinem kleinen Cottage umher und sah sich neugierig um. Sie lachte über den Kupferstich, öffnete den Reißverschluss ihrer Windjacke, zupfte zerstreut ein paar Wollfussel von ihrem cremefarbenen Pullover und ließ sie behutsam in den Papierkorb fallen. Euclid machte es sich auf dem Bettvorleger bequem, vollkommen besänftigt.

»Sie haben hier alles, was ein Mann so braucht«, sagte sie und betrat die Küche.

Außer einer Frau, dachte Garrett automatisch, und im selben Moment, da ihm das Verlangen nach einer Frau bewusst wurde, begehrte er *diese* Frau, diese hochgewachsene, schöne, selbstbewusste Anna stärker, als er irgendwen oder irgendwas seit Jahren begehrt hatte. Und da sich derlei Gefühle unwillkürlich und instinktiv von Mann zu Frau und von Frau zu Mann zu übertragen scheinen, sah er, wie Anna zögerte, den Eisschrank schloss und sich zu ihm umdrehte. An ihren amüsiert hochgezogenen Brauen, an der kaum wahrnehmbaren Verengung ihrer Augen erkannte er, dass sie seine Gedanken erriet, dass sie die winzige, aber entscheidende Veränderung der Atmosphäre bemerkt hatte. Garrett atmete auf. Sie hatten Signale ausgetauscht, wohl oder übel.

»Darf ich Ihnen einen Drink anbieten?«

Er schenkte zwei Gläser Whisky ein – »Nur den Boden bedeckt«, sagte sie –, und als sie miteinander anstießen, dankte sie ihm noch einmal dafür, dass er Euclid eingefangen hatte. Garrett genoss das Brennen in seiner Kehle, das kleine Feuer in seinem Magen, und davon ermutigt, fragte er, ob er sie zum Dinner einladen dürfe.

»Freitags nie«, sagte sie ungerührt. »Freitagabends fahren wir nach Orleans ins Kino. Komme, was wolle. Oh, da ist mein Wagen!«

»Wir?«, fragte Garrett.

»Mein Mann.« Sie lächelte – ein bisschen schuldbewusst, dachte Jarrett. Als wäre sie so einem kleinen erotischen Abenteuer nicht abgeneigt.

»Aber ... er ist verreist. Haben Sie vielen Dank, Mr Rising. Euclid und ich, wir stehen fortan in Ihrer Schuld.« Sie schien sich ein Lachen zu verkneifen. »Komm, Euclid, fahren wir nach Hause.«

»Es war mir ein Vergnügen.«

Garrett schaute ihr nach, während sie den Hund über den Holzsteg zu einem großen glänzenden Packard führte. Der Fahrer öffnete ihr den Wagenschlag, nahm Euclid hoch und setzte ihn auf den Beifahrersitz. Die Frau schaute zurück und winkte, nur eine kurze Handbewegung. Garrett schloss die Tür.

Im Rio, dem Kino von Orleans, lief *Scarlet Autumn*, doch Garrett folgte dem Film nur mit halber Aufmerksamkeit. Seine Gedanken drehten sich um Anna und zwangsläufig auch um die Zukunft der Kavanaugh-Rising Inc. Als die Lichter wieder angingen, blieb er ratlos sitzen, verwundert über die vielen Tränen der Hauptdarstellerin am Ende des Films, und fragte sich, warum das Schicksal so hart mit ihr umgesprungen war. Er erhob sich, setzte den Hut auf und ging langsam den Gang hoch. Anna saß in der letzten Reihe.

»Hi«, sagte er.

»Fahren Sie mich nach Hause?«

Im Auto – sie passierten gerade Wellfleet –, streckte sie die Hand aus und ertastete die harte Wölbung seines Penis durch die Flanellhose.

»Gut«, sagte sie. »Dacht ich mir.«

Als er aufwachte, sah er eine große, zitronengelbe Raute an der Wand. Es war die Sonne, die ihn blendete; als wäre er in einer anderen Welt gelandet, in der es nur Licht und leere Wände gab. Dann stellte er fest, dass die Vorhänge geöffnet waren und die tief stehende Morgensonne den Raum durchflutete. Er richtete sich auf und sah Anna. Sie schlüpfte flink in ihren Rock und zog den Reißverschluss hoch.

»Guten Morgen«, sagte er. »Wie spät ist es?«

»Noch früh.«

»Komm zurück ins Bett.«

»Ich muss los.«

Er zog sich schnell an, und sie liefen zusammen durch die Dünen zum Strand. Sie streifte ihre Schuhe ab und drehte sich zu ihm um.

»Ich bin im Nu zu Hause«, sagte sie. »Danke, Garrett.«

Er küsste sie, und sie stieß ihm die Zunge tief in den Mund, drückte ihn fest an sich. Dann vergrub sie das Gesicht an seinem Hals, und er hörte sie tief einatmen, als wollte sie seinen Geruch in sich aufsaugen. »Es war nett«, sagte sie leise zu seinem Kragen. »Mein Gott, was für ein Wort.«

»Wann sehe ich dich wieder?«

»Das ist verrückt.« Sie boxte ihn sanft gegen den Arm. »Nein, nein, nein. Das würde zu kompliziert. Es ist aus – wir hatten unser Abenteuer.«

Sie verschloss seine Lippen mit zwei Fingern, damit er nichts erwiderte, drehte sich weg und ging, ohne sich umzusehen, am Strand entlang nach – wohin? – Truro, hatte sie gesagt. Kann kein großer Ort sein, Truro, dachte er. Kinderspiel, dich da zu finden.

Tom Harbinger hielt ihm die frischen Druckbögen hin. Garrett starrte über die Straße in ein Büro, wo eine Sekretärin hinter dem Fenster zu sehen war. Die schräge Sommersonne malte ein leuchtend grünes Viereck auf die dunkelgrüne Wand und bestrahlte das Mädchen, das telefonierte. Sieht ein bisschen wie Anna aus, dachte er, jünger, kürzeres Haar, aber ein ähnlich kantiges Gesicht mit hohen Wangenknochen. Er sah Anna vor sich, wie sie den Hörer unters Kinn geklemmt hielt und mit den Ringen an ihren Fingern spielte, als sie ihren Wagen bestellte. Sie –

»Was meinst du?«, fragte Tom Harbinger. »He, Garrett!«
»Was? Klar doch. Sehen prima aus.«

Er unterschrieb den Laufzettel, und Tom nahm die Bögen mit. Komisch, wie es manchmal kommt, sinnierte Garrett – vielleicht schon zum tausendsten Mal. Wir verlieren Foley und McBride, und eine Woche später gewinnen wir Trans-American Airlines. Er hatte sich verloren geglaubt und war gerettet worden. Wohl wahr, Flugpläne waren nicht so interessant wie Reiseführer, aber sei's drum. Er war Drucker – und neue Flugpläne wurden viermal im Jahr gebraucht.

Er ging in sein Büro und rief Laura an. Der Doktor sei der Meinung, Joanna leide an Neurasthenie, erklärte sie, und er habe ihr eine Klinik empfohlen. Natürlich, sagte er, egal, was es kostet. Die Trans-American Airlines hatten ihn saniert. Plötzlich stand ihm das Bild von Anna vor Augen, wie sie ihren BH fallen ließ, um ihre weißen spitzen Brüste zu entblößen, und er bekam weiche Knie. Diese Bilder erschienen völlig überraschend und mit absoluter Klarheit, wie Erinnerungen an etwas, was gestern Nacht passiert war. Seit vier Monaten schon, und es war kein Tag, keine Stunde vergangen, ohne dass er an sie gedacht hatte.

Hör zu, Laura, sagte er, ich muss heute noch mal nach Boston. Aber es ist doch Freitag. Ich weiß, ich weiß. Der alte Foley hat angerufen – er will mich dringend sprechen –, wer weiß, vielleicht gibt er mir die Reiseführer zurück. Sag ihm, er soll sie sich sonst wo hinstecken, rief Laura mit Vehemenz. Nein, ich muss zu ihm fahren, sagte Garrett. Wir waren fünfzehn Jahre Geschäftspartner und so weiter, das bin ich ihm schuldig. Du bist ein Schwächling, Garrett, sagte sie. Klar, antwortete er. Ein Schwächling, wie er im Buche steht.

Der Film, den sie im Rio zeigten, hieß *The Golden Stranger*, in den Hauptrollen Dalton Paul und Jayne Callot. Garrett war zu früh gekommen, eine Weile war er mit der gelangweilten Platzanweiserin allein im Saal. Langsam füllten sich die Reihen, und schließlich gingen die Lichter aus. Er hatte den Eingang gut im Blick, aber Anna hatte er nicht kommen sehen. Als der Film begann, überlegte er zu gehen, und ihn belustigte seine Annahme, eine Frau wie Anna würde jeden Freitagabend ins Kino gehen wie eine gewöhnliche Hausfrau. Er hatte kein Zimmer im Pamet Inn bekommen und eine Art Gasthof in Orleans gefunden, der einfach war, aber sauber. Doch konnte er tatsächlich eine Frau dorthin mitnehmen? Eine Frau wie Anna? Lächerlich, dachte er und versuchte, sich auf den Film zu konzentrieren, aber er hatte den Faden verloren, und der Mann, den er für den Schurken hielt, entpuppte sich als der Gute.

Als er aus der Herrentoilette kam, sah er sie in der Lobby stehen, eine Zigarette rauchen. Draußen regnete es, kirschrote Tropfen rannen im Lichtkreis der Neonreklame an den Scheiben herab. Sie trug einen leichten Mantel und offenes Haar. Es ist kürzer als beim letzten Mal, dachte er, als er von hinten an sie herantrat und sie sanft am Ellbogen berührte.

»Hi.«

Sie drehte sich um, doch nach dem kurzen Aufblitzen freudiger Überraschung wurde ihr Blick hart und ängstlich.

»Was machst du hier? Um Gottes willen!«

Er sprach leise, mit ausdrucksloser Miene. »Ich musste dich sehen. Ich werde sonst verrückt. Ich muss die ganze Zeit an dich denken.« Er lächelte. »Es ist zum Heulen. Die ganze Zeit, den ganzen Tag denke ich an dich. Ich kann nicht anders.«

Sie senkte den Blick und antwortete ebenso leise. »Ich weiß«, sagte sie. »Mir geht es genauso.« Dann blickte sie auf und lächelte falsch. »He, Schatz«, rief sie. »Schau mal, wer hier ist.«

Garrett drehte sich um und sah den Mann, der im Pissoir neben ihm gestanden hatte. Ein großer gebeugter Herr mit Glatzkopf und schlaffem Gesicht, der zwanzig Jahre älter aussah als Anna.

»Das ist Mr Rising – er hat Euclid gerettet.«

»Der Himmel möge Sie strafen«, sagte der Glatzkopf mit einem Grinsen, das sein makelloses Gebiss entblößte. »Ich kann das Vieh nicht ausstehen.«

»Charlie, sei nicht so grausam. Du liebst Euclid, und das weißt du.«

»Wie mein eigen Fleisch und Blut. Wohnen Sie in Orleans, Mr Rising?«

»Ich bin nur auf Besuch.«

»Wechseln Sie die Straßenseite, wenn Sie Euclid das nächste Mal begegnen. Dafür wäre ich Ihnen sehr verbunden. Ich hole den Wagen, Liebling. War nett, Sie zu treffen.«

Sie schüttelten sich die Hand, und Charlie, der Gatte, verschwand.

Anna sah aus, als wollte sie in Tränen ausbrechen.

»Du bist verrückt! Was soll das werden? Was denkst du dir dabei?«

»Komm nach New York«, sagte er, zog eine Visitenkarte heraus und schrieb etwas auf die Rückseite. »Mein Büro ist Downtown, Greene Street. Im Hamilton Hotel Sixth

Avenue Ecke Houston ist ein Zimmer für dich gebucht. Für einen Monat. Komm nach New York und ruf mich an.«

»Nein.«

»Wir müssen uns wiedersehen. Wenigstens ein Mal.«

»Nein. Geh weg. Es ist vorbei.«

»Wenigstens ein Mal.«

Draußen vor dem Kino hupte es. Sie warf ihm einen wütenden, gehetzten, resignierten Blick zu und ging.

Nachdem sie miteinander geschlafen hatten, zog Garrett Hemd und Hose an und machte eine Bestellung beim Zimmerservice: zwei Club-Sandwiches und zwei Bier. Als er das Tablett an der Tür entgegennahm, ignorierte er das dreckige Grinsen des Pagen.

Sie aßen ihre Sandwiches und sprachen darüber, was sie füreinander empfanden und wie der Tag ihrer Begegnung am Strand ihr Leben verändert hatte.

»Schicksal«, sagte sie.

»Euclid«, sagte er, und sie mussten beide lachen.

»Es ist aussichtslos«, sagte sie nach einer Weile. »Ich kann ihn nicht verlassen.«

»Und ich kann *sie* nicht verlassen.«

»Siehst du. Es ist aussichtslos.«

»Wir können uns hier treffen.«

»Und das nennst du Leben?«

»Besser, als sich gar nicht zu treffen.«

»Aber das ist doch sinnlos!«

»Und welchen Sinn gibt es sonst? Wir sehen uns, alles andere ist unwichtig.«

Sie stieß einen kleinen Schrei der Verzweiflung aus und drehte sich weg, das Gesicht zur Wand. Garrett starrte die Wand an. Die Tapete zeigte Ritter auf Streitrössern, Wimpel flatterten an ihren hochgereckten Lanzen. Das Bier hinterließ einen schalen Geschmack in seinem Mund. Vielleicht konnten sie ins Ausland fahren, sich für ein paar Tage wegstehlen – sich etwas ausdenken, um länger zu bleiben, sich gemeinsam durchschlagen. Kurze Momente waren jedenfalls besser als gar nichts, und der Gedanke, sie nicht wiederzusehen, war schlimmer als der Tod. Er spürte, dass ihre Hand nach ihm tastete, und er ergriff sie.

»Wir müssen etwas tun«, sagte sie.

»Das werden wir«, sagte er. »Versprochen.«

»Was denn?«

Es hob seine Stimmung, dass sie nun offenbar bereit war, es mit ihm zu versuchen, dieses Leben der kurzen Momente – der Momente im Glück.

»Ich denke mir was aus.«

»Und was?«

»Ich weiß es nicht«, sagte er und starrte auf die Ritter mit den Lanzen. »Ich weiß es nicht.«

Lucia Berlin

Manchmal im Sommer

Hope und ich waren sieben. Ich glaube nicht, dass wir wussten, welcher Monat oder auch nur welcher Tag es war, außer es war Sonntag. Der Sommer war schon so heiß und lang gewesen und jeder Tag genau wie der nächste, dass wir uns nicht daran erinnerten, dass es im Jahr zuvor geregnet hatte. Wir baten Onkel John, wieder ein Ei auf dem Gehweg zu braten, daran immerhin erinnerten wir uns.

Hopes Familie war aus Syrien gekommen. Es war unwahrscheinlich, dass sie herumsitzen und über das Sommerwetter in Texas reden würden. Oder erklären würden, dass die Tage im Sommer länger waren, aber dann begannen, kürzer zu werden. In meiner Familie redete man überhaupt nicht miteinander. Manchmal aßen Onkel John und ich zusammen. Meine Großmama Mamie aß mit meiner kleinen Schwester Sally in der Küche. Meine Mutter und Großpapa aßen, wenn sie überhaupt aßen, jeder in seinem Zimmer oder auswärts.

Manchmal waren alle im Wohnzimmer. Um Jack Benny oder Bob Hope oder Fibber McGee und Molly zuzuhören. Aber auch dann redete niemand. Jeder lachte allein und starrte das grüne Auge des Radios an, so wie die Leute heutzutage den Fernseher anstarren.

Was ich sagen will, ist, dass Hope oder ich noch nie etwas

von der Sommersonnenwende gehört hatten oder davon, dass es in El Paso im Sommer immer regnete. Niemand redete bei mir zu Hause je von den Sternen, sie wussten wahrscheinlich nicht einmal, dass es im Sommer manchmal Sternschnuppenschwärme am nördlichen Himmel gab.

Schwere Regenfälle überfluteten die Arroyos und die Abflussgräben, zerstörten Häuser in Smeltertown und spülten Hühner und Autos davon.

Als es anfing zu blitzen und zu donnern, reagierten wir mit simpler Angst. Zusammengekauert auf Hopes Vorderveranda, in Decken gewickelt, lauschten wir voller Furcht und Fatalismus dem Krachen und Grollen. Wir konnten allerdings auch nicht wegsehen, drängten uns zitternd aneinander und ließen uns gegenseitig hinschauen, wenn die Pfeile über der ganzen Länge des Rio Grande aufleuchteten und ins Kreuz von Mount Cristo Rey einschlugen, im Zickzack in den Schornstein der Schmelzhütte fuhren, blitz blitz. Wumm. Zur gleichen Zeit brach die Straßenbahn durch einen Kurzschluss in eine Funkenkaskade aus, und alle Passagiere kamen herausgerannt, als es gerade anfing zu regnen.

Es regnete und regnete. Es regnete die ganze Nacht. Die Telefone fielen aus, und die Lichter gingen aus. Meine Mutter kam nicht nach Hause, und Onkel John kam nicht nach Hause. Mamie machte im Holzofen ein Feuer an, und als Großpapa nach Hause kam, nannte er sie eine Idiotin. Der Strom ist ausgefallen, du Dummkopf, nicht das Gas, doch sie schüttelte den Kopf. Das verstanden wir vollkommen. Keiner Sache war zu trauen.

Wir schliefen auf Pritschen auf Hopes Veranda. Wir schliefen tatsächlich, obwohl wir beide schworen, wir wären die ganze Nacht wach gewesen und hätten den Regenvorhängen zugesehen, die herunterkamen wie Fenster aus Glasbaustein.

Wir frühstückten in beiden Häusern. Mamie machte Biskuit und Soße, bei Hope aßen wir *kibbe* und syrisches Brot. Ihre Großmutter flocht unsere Haare in feste französische Zöpfe, sodass unsere Augen für den Rest des Vormittags nach außen gezogen wurden, als wären wir Asiaten. Wir verbrachten den Morgen damit, im Regen herumzuwirbeln, bis uns kalt wurde, wir uns abtrockneten und wieder hinausgingen. Unsere beiden Großmütter kamen heraus, um zuzuschauen, wie ihr Garten gänzlich weggespült wurde, die Mauern hinab, hinaus auf die Straße. Rotes kalkhaltiges Lehmwasser schwoll rasch bis über den Gehweg an und stieg bis zur fünften Stufe der Betontreppen unserer Häuser hoch. Wir sprangen ins Wasser, das warm und dick wie Kakao war und uns mehrere Seitenstraßen weit mit sich trug, schnell, unsere Zöpfe trieben oben. Wir sprangen raus, rannten im kalten Regen zurück, an unseren Häusern vorbei und bis zum Ende der Straße, sprangen zurück in den Fluss der Straße und wurden wieder fortgerissen, noch mal und noch mal.

Die Stille verlieh dieser Flut eine besonders gespenstische Magie. Die Straßenbahnen fuhren nicht, und tagelang sah man keine Autos. Hope und ich waren die einzigen Kinder in der Straße. Sie hatte sechs Brüder und Schwestern, die aber größer waren und entweder im Möbelladen helfen mussten oder einfach immer irgendwo anders waren. Auf der Upson Avenue wohnten hauptsächlich Schmelzhüttenarbeiter im Ruhestand oder mexikanische Witwen, die kaum Englisch sprachen, frühmorgens und abends in die Holy Family zur Messe gingen.

Hope und ich hatten die Straße für uns allein. Zum Rollschuhfahren und Himmel-und-Hölle und Jacks spielen. Früh am Morgen oder abends gossen die Frauen ihre Pflanzen, aber die übrige Zeit blieben sie drinnen, hielten Fensterläden fest geschlossen, damit die furchtbare texanische Hitze, vor allem aber der rote Kalkstaub und der Rauch der Schmelzhütte nicht hineindrangen.

Jede Nacht verbrannten sie in der Schmelzhütte Holz. Wir saßen draußen unter den Sternen, und dann schossen die Flammen aus dem Schornstein, gefolgt von gewaltigen, üblen Ausstößen schwarzer Rauchwolken, die den Himmel verdunkelten und über alles um uns herum einen Schleier legten. Eigentlich war es ziemlich entzückend, die Schwaden und Wogen am Himmel, aber unsere Augen brannten, und der Geruch nach Schwefel war so stark, dass wir würgen mussten. Hope machte das immer, aber sie tat nur so. Damit man eine Vorstellung davon hat, wie beängstigend das jede Nacht war: Als in der Wochenschau im Plaza Kino die erste Atombombe gezeigt wurde, brüllte ein mexikanischer Witzbold: »*Mira*, die *esmelter*!«

Der Regen hörte kurz auf, und da geschah die zweite Sache. Unsere Großmütter schaufelten den Sand weg und fegten ihre Gehwege. Mamie war eine furchtbare Haushälterin. »Sie war an farbige Haushaltshilfen gewöhnt, deshalb«, sagte meine Mutter.

»Und du hattest Daddy!«

Sie fand das nicht lustig. »Ich werde meine Zeit nicht damit verschwenden, diese kakerlakenverseuchte Bude sauberzumachen.«

Aber Mamie gab sich Mühe mit dem Hof, fegte Stufen und Gehweg, goss ihren kleinen Garten. Manchmal stand sie direkt dort am Zaun, wo auf der anderen Seite Mrs. Abraham stand, aber sie ignorierten einander komplett. Mamie traute Ausländern nicht, und Hopes Großmutter hasste Amerikaner. Mich mochte sie, weil ich sie zum Lachen brachte. Eines Tages standen alle Kinder in einer Reihe am Herd, und sie gab ihnen *kibbe* auf frischgebackenem warmem Brot. Ich stellte mich einfach an, und bevor es ihr klar wurde, hatte sie mir ein Stück gegeben. Auf diese Weise wurde auch mein Haar jeden Morgen gekämmt und geflochten. Beim ersten Mal tat sie so, als würde sie es nicht bemerken, sagte auf Syrisch zu mir, ich solle stillhalten, schlug mir mit der Bürste auf den Kopf.

Neben dem Haus der Haddads gab es einen leeren Platz. Im Sommer war er von Unkraut überwuchert, schlimme Disteln, durch die man nicht hindurchlaufen wollte. Im Herbst und im Winter sah man, dass der Platz mit zerbrochenem Glas bedeckt war. Blau, braun, grün. Meistens von Hopes Bruder und seinen Freunden, die mit Luftgewehren auf Flaschen schossen, aber auch von weggeworfenen Flaschen. Hope und ich suchten nach Flaschen, die wir gegen Pfand zurückbringen konnten, und die alten Frauen trugen Flaschen in ihren ausgebleichten mexikanischen Körben zum Sunshine-Lebensmittelmarkt. Aber damals warfen die meisten, wenn sie eine Limonade getrunken hatten, die Flasche irgendwohin. Ständig flogen Bierflaschen aus Autofenstern, gefolgt von kleinen Explosionen.

Ich verstand jetzt, dass es mit der Sonne zusammenhing, die so spät unterging, erst, nachdem wir beide Abendbrot gegessen hatten. Wir waren wieder draußen, hockten auf dem Gehweg und spielten Jacks. Nur wenige Tage lang konnten wir von unserer Position dicht am Boden in dem

Augenblick unter das Unkraut auf dem Platz sehen, in dem die Sonne den Mosaikteppich aus Glas traf. Sie schien in einem bestimmten Winkel durch das Glas wie durch das Fenster einer Kathedrale. Diese magische Vorführung dauerte nur wenige Minuten, ereignete sich nur an zwei Tagen. »Schau!«, sagte sie beim ersten Mal. Wir saßen da, gebannt. Ich hielt die Metallsternchen fest umschlossen in meiner verschwitzten Hand. Sie hielt den Golfball hoch in die Luft, wie die Freiheitsstatue. Wir sahen zu, wie sich das Kaleidoskop aus Farben schillernd vor uns ausbreitete, dann weich und verschwommen wurde, dann verschwand. Am nächsten Tag geschah es wieder, aber am Tag darauf wurde die Sonne nur still zu Staub.

Irgendwann, kurz nach dem Glas, oder vielleicht war es auch vorher, machten sie die Feuer in der Schmelzhütte frühzeitig. Natürlich machten sie sie immer zur selben Zeit. Um neun Uhr abends, aber das war uns nicht klar.

Am Nachmittag hatten wir bei mir auf den Stufen gesessen und die Rollschuhe abgeschnallt, als das große Auto vorgefahren war. Ein glänzend schwarzer Lincoln. Ein Mann saß auf dem Fahrersitz, er trug einen Hut. Er ließ das Fenster an unserer Seite heruntergleiten. »Elektrische Fenster«, sagte Hope. Er fragte, wer im Haus wohnen würde. »Sag's ihm nicht«, sagte Hope, aber ich sagte es ihm. »Dr. Moynahan.«

»Ist er zu Hause?«

»Nein. Niemand ist zu Hause, außer meiner Mutter.«

»Ist das Mary Moynahan?«

»Mary Smith. Mein Vater ist ein Leutnant im Krieg. Wir bleiben solange hier«, sagte ich.

Der Mann stieg aus dem Auto. Er trug einen Anzug mit

Weste und einer Uhrenkette, ein gestärktes weißes Hemd. Er gab jedem von uns einen Silberdollar. Wir hatten keine Ahnung, was das war. Er sagte uns, dass es Dollars waren.

»Werden sie das als Geld in einem Laden annehmen?«, fragte Hope. Er sagte ja. Er ging die Treppe hinauf und klopfte an die Tür. Als niemand antwortete, drehte er an der Metallkurbel, die ein kratzendes Klingeln auslöste. Nach einer Weile ging die Tür auf. Meine Mutter sagte wütende Dinge, die wir nicht hören konnten, und schlug die Tür zu.

Als er wieder nach unten kam, gab er jeder von uns noch zwei Silberdollars.

»Ich muss mich entschuldigen. Ich hätte mich vorstellen sollen. Ich bin F. B. Moynahan, dein Onkel.«

»Ich bin Lu. Das ist Hope.«

Dann fragte er, wo Mamie sei. Ich sagte ihm, dass sie in der First-Texan-Baptist-Kirche im Stadtzentrum gegenüber der Bibliothek wäre. »Danke«, sagte er und fuhr weg. Wir stopften die Dollars in unsere Socken. Gerade rechtzeitig, denn meine Mutter kam die Stufen hinuntergerannt, Lockenwickler in den Haaren.

»Das war dein Onkel Fortunatus, die Schlange. Wag es nicht, auch nur einer Menschenseele zu sagen, dass er da war. Hörst du mich?« Ich nickte. Sie schlug mir auf Schulter und Rücken. »Sag kein Wort zu Mamie. Er hat ihr das Herz gebrochen, als er weggegangen ist. Hat sie alle dem Hunger überlassen. Es wird sie aufregen. Kein Wort. Verstanden?« Ich nickte noch einmal.

»Antworte mir!«

»Ich sag kein Wort.«

Zur Sicherheit gab sie mir noch einen Klaps und ging wieder hinauf.

Später waren alle zu Hause, jeder in seinem Zimmer, wie üblich. Das Haus hatte vier Schlafzimmer, die auf der linken Seite des Flurs lagen, ein Badezimmer am Ende, und auf der anderen Seite waren die Küche, das Speisezimmer und das Wohnzimmer. Der Flur war immer dunkel. Pechschwarz in der Nacht, blutrot von den Buntglasspiegeln tagsüber. Ich hatte Angst, auf die Toilette zu gehen, bis Onkel John mir beibrachte, an der Haustür zu beginnen und mir immer wieder zuzuflüstern »Gott wird mich beschützen. Gott wird mich beschützen« und wie der Teufel zu rennen. An diesem Tag ging ich auf Zehenspitzen, weil meine Mutter im vorderen Schlafzimmer Onkel John erzählte, dass Fortie hergekommen war. Onkel John sagte, er wünschte, er wäre da gewesen, damit er ihn hätte erschießen können. Dann blieb ich vor der Tür zu Mamies Zimmer stehen. Sie sang Sally in den Schlaf. So süß. »Way down in Missoura when my mammy sang to me.« Als ich aus dem Bad kam, war Onkel John in Großpapas Zimmer. Ich lauschte, als Großpapa zu Onkel John sagte, dass Fortunatus versucht hatte, in den Elks Club hineinzukommen. Großpapa hatte ihm ausrichten lassen, er solle verschwinden, sonst würde er die Polizei rufen. Sie redeten noch ein bisschen weiter, was ich aber nicht hören konnte. Nur Bourbon, der in die Gläser gluckerte.

Schließlich kam Onkel John in die Küche. Ich bekam Eistee, während er trank. Er tat sich Minze ins Glas, damit Mamie glaubte, auch er würde Eistee trinken. Er sagte mir, dass Onkel Fortunatus vor vielen Jahren von zu Hause weggegangen war, als sie ihn gerade wirklich brauchten. Sowohl John als auch Großpapa hatten heftig gesoffen und konnten nicht arbeiten. Onkel Tyler und Fortunatus unterstützten die Familie, bis Fortunatus mitten in der Nacht nach Kalifornien gegangen war. Hatte eine Nachricht hinterlassen, in der stand, dass er genug hätte vom Moynahan-Gesindel. Er hatte nie Geld oder auch nur einen Brief geschickt, kam nicht nach Hause, als Mamie beinahe gestorben wäre. Jetzt war er der Präsident irgendeiner Eisenbahngesellschaft. »Besser, du erwähnst nicht, dass du ihn getroffen hast«, sagte Onkel John zu mir.

Wegen Jack Benny waren alle im Wohnzimmer. Sally schlief weiter. Mamie saß auf ihrem kleinen Stuhl, die Bibel wie immer aufgeschlagen vor sich. Aber sie las nicht darin. Sie sah auf das Buch, und in ihrem alten Gesicht lag ein Ausdruck von Glück. Ich begriff, dass Onkel Fortunatus sie gefunden und mit ihr gesprochen hatte. Als sie aufsah, lächelte ich. Sie lächelte zu mir zurück und schaute wieder nach unten. Meine Mutter stand im Türrahmen, rauchte. Das Lächeln machte sie nervös, und hinter Mamies Rücken warf sie mir lauter Shh!-Zeichen zu und machte Gesichter. Ich schaute sie einfach mit einem ausdruckslosen Blick an, so, als hätte ich keine Ahnung, was sie meinte. Großpapa hörte Radio und lachte über Jack Benny. Er war schon betrunken. Er schwang heftig in seinem Schaukelstuhl vor und zurück und zerriss Zeitungspapier in kleine Streifen, verbrannte sie in dem großen roten Aschenbecher. Onkel John stand trinkend und rauchend im Türrahmen des Speisezimmers, nahm alles in sich auf. Er ignorierte die Zeichen, die meine Mutter ihm gab, damit er mich aus dem Zimmer brachte. Ich nahm an, dass auch er sah, wie Mamie lächelte. Meine Mutter machte husch! zu mir, damit ich ging. Ich gab vor, es nicht zu bemerken, und sang die Werbung von Fitch mit: »Wenn dein Kopf juckt, nicht kratzen! Fitch nehmen!

Benutz deinen Kopf! Rette dein Haar! Nimm Fitch Shampoo!« Sie schaute mich so böse an, dass ich es nicht aushielt, also holte ich einen Silberdollar aus meiner Socke.

»Hey, guck mal, was ich gekriegt habe, Großpapa!«

Er hörte auf zu schaukeln. »Wo hast du das her? Du und die blöden Araber, habt ihr das gestohlen?«

»Nein. Es ist ein Geschenk!«

Meine Mutter schlug mir ins Gesicht. »Du miese kleine Göre!« Sie schleifte mich aus dem Zimmer und warf mich zur Tür hinaus. In der Erinnerung kommt es mir so vor, als hätte sie mich am Schlafittchen gepackt wie eine Katze, aber ich war schon sehr groß, also kann das nicht stimmen.

Sobald ich draußen war, rief Hope, ich sollte schnell rüberkommen. »Sie verbrennen heute frühzeitig!« Das meine ich damit, dass wir dachten, es wäre frühzeitig. Es war einfach noch nicht dunkel gewesen.

Gewaltige Schwaden und Fahnen schwarzen Rauchs stiegen aus dem Schornstein hoch in die Luft, drehten sich und wirbelten mit einer wahnsinnigen Geschwindigkeit herum, die Schwaden breiteten sich über unserem Viertel aus, und es war, als wäre schon Nacht, mit nebligen Rauchfahnen, die über die Dächer und in die Gassen hinunterkrochen. Der Rauch wurde dünner und tanzte und breitete sich weiter über dem gesamten Zentrum aus. Wir konnten uns nicht bewegen. Tränen rannen uns aus den Augen wegen des übelriechenden Brennens und Gestanks der Schwefelabgase. Aber als der Rauch sich über dem Rest der Stadt auflöste, war er genauso von unten beleuchtet wie das Glas von der Sonne, und so wurde sogar Rauch zu Farben. Schönes Blau und Grün und das schillernde Violett und Säuregrün von Benzin in Pfützen.

Ein flackerndes Gelb und ein rostiges Rot und dann vor allem ein weiches, moosiges Grün, das sich auf unseren Gesichtern spiegelte. Hope sagte: »Igittigitt, deine Augen haben diese ganzen Farben angenommen.« Ich log und sagte, ihre auch, dabei waren ihre Augen so schwarz wie immer. Meine hellen Augen wechseln wirklich die Farbe, also haben sie sich wahrscheinlich tatsächlich in den Spiralen des Rauchs verfärbt.

Wir schnatterten nie wie die meisten kleinen Mädchen. Wir redeten überhaupt nicht viel. Ich weiß, dass wir kein Wort über die schreckliche Schönheit des Rauches oder des glühenden Glases sagten.

Auf einmal war es dunkel und spät. Wir gingen beide ins Haus. Onkel John schlief auf der Verandaschaukel. Im Haus war es heiß, und es roch nach Zigaretten, Schwefel und Bourbon. Ich kroch zu meiner Mutter ins Bett und schlief ein. Es schien mitten in der Nacht zu sein, als Onkel John mich wachrüttelte und nach draußen mitnahm. »Weck deine Freundin Hope«, flüsterte er. Ich warf einen Stein an ihr Fliegengitter, und innerhalb von Sekunden war sie draußen bei uns. Er führte uns zum Rasen und wollte, dass wir uns hinlegten. »Macht eure Augen zu. Zu?«

»Ja.«

»Ja.«

»Okay, macht die Augen auf und guckt Richtung Randolph Street zum Himmel.« Wir öffneten die Augen in die klare texanische Nacht hinein. Sterne. Der Himmel war voller Sterne, und es war, als wären es so viele, dass einige vom Rand zu springen schienen, sich hinabstürzten, ausgeschüttet wurden in die Nacht. Dutzende, Hunderte, Tausende vorüberschießender Sterne, bis sie schließlich ein Wolkenband verbarg und langsam weitere Wolken den Himmel über uns bedeckten.

»Träumt süß«, flüsterte er, als er uns zurück ins Bett schickte.

Am Morgen regnete es wieder. Es regnete und flutete die ganze Woche lang, und schließlich hatten wir genug vom Frieren und vom Schlamm und gaben unsere Dollars aus, um ins Kino zu gehen. An jenem Tag, an dem wir von »Die Seeteufel von Cartagena« zurückkamen, kehrte mein Vater gesund aus dem Krieg zurück. Kurz darauf zogen wir nach Arizona, weshalb ich nicht weiß, was in dem Sommer, der diesem folgte, in Texas geschah.

Deborah Levy

Schlaglicht

Es ist der letzte Samstag im August. Alice wartet an der Gepäckausgabe des Prager Flughafens, und noch ehe es definitiv feststeht, weiß sie, dass ihre Tasche nicht auftauchen wird. Zwanzig Minuten lang hat das Förderband in seiner Spur seine langsamen, hypnotisierenden Runden gedreht, ein toter grauer Fluss. Ihre Reisetasche ist nicht darauf. Ja, sie kann ein Formular ausfüllen. Sie kann der Flughafenmitarbeiterin ihre Handynummer geben, auch die Adresse ihres Hotels auf der Malá Strana, der Kleinseite, aber sie glaubt, sich damit abfinden zu müssen, dass sie alles verloren hat. Die fröhliche, aber unbestimmte Flughafenmitarbeiterin, die für verschwundenes Gepäck zuständig ist (Petra heißt sie), sieht ein, dass das Formularausfüllen eine Vergeudung ihrer beider Zeit ist, und doch lotst sie Alice hilfsbereit durch die Prozedur. Petras Atem riecht nach Anis oder Ähnlichem. Alice gibt sich keine besondere Mühe; sie kann ihre Schrift selbst kaum entziffern. Das Schlimmste ist, dass das Ladegerät in der verloren gegangenen Tasche steckt. Selbst wenn die Fluglinie ihr Gepäck tatsächlich wiederfinden sollte und sie anruft, wird der Akku längst leer sein.

Petra gebietet über ein spezielles Gepäcksuchsystem – und sie hat auch noch allerlei Informationen parat. Sie warnt Alice vor betrügerischen Taxifahrern; der Minibus-Shuttle wird sie für weniger Geld an ihr Ziel bringen als ein privates Taxi. Und da die Reisetasche mit dem Ladegerät verloren gegangen ist, soll sich Alice eine Telefonkarte für die öffentlichen Fernsprecher kaufen. Die Notfallnummer ist 112. Zuletzt sagt sie noch, dass am Dienstagabend im Park ein Film gezeigt wird: Das kostet nichts, aber alle machen sich fein.

Es ist Dienstagabend, und Alice tanzt in dem blauen Kleid, das sie seit drei Tagen trägt, in einem Park in der Prager Innenstadt.

Wie sich herausstellt, wird bei der Open-Air-Vorführung, von der Petra gesprochen hat, ein Konzertfilm gezeigt, nämlich *Shine a light*, Martin Scorseses Doku über die Rolling Stones. Mücken zerstechen ihr die Arme, es ist elf Uhr nachts, und der Mond bescheint die Menge. Zwei Serbinnen, Jasna und Adrijana, tanzen mit ihr, und Mick Jagger singt dazu: »*Yeah, you light up my life*«. Alice hat sie eben erst kennengelernt, freut sich aber über ihre Gesellschaft. Schau, sagt sie zu Jasna, sobald Mick sich vom Mikrofon entfernt und sich umziehen geht, ist die Bühne wie tot. Weil er nicht mehr da ist. Wie das Gepäckband am Flughafen, als ihr klar wurde, dass ihre Tasche nicht kommen würde.

Jasna und Adrijana sind in Begleitung ihrer Freunde, die sich um Bier anstellen. Sie winken einem Würstchenverkäufer und schreien: »Hot Dogs!« Adrijana lässt sich nicht abhalten, auch für Alice einen zu kaufen. Sie überschwemmen die Hot Dogs mit Ketchup, trinken Bier und beobachten die auf der schwarzen Moldau schlafenden Schwäne. Als der Film zu Ende ist, fragen sie Alice, ob sie am nächsten Tag mit ihnen schwimmen gehen will, in einem See ganz in der Nähe von Prag. Es scheint kein echter See zu sein, sondern ein ehemaliges Bergwerk, das bei einem Unwetter vor ein paar Jahren vollgelaufen ist. Daneben ist ein Getreidefeld, und nicht weit entfernt gibt es Burgen und einen Wald und Adler. Ob sie gern mitkäme? Alice nickt und lächelt, und alle klatschen begeistert und schwenken die Bierflaschen zum dunklen Himmel.

Später, als sie über das Kopfsteinpflaster zu ihrem Hotel in der Malá Strana geht, wird ihr klar, dass sie unbekümmerter geworden ist, seitdem sie mit nichts als den Kleidern, die sie am Leib trägt, in diesem fremden Land eingetroffen ist. Aber sie beobachtet sich auch mehr.

Der Wagen, der am Mittwochnachmittag vor ihrem Hotel vorfährt, ist ein ramponierter Mercedes. Adrijana teilt ihn sich mit drei weiteren Familien, und mittwochs gehört er ihr. Jasna, Petar und Dimitar, die auf der Rückbank sitzen, rücken enger zusammen, damit sich Alice hineinquetschen kann. Vorn sitzt noch jemand anderes, der Alice als berühmter, fantastischer, herausragender, genialer Komponist elektronischer Musik vorgestellt wird. Der Komponist sagt, er heiße Alex, aber sie könne ihn auch, wenn sie wolle, Herr Komponist nennen. Und dann sagt er während der ganzen Fahrt gar nichts mehr.

Als sie endlich bei dem See sind, der mal ein Bergwerk war, liegt das grüne Wasser reglos und glatt vor ihnen. Alice stellt sich vor, dass eine Kraft darin wohnt, die sie tief unter die Erde hinabziehen wird, bis sie verschwunden ist wie ihr Gepäck. Jasna leiht ihr einen Badeanzug, aber Alice lässt sich Zeit mit dem Umziehen. Sorgfältig legt sie ihr blaues Kleid zusammen und bettet es auf einen Felsen. Alle sind schon im Wasser, nur der Herr Komponist nicht, der es ablehnt, schwimmen zu gehen, und sich, auf demselben Felsen wie ihr Kleid, fröstelnd das Sakko zuknöpft. Als er Alices Blick begegnet, zuckt er mit den Achseln, deutet spöttisch auf das Schild am Seeufer und übersetzt es ihr: »GEFAHR! SCHWIMMEN VERBOTEN!« Er sieht ihr nach, wie sie den lehmigen Weg hinuntergeht und ins Wasser springt. Es ist eiskalt; ihre Beine werden sofort taub. Adrijana und Jasna sind bis zur Mitte des Sees hinausgeschwommen, wo es am tiefsten ist. Sie haben ihr braunes Haar hochgesteckt und schwimmen ruhig und langsam nebeneinander her wie die Schwäne auf der Moldau. Nach einer Weile drehen sie sich auf den Rücken und schauen in den Himmel.

Alice klettert aus dem Wasser und setzt sich triefend nass neben den Herrn Komponisten oder Alex, oder wie immer er heißt. Er reicht ihr eine Plastiktüte. Darin ist ein schwerer, quadratischer Kuchen. Das sei Baklava, sagt er, von seiner Mutter, die eben von einem Besuch in Belgrad zurückgekehrt sei. Es hat keinerlei Ähnlichkeit mit dem Baklava, das Alice kennt, denn es ist schwer wie Brot. Er zückt sein Mobiltelefon, und Alice hört ihn sagen: »Ich bin an einem See außerhalb von Prag, mit Alice, die aus Großbritannien ist, und deshalb rede ich auch mit dir Englisch. Ich soll dir von ihr bestellen, dass ihr dein Kuchen schmeckt.«

Als er den Anruf beendet, macht Alice ihn darauf aufmerksam, dass er das gleiche Telefon hat wie sie. Das ist aber interessant, Alice, sagt er und fügt hinzu, er habe, wie Adrijana und Jasna, »während des Kriegs« drei Grenzen überqueren müssen, um nach Prag zu kommen. Von Zeit zu Zeit fällt ihr ein angestrengter Ausdruck in seinen Augen auf. Sie will ihn gerade etwas fragen, als Jasna sich von hinten anschleicht und ihr blaues Kleid schwenkt wie eine Fahne. Es ist vom Felsen geweht worden und im Schmutz gelandet.

Auf dem Rückweg nach Prag kehren sie in einer Kneipe ein, um Bier zu trinken, und Alex bestellt eine Platte Räucherschinken. Während die anderen sich unterhalten, sagt er zu Alice, sie stammten zwar alle aus Serbien, hätten sich aber erst in Prag kennengelernt. Offen gestanden, sagt er, wollten wir zuerst gar nichts miteinander zu tun haben, man weiß ja nie, wie der andere ist. Adrijana will von Alice wissen, ob sie von einem berühmten europäischen Philosophen gehört habe; sie nennt den Namen. Alice hat nie von ihm gehört. Er hat ja diese sehr schöne Frau, sagt Adrijana zu Alice, so schön wie du. Langes blondes Haar. Aber dieser Philosoph, den wir sehr schätzen, weil er über das Leben schreibt, wie es für uns ist, – er ist äußerst beschäftigt. Reist andauernd durch die Welt und hält Vorträge. Überhaupt schreibt er wahrscheinlich genau jetzt irgendwo an einem Vortrag, es ist Mitternacht, und die schöne Frau des Philosophen sagt am Telefon zu ihrem Mann: Gib dir heut Abend selber einen Gutenachtkuss, ich geb mir auch selber einen Kuss, und streichle dir selber heut Abend das Haar, ich streichle heut selber meinen Arm. Alice versteht nicht, warum sie alle so ungeheuer lachen. Sie fühlt sich einsam, ausgeschlossen durch den Witz, den sie nicht versteht, und eigentlich ist sie gar nicht sicher, ob sie überhaupt dazugehören will.

»Alles okay, Alice?« Alex stupst mit seinen langen Fingern ihren Arm. »Übrigens«, sagt er, »finde ich dein blaues Kleid super.« Er fragt, wann sie nach England zurückfliegt. Noch heute, antwortet sie, am späteren Abend. »Mhm«, sagt er. »Dann wirst du dir heut Abend selber einen Gutenachtkuss geben. Und ich gebe mir auch einen Gutenachtkuss.« Er werde jetzt ein bisschen durch den Wald laufen, verkündet er, um sich die Beine zu vertreten, bevor sie nach Prag zurückfahren. Der Wald beginnt gleich auf der anderen Straßenseite, gegenüber der Kneipe. Alice fragt, ob sie sich ihm anschließen darf. Sie möchte Herbstlaub sehen.

Als sie die Straße überqueren, hat sich der Himmel bewölkt. Auf dem Weg in den Wald will Alice auf einmal doch nicht mehr mit ihm gehen. Sie hat es sich anders überlegt. Er sagt: »Tja, ich bin jedenfalls sehr froh, dass wir uns kennengelernt haben.« Er fuchtelt ein bisschen mit den Händen und greift auf einmal mit den Fingerspitzen nach ihrem blonden Haar. Sie will ihn fragen, wo auf der Landkarte seine Heimat ist, aber das wäre kränkend und unhöflich, und sie findet, dass sie so eine Frage unmöglich stellen kann. Er lässt ihr Haar los und sagt: »Dein blaues Kleid gefällt mir wirklich unheimlich gut, und dazu die rote Strumpfhose. Falls ich eines Tages nicht mehr in meinem blöden Job arbeite, kaufe ich dir ein Paar Schuhe.« Und damit verschwindet er im Wald.

Der Sommer geht zu Ende, und es zieht sie heim nach England. Ein Vogel hüpft in den oberen Zweigen eines Baums herum. Sie sieht ihm zu und denkt dabei an Adrijana und Jasna, wie sie im tiefen, kalten See geschwommen sind. Sie haben Verletzungen erlitten, die sie, Alice, gar nicht ermessen kann. Sie haben alle Jahreszeiten ihrer Heimat hinter sich gelassen.

Als sie auf die Uhr sieht, fragt sie sich, ob Alex sich wohl verlaufen hat. Ist ihm im Wald etwas zugestoßen? Irgendwas wird passieren, denkt sie. Genau so hat sie bei der Gepäckausgabe empfunden. Ein beklommenes Gefühl im Magen, als sie wusste, dass ihre Reisetasche verschwunden war. Seltsame Gedanken kommen ihr jetzt, während sie auf ihn wartet. Sie fragt sich, ob es Menschen gibt, die sich im Wald verstecken, weil sie ihre Heimat verloren haben, und ihr Zuhause und ihre Kinder und ihre Schwester und Cousine, und aus einer früheren Bemerkung von ihm schließt sie, dass Alex womöglich seinen Bruder und seinen Vater verloren hat. Sie denkt an das Formular, das sie am Flughafen ausfüllen musste, an die Angestellte, die ihre Verlustanzeige aufnahm, und an deren gelangweilte Miene, als sie ihr die verlorenen Habseligkeiten aufzählte.

Der Stoff ihres blauen Kleids reibt an der Haut, als sie am Waldrand entlang die Straße auf und ab geht. Ein plötzlicher Wind kommt auf, und dann sieht sie ihn.

Er kommt auf sie zu. Er hat kleine Blätter im Haar, als er, zu nah, vor ihr steht und ihr sagt, dass er gar nicht Alex heißt. Nicht ganz. Sondern Aleksandar. Er sagt, er habe im Wald einen Hirsch mit kleinem Geweih gesehen, und er habe eine italienische Kaffeemaschine besessen, zu Hause, in seiner Heimat, die er sehr geliebt habe, also die Kaffeemaschine natürlich, nicht die Heimat, und es tue ihm leid, dass er den Rolling-Stones-Film gestern Abend im Park versäumt habe, denn dann wäre er ein bisschen länger in ihrer Nähe gewesen. Aleksandar kneift die Lippen zusammen und senkt den Blick. Er bietet ihr an, vor ihrer Abreise nach London ihr Handy aufzuladen. Er verschränkt die Arme vor der Brust und lehnt sich auf den Fersen zurück, wie um sie besser sehen zu können, und dann sagt er, es sei ein netter Anblick, wie sie ihn anlache, während der Wind ihr das Haar zerzaust.

Ricarda Huch

Der letzte Sommer

LJU AN KONSTANTIN

Kremskoje, 5. Mai 19..

Lieber Konstantin! Ich habe mein Amt angetreten und will Dir berichten, wie sich mir die Lage darstellt. Dass mir gelingen wird, was ich vorhabe, bezweifle ich nicht, es scheint sogar, dass die Umstände günstiger sind, als man voraussetzen konnte. Meine Persönlichkeit wirkt in der ganzen Familie des Gouverneurs sympathisch, von Argwohn ist keine Rede; dies ist im Grunde natürlich, nur wir Wissende konnten das Gegenteil befürchten. Wenn der Gouverneur Erkundigungen über mich eingezogen hat, so konnten diese mir nicht schaden; meine Zeugnisse von der Kinderschule an bis zur Universität sind glänzend, und das Einzige, was zu meinem Nachteil sprechen könnte, dass ich mich mit meinem Vater überworfen habe, wird dadurch entkräftet, dass sein herrschsüchtiger und verschrobener Charakter allgemein bekannt ist. Ich glaube aber eher, dass er es nicht getan hat; der Mann ist so ganz ohne Misstrauen, dass es in seiner Lage an Einfalt grenzen würde, wenn es nicht mehr mit seiner Furchtlosigkeit und seiner unrichtigen Beurteilung der Menschen zusammenhinge. Außerdem scheint meine Anstellung durchaus ein Werk seiner Frau zu sein, die, von Natur ängstlich, seit sie den Drohbrief erhalten hat, nichts andres mehr denkt, als wie sie das Leben ihres Mannes schützen kann. Misstrauen liegt auch in ihrer Natur nicht; während sie in jedem Winkel unmögliche Gefahren wittert, könnte sie dem Mörder einen Löffel Suppe anbieten, wenn es ihr so vorkäme, als ob der arme Mann nichts Warmes im Leibe hätte.

Sie erzählte mir, dass eben der von Dir verfasste Brief sie auf den Gedanken gebracht hätte, einen jungen Mann zu suchen, der unter dem Vorwande, ihres Mannes Sekretär zu sein, seine Person vor etwaigen Anschlägen beschützte, ohne dass er selbst es bemerkte. Es sei ihr jedoch nicht möglich gewesen, weder ihre Angst noch ihren Plan vor ihrem Manne geheim zu halten, und auf ihr inständiges Bitten und um Ruhe vor ihr zu haben, sei er endlich darauf eingegangen, teils auch, weil er seit Kurzem eine Art Nervenschmerz am rechten Arm habe, der ihm das Schreiben erschwere. Er habe aber die Bedingung gestellt, dass er wenigstens des Nachts unter dem alleinigen Schutze seiner Frau bleiben dürfe. Sie lachten beide, und er setzte hinzu, seine Frau verstehe sich so ausgezeichnet auf die Befestigung der Schlafzimmer, dass er sich dreist ihr anvertrauen dürfe; sie gehe nie zu Bett, ohne vorher alle Schränke und besonders die Vorhänge untersucht zu haben, die sie für Schlupfwinkel von Verbrechern hielte. Natürlich, sagte sie lebhaft, vorsichtig müsse man doch sein, ängstlich sei sie durchaus nicht, sie lasse sogar nachts die Fenster offen, weil sie eine Freundin der frischen Luft sei, gehe allerdings mit dem Gedanken um, Gitter machen zu lassen, die man davorsetzen könne; denn da die Haustüre verschlossen wäre, bliebe doch den Leuten, die Böses vorhätten, nichts andres übrig, als durchs Fenster einzusteigen. Indessen, sagte sie, habe sie schon jetzt das Gefühl, dass sie sich weniger Gedanken machen würde, nun ich da wäre. Ihr Gesicht hatte etwas ungemein Gewinnendes bei diesen Worten. Ich sagte: »Das hoffe ich. Ich würde jede Sorge, die Sie sich jetzt noch machten, als einen Vorwurf gegen meine Berufstreue auffassen.« Während dieses Gespräches war der Sohn ins Zimmer gekommen; er sah mich mit einem besorgten Blick an und sagte: »Fangen Sie heute schon an?«, worüber wir alle so lachen mussten, dass dadurch sofort ein vertraulicher Ton hergestellt war. Dieser Sohn, er heißt Welja, ist ein hübscher und sehr drolliger Junge, nicht viel jünger als ich, spielt aber noch wie ein Kind von fünf Jahren, nur dass das Spielzeug nicht mehr ganz dasselbe ist. Studieren tut er die Rechte, um einmal die diplomatische Laufbahn einzuschlagen; man merkt aber nichts davon. Er ist klug und ein moderner Mensch mit zahllosen unbeschnittenen Trieben und unbegrenzter Empfänglichkeit; sein Charakter ist, keinen zu haben, und dies macht ihn vollkommen belanglos. Er sieht von jeder Sache nur die Seite, an die sich ein Bonmot anknüpfen lässt, dessen größter und unwiderstehlicher Reiz in der verschlafenen Art besteht, wie er es vorbringt.

Außer dem Sohne sind zwei Töchter da, Jessika und Katja, zwischen zwanzig und dreiundzwanzig Jahren, blond, niedlich, einander ähnlich wie Zwillinge. Sie waren gegen mich eingenommen, weil sie die Furchtsamkeit ihrer Mutter albern finden und weil sie fürchteten, in ihrer sommerlichen Zurückgezogenheit gestört zu werden; da ihnen aber mein Äußeres hübsch und stilvoll vorkommt, und da Welja, der ihr Vorbild ist, sich zu mir hingezogen fühlt, fangen sie an, sich mit meiner Anwesenheit zu befreunden. Diese drei Kinder erinnern mich, ich weiß nicht warum, an kleine Kanarienvögel, die dicht zusammengedrängt auf einer Stange sitzen und zwitschern. Überhaupt hat die ganze Familie etwas kindlich Harmloses, das mich und meine Aufgabe vor mir selbst lächerlich machen könnte; aber ich kenne die menschliche Seele gut genug, um zu wissen, dass diesem Wesen maßloser Hochmut zugrunde liegt. Hass, ja selbst Übelwollen setzt doch eine gewisse Nähe zu den Menschen voraus; diese fühlen sich im Grunde allein in einer ihnen gehörenden Welt. Alle andern haben nicht die Bedeutung der Wirklichkeit und greifen nicht in ihren Frieden ein. Die Dienerschaft besteht aus einem Kutscher, Iwan, der trinkt und den Welja Väterchen nennt, und drei Mädchen; alles sind Leute altrussischer Art, fühlen noch als Leibeigene, beten ihre Herrschaft an und urteilen doch mit unbewusster Überlegenheit über sie, weil sie dem Urquell noch näher sind. Liebe Wesen, die mir, wie Tiere, eine gewisse Ehrfurcht einflößen. Dies sind meine ersten Eindrücke; Du hörst bald mehr von mir.

                Lju

WELJA AN PETER

Kremskoje, 6. Mai

Lieber Peter! Ich habe mich damit abgefunden, dass ich während der ganzen Dauer von Papas Urlaub hier auf dem Lande bleiben muss. Blödsinnige Sache, dieser Schluss der Universität. Ich hatte doch vollkommen recht, als ich Ruhe empfahl; denn dass wir bei einem Kampfe den Kürzeren ziehen mussten, war vorauszusehen. Aber Du musstest natürlich wie eine geheizte Maschine ohne Bremse drauflos, und es ist reiner Zufall, dass Du nicht von meinem eignen Vater an den Galgen gebracht wirst. Es ist durchaus keine Schande, der Übermacht nachzugeben, vielmehr Stumpfsinn und Raserei, gegen sie anzugehen; ich leide an keinem von beiden. Wenn mir die armen Kerls nicht leidtäten, die mit ihrem heiligen Eifer so rettungslos hereingefallen sind, würde ich mich mit der Geschichte ganz aussöhnen; den Sommer genießt man hier schließlich am besten, und aus der Affäre mit der Lisabeth, die ich ein bisschen unüberlegt angezettelt hatte, hätte ich mich nicht so leicht loswickeln können, wenn ich in Petersburg geblieben wäre. Wenn Papa und Mama auch etwas rückständig sind, so haben sie doch Verstand und Geschmack und sind zum täglichen Umgang viel angenehmer als die rabiaten Köpfe, mit denen Du Deine antediluvianische Dickhaut zu umgeben liebst. Papa darf man zwar nicht ernstlich widersprechen, wenn man seine Ruhe bei Tisch haben will, aber Mama hört gelegentlich eine rebellische Ansicht recht gern und frondiert mit einer gewissen Verve gegen Papa, was ihm auch in angemessenen Grenzen gut an ihr gefällt; wenn er sich aber nachdrücklich räuspert oder die Augenbrauen zusammenzieht, lenkt sie gleich ein, schon um uns mit dem guten Beispiel der Unterordnung voranzugehen. Übrigens ist ja auch Katja hier, es ist also nicht nur erträglich, sondern positiv nett.

Der Schutzengel ist angekommen. Mama ist überzeugt, dass er das Talent hat, alle Gifte, Waffen, Dynamitpatronen und sonstigen Unfälle von Papa ab- und auf sich hinzulenken, und schätzt den begabten jungen Mann unendlich. Wir dachten, es würde ein Mann mit breitem Vollbart, biederen Fäusten und aufgeblasenen Redensarten ankommen; anstatt dessen ist er schlank, glatt rasiert, zurückhaltend, eher ein englischer Typus. Mir sagte er, sein Vater habe verlangt, dass er sich zu einer Professur melde – er hat nämlich Philosophie studiert –, aber er wolle keinen Beruf und habe besonders einen Widerwillen gegen die zünftigen Philosophen. Um ihn zu zwingen, habe sein Vater ihm alle Geldmittel entzogen, und deshalb habe er diese Stellung angenommen, zu der er im Grunde wohl wenig befähigt sei. Er sagte: »Ich glaube, ich kann mich am ersten dadurch nützlich machen, dass ich Ihre Frau Mutter ein wenig beruhige, und das scheint mir gar nicht schwer zu sein. Sie hat die liebenswürdige Eigenschaft, nicht zweifelsüchtig zu sein, und wird mich gern für einen geborenen Blitzableiter halten, wenn ich mir einigermaßen Mühe gebe, einen solchen vorzustellen.« Ich sagte: »Wenn Sie sich nur nicht dabei langweilen.« Darüber lachte er und sagte: »Ich langweile mich nie. Der Mensch befindet sich, wo er auch ist, im Mittelpunkt eines Mysteriums. Aber auch abgesehen davon: Ich liebe das Landleben und gute Gesellschaft, für mich ist also gesorgt.« Er hat einen durchdringenden Blick, und ich bin überzeugt, dass er uns alle schon ziemlich zutreffend zerlegt und eingeteilt hat. Er selbst glaubt unergründlich zu sein; ich halte ihn trotz seiner anscheinenden Kälte für verwegen, sehr leidenschaftlich und ehrgeizig. Es wäre schade, wenn er doch noch einmal Professor würde. Man hat das Gefühl, dass er mehr will und kann als andre Menschen. Seine Ansichten werden wohl nicht weniger revolutionär sein als unsre, aber er ist bis jetzt ganz unpersönlich im Gespräch. Diese Objektivität imponiert mir eigentlich am meisten, besonders weil seine Unterhaltung trotzdem anregend ist. Jessika und Katja sind dafür natürlich sehr empfänglich, weswegen Du aber noch nicht eifersüchtig zu werden brauchst, alter Saurier.

Dein Welja

JESSIKA AN TATJANA

Kremskoje, 7. Mai

Liebe Tante! Da es tiefstes Geheimnis ist und bleiben soll, dass Mama einen Sekretär für Papa angestellt hat, dessen eigentliche Bestimmung ist, Papa vor den Bomben zu schützen, die ihm angedroht sind, kann ich die Tatsache wohl als bekannt voraussetzen. Vielleicht ist es auch besser, wenn sie in den weitesten Kreisen verbreitet wird, dann fangen die Anarchisten gar nicht erst an zu werfen, wodurch unserm Schutzengel seine Arbeit erleichtert wird. Du siehst, dass ich ihm wohlwill, und er verdient es schon deshalb, weil seine Anwesenheit so günstig auf Mamas Stimmung einwirkt. Am ersten Mittag fragte Mama ihn, was er geträumt habe; der erste Traum an einem neuen Aufenthalt sei bedeutungsvoll. Ich glaube, er hatte gar nichts geträumt, aber er erzählte, ohne sich zu besinnen, eine lange Geschichte, dass er sich im Innern eines herrlichen Palastes befunden habe und langsam von einem Raume zum andern gegangen sei, und beschrieb alle ganz ausführlich. Zuletzt sei er zu einem Gemach gekommen, in dem es ganz dunkel gewesen sei und auf dessen Schwelle ihn eine unerklärliche Bangigkeit befallen habe; er habe gezögert weiterzugehen, dann sich zusammengenommen, dann wieder innegehalten und sei dann unter Herzklopfen aufgewacht. Mamas Augen wurden immer größer. »Wie gut«, sagte sie, »dass Sie nicht hereingegangen sind, es wäre gewiss etwas Schreckliches darin gewesen.« »Vielleicht eine Badewanne«, sagte Welja ruhig. Wir mussten alle lachen, und da Katja erst anfing, als wir andern schon fertig waren, dauerte es sehr lange. Ich sagte: »Bitte, träumen Sie doch nächste Nacht weiter und nehmen Sie ein Bad, damit Mama beruhigt ist; denn Baden kann doch nur Gutes bedeuten.« Nein, sagte Mama, Wasser wäre zweideutig, nur Feuer wäre ein unbedingter Glückstraum, und sie hätte eben diese Nacht einen gehabt. Dann erzählte sie ihren Traum, er war zu niedlich; sie hatte nämlich mit Papa schlafen gehen wollen, und da hatten ihre Betten in Flammen gestanden, schönen, hellen Flammen ohne Rauch (das ist sehr wichtig!), und sie hatte immer hineingeblasen in der Meinung zu löschen. Da hatte Papa gerufen: »Lusinja, so blase doch nicht!« und hatte vor Lachen kaum sprechen können, und darüber war sie auch ins Lachen gekommen und war lachend aufgewacht. Diesen Traum bezog Mama auf Lju, dessen Ankunft für uns glückbringend sei; Lju heißt unser Schutzengel. Daran anknüpfend erklärte er, woher der Volksglaube an die Bedeutung der Träume stamme und dass und warum Wasser und Feuer bei allen Völkern im selben Sinne aufgefasst würden und was Wahres daran sei; leider kann ich es Dir nicht so hübsch auseinandersetzen, wie er es tat. Papa hörte auch sehr interessiert zu, obgleich er von Träumen und dergleichen eigentlich gar nichts versteht, und sagte zuletzt mit einem Seufzer: »Sie würden ausgezeichnet zum Sekretär meiner Frau passen!« Nun will ich Dir noch etwas Niedliches erzählen, das heute Mittag passierte. Ich fragte Welja, ob er noch Pudding wolle, und er sagte nach seiner Gewohnheit: »Vater, wie du willst.« Lju sah ihn neugierig an, und da erklärte Mama, das wäre Weljas Lieblingsredensart, die er immer im Munde führte, um zu sagen, es ist mir gleichgültig; sie hoffe aber, setzte sie nachdrücklich hinzu, er unterdrückte nun einmal diese üble Angewohnheit, denn sie möge Profanationen des Heiligen durchaus nicht leiden. »Profanationen des Heiligen?«, sagte Welja erstaunt. »Was meinst du damit?« »Aber Welja«, sagt Mama mit Entrüstung, »tu doch nicht, als ob du nicht wüsstest, dass die Worte in der Bibel stehen!« »Nein, wahrhaftig«, ruft Welja, »wenn ich eine Ahnung gehabt hätte, dass solche faule Redensarten in der Bibel stehen, hätte ich auch mal drin gelesen!« Der gute Junge, das ehrlichste Staunen strahlte aus seinen weit aufgerissenen Augen. Lju konnte gar nicht aufhören zu lachen, ich glaube, er ist entzückt von Welja.

Mit Papas Nerven geht es ganz gut, er hat Iwan einmal angegrollt, als er dachte, er wäre betrunken – er war es zufällig gerade nicht –, und einmal, weil ihm der Reis angebrannt vorkam, aber einen richtigen Krach hat er noch nicht gemacht, obgleich wir schon vier Tage draußen sind.

Geliebteste Tante, ich lege alle Tage Sträuße von Thymian, Lavendel und Rosmarin in unser Gastzimmer, nicht nur auf den Tisch, sondern auch in Schränke und Kommoden, damit es durch und durch einen hübschen Biedermeiergeruch bekommt. Belohne meine Aufmerksamkeit, indem Du kommst.

                                                      Deine Jessika

KATJA AN PETER

Kremskoje, 9. Mai

Lieber Peter! Du bist ein Kalb, wenn Du mir wirklich übel genommen hast, dass ich nicht zu Hause war, als Du mir Adieu sagen wolltest. Konnte ich wissen, dass Du kommen würdest? Und außerdem machte ich noch einen Besuch bei der alten Generalin, was doch wahrhaftig kein Vergnügen ist. Übelnehmen ist kleinbürgerlich, hoffentlich hat Welja mich angelogen. Wenn ich es nicht so unverschämt von Papa fände, dass er die Universität geschlossen hat, würde ich froh sein, dass ich hier bin. Ich tue nichts als essen, schlafen, lesen und Rad fahren. Der neue Sekretär ist sehr elegant, obgleich er kein Geld hat, eine glänzende Erscheinung und fabelhaft klug. Er radelt auch mit uns, aber er tut es nicht gern, er sagt, es wäre schon veraltet, man müsste jetzt Automobil fahren. Ich finde, er hat ganz recht, wir wollen Papa auch dahin bringen, dass er eins anschafft, einstweilen halten wir eine Zeitung für Automobilwesen.

                                                      Gruß, Katja

LJU AN KONSTANTIN

Kremskoje, 10. Mai

Der Aufenthalt hier ist mir von großem psychologischen Interesse. Die Familie hat alle Vorzüge und Fehler ihres Standes. Vielleicht kann man von Fehlern nicht einmal reden; sie haben vorzüglich den einen, einer Zeit anzugehören, die vergehen muss, und einer im Wege zu stehen, die sich entwickelt. Wenn ein schöner alter Baum fallen muss, um einer Eisenbahnlinie Platz zu machen, so schmerzt es einen; man steht bei ihm wie bei einem alten Freunde und betrachtet ihn bewundernd und trauernd bis zu seinem Sturze. Unleugbar ist es schade um den Gouverneur, der ein vortreffliches Exemplar seiner Gattung ist; allerdings glaube ich, dass er seinen Höhepunkt bereits überschritten hat. Wenn er die Einsicht davon hätte und von seinem Amte zurückträte, oder wenn er es täte, um sein Leben nicht auszusetzen, niemand würde es freudiger begrüßen als ich; aber dazu ist er zu stolz. Er glaubt, nur wer arbeite und etwas leiste, habe ein Recht zu leben, überhaupt kann er sich ein Leben ohne Arbeit nicht vorstellen; darum will er arbeiten und glaubt, wenn er dies und das tue, was die Ärzte ihm empfehlen, so würde er die frühere Kraft allmählich wiedererhalten. Neulich schlief er ein, während er am Schreibtische saß, und ich konnte ihn ungestört beobachten; wie das schöne, dunkle und leidenschaftliche Auge sein Gesicht nicht belebte, erschien es sehr schlaff und erschöpft, während er im Allgemeinen noch den Eindruck reifer Manneskraft hervorruft. Als er aufwachte, setzte er sich sofort aufrecht hin, warf einen schnellen Blick auf mich und war sichtlich dadurch beruhigt, dass ich nichts bemerkt zu haben schien. Es ist charakteristisch für ihn, dass er nicht gern zugibt, wenn er ermüdet oder schläfrig ist. So ist es ihm angenehm, dass ich ihm das bisschen Arbeit, das er hier während des Urlaubs erledigt, abnehme oder erleichtere, und er sagt es auch; aber er möchte nicht, dass man dächte, er wäre zu abgespannt, um es allein zu tun, ja es würde ihn unglücklich machen, es selbst zu denken.

Er ist, wie oft Menschen, die im Amte für streng und mitleidlos gelten, gegen jeden einzelnen wohlwollend, ja sogar von unbegrenzter Gutmütigkeit, wenn er liebevoller Nachgiebigkeit und Unterordnung begegnet. Widersetzlichkeit macht ihn fassungslos, da er unmittelbar nichts empfindet als seinen Willen und naiv genug ist, um vorauszusetzen, dass er ebenso für alle andern maßgebend sein müsste. Er kommt mir vor wie eine Sonne, die schön und treu, wenn auch etwas rücksichtslos, ihre Welt zu unterhalten beflissen ist; er trägt, brennt und leuchtet nach Kräften und zweifelt nicht, dass die Planeten ihr Ideal darin finden, sich zeitlebens um ihn herumzudrehen. An die Existenz von Kometen und Abnormitäten glaubt er im Grunde nicht, es sei denn, dass sie in ihm selbst vorkämen; ich könnte mir denken, dass die ernstliche, tatsächliche Abtrünnigkeit eines Trabanten ihn eher wahnsinnig als zornig machte. Dabei tun seine Kinder im Allgemeinen, was sie Lust haben; aber in der Theorie tasten sie seine Herrschaft nicht an; dann sind es seine eignen Kinder, und er ist ein Mann von starken Instinkten, und schließlich ist er bequem, was sich mit Arbeitsamkeit wohl vereinen lässt; zu Hause will er es behaglich haben.

Welja ist ein reizvoller Junge, obwohl er hier nicht an

seinem Platze ist. Er hat die Seele eines neapolitanischen Fischerknaben oder eines fürstlichen Lieblings, der hübsche Kleider trägt, hübsche, kecke Dinge sagt und keinen großen Unterschied zwischen Leben und Traum macht. Die beiden Töchter sind nicht so zwillingshaft, wie es mir zuerst schien, auch äußerlich nicht. Sie sind beide eher klein als groß und haben Massen blonden Haares über zarten Gesichtern, übrigens sind sie so verschieden voneinander wie eine Teerose von einer Moosrose. Wenn Jessika geht, ist es, als ob ein weicher Wind ein losgerissenes Blütenblatt durchs Zimmer wehte; Katja steht fest auf der Erde, und was ihr nicht ausweicht, wird wo möglich mit Nachdruck beiseitegeworfen. Jessika ist zart, hat oft Schmerzen, und ihre Verletzlichkeit gibt ihr einen besonderen, raffinierten Zauber; man glaubt, man könne sie nicht ans Herz drücken, ohne dass es ihr wehtäte. Katja ist gesund, ehrlich, durchaus nicht aufregend, ein kluges, temperamentvolles Kind, an dem man seine Freude hat. Jessika hat zuweilen etwas Schmachtendes, dann wieder überrascht sie durch anmutigen Witz, der niemals verletzend, sondern eher wie eine auserwählte Liebkosung wirkt. Es hat einen Zauber, Einfluss auf diese jungen Menschen zu gewinnen, und ich genieße ihn einstweilen: Das Schwere und Harte bleibt nicht aus.

Lju

JESSIKA AN TATJANA

Kremskoje, 10. Mai

Liebste Tante! Du beunruhigst Dich wegen unsers Beschützers, der eigens zum Beruhigen da ist? Ich bin entzückt von ihm, und aus meinem Briefe spricht eine verdächtige Fröhlichkeit? Mein Gott, natürlich finde ich ihn angenehm, da seine Anwesenheit Mamas Besorgnisse zerstreut hat! Sei ruhig, geliebteste Tante, wenn er sich verliebt, wird er sich in Katja verlieben, und Katjas Herz hältst Du doch nicht für so zerbrechlich wie meins. Oder fürchtest Du in dem Falle, dass Peter eifersüchtig wird? Weißt Du, ich glaube, Katja verliebt sich überhaupt nicht ernstlich; sie steckt mit Welja in den Johannisbeeren, und beide essen mit derselben Geschwindigkeit und Unbedenklichkeit wie vor zehn Jahren, als bekämen sie einen Orden dafür.

Mama ist jetzt wirklich so ruhig und vergnügt wie seit langer Zeit nicht. Gott, wenn ich an die letzte Zeit in der Stadt denke, an die Auftritte, wenn Papa eine halbe Stunde länger ausblieb, als sie gerechnet hatte! Neulich fand sie ihn nicht in seinem Zimmer, im ganzen Hause nicht und auch nicht im Garten. Sie fing schon an, aufgeregt zu werden, da sagte unsre Mariuschka, der Herr Gouverneur wäre mit dem Herrn Sekretär spazieren gegangen. Sofort war ihre Stimmung wieder im Gleichgewicht, sie forderte mich auf, ein Duett mit ihr zu singen, behauptete, ich sänge entzückend, und schmetterte selbst wie eine Nachtigall in Liebesromanen. Heute Nachmittag war Papa, als er zum Tee gerufen wurde, noch etwas verschlafen. Mama nahm ihre Lorgnette zur Hand, betrachtete ihn aufmerksam und fragte mit zärtlicher Betonung: »Warum bist du so blass, Jegor?« Papa sagte: »Endlich! Ich habe schon gedacht, du liebtest mich nicht mehr, weil du mich seit acht Tagen nicht danach gefragt hast.« Dies war natürlich Spaß; aber wenn Mamas Ängstlichkeit, über die er sich immer lustig macht, wirklich mal ausbliebe, würde er sich tatsächlich sehr vernachlässigt fühlen; so ist der Herr Gouverneur.

Da fällt mir ein, geliebteste Tante, dass ich noch nicht weiß, ob Deine Erkältung ganz verschwunden ist. Ob der fatale, rätselhafte Schmerz an Deinem kleinen Finger nachgelassen hat. Ob und wann Du kommst. Der Flieder blüht, die Kastanien blühen, alles, was blühen kann, blüht!

Deine Jessika

WELJA AN PETER

Kremskoje, 12. Mai

Lieber Peter! Wenn Du Eifersucht merken lässt, machst Du Dich lächerlich bei Katja. Wozu auch? Am ersten könntest Du noch auf mich eifersüchtig sein, aber dazu bist Du zu grob organisiert. Lju macht Jessika den Hof, das heißt, er sieht sie an und regiert sie mit den Augen, denn sie fällt natürlich darauf herein. Lju ist ein fabelhafter Mensch, man könnte sagen seelenlos, wenn man ein Element, das ganz Kraft ist, so nennen kann. Er würde sich wahrscheinlich kein Gewissen daraus machen, Jessika oder sonst ein Mädchen unglücklich zu machen; wenn man den Mut hat, sich ihm ganz hinzugeben, muss man auch den haben, sich zerstören zu lassen. Und warum stürzen sich die Mädchen so gierig ins Licht? Es ist jedenfalls ihre Bestimmung, wie die der Motten, sich die Flügel zu verbrennen. Übrigens würde Lju niemals ein Mädchen seiner Eitelkeit zum Opfer bringen, wie doch schließlich die meisten von uns tun. Er zerstört sie nur so beiläufig, wie zum Beispiel die Sonne tut; sie sollten ihm einfach nicht zu nahekommen, aber das können sie natürlich nicht lassen. Katja ist gottlob anders, das gefällt mir so gut an ihr, obgleich ich nicht möchte, dass alle so wären.

Katja und ich haben gestern im Dorfe einen türkischen Konfekthändler entdeckt, der unerhört gute Sachen hat, rosa und klebrig und durchsichtig und gummiartig. Er scheint ein echter Türke zu sein, denn etwas so Süßes habe ich noch nie gegessen. Ich glaube, je mehr man nach Südosten kommt, desto wundervoller werden die Süßigkeiten. Katja und ich aßen immerzu, der Türke betrachtete uns ganz ausdruckslos mit seinen großen Kuhaugen. Endlich konnten wir nicht mehr, und ich sagte: »Jetzt müssen wir aufhören.« – »Haben Sie kein Geld mehr?«, fragte er; ich glaube, er hielt uns für Kinder. Ich sagte: »Mir wird übel.« Sein gelbes Gesicht veränderte sich nicht; ich glaube, wenn wir vor seinen Augen geplatzt wären, er hätte nicht mit der Wimper gezuckt.

Wir trafen ein sehr niedliches Mädchen im Dorf, mit dem wir als Kinder zuweilen gespielt haben. Damals fanden wir sie furchtbar hässlich, weil sie rote Haare hat, und neckten sie damit; jetzt kam sie mir verteufelt niedlich vor. Ich rief ihr zu: »Anetta, du bist ja gar nicht mehr hässlich?«, und sie antwortete gleich: »Welja, du bist ja gar nicht mehr blind!« Weil Katja dabei war, konnte ich weiter nichts machen, aber ich habe ihr zugenickt, und sie hat mich verstanden.

Welja

LUSINJA AN TATJANA

Kremskoje, 13. Mai

Liebe Tatjana! Nun sag, warum bildest Du Dir so fest ein, meine Töchter müssten sich in Lju verlieben? Ich habe sie bisher für viel zu unentwickelt zur Liebe gehalten, Katja ist ja wirklich noch ein Kind. Da Du mich einmal darauf aufmerksam gemacht hast, sehe ich ein, dass Lju gefährlich ist; männlich, mutig, klug, interessant, auffallend, alles, was einem jungen Mädchen imponiert. Ich muss es aber rühmen, dass er eher zurückhaltend gegen meine beiden Kleinen ist; möglicherweise ist er schon gebunden. Dass Jessika ihn bewundert, habe ich wohl bemerkt; wenn er spricht, hängen ihre Augen an ihm, sie ist selbst gesprächiger als sonst und voll allerliebster Einfälle. Ich dachte mir nichts Arges dabei, sondern freute mich an ihrer Freudigkeit. Tatjana, wenn Du sie einladen willst und sie gern zu Dir kommen will, werde ich ihr nichts in den Weg legen. Es mag sein, dass es besser ist. Meine arme kleine Jessika, wenn ich mir denke, dass sie ihn liebte! Liebte er sie nicht, müsste sie leiden, und vielleicht noch mehr, wenn er sie liebte. Nein, der ist kein Mann für sie. Er versteht alles, aber er vergisst sich niemals, er hat gar keinen Sinn für Kleinigkeiten und Torheiten, oder, wenn er Sinn dafür hat, so ist es wie für Kräuter, die man in ein Herbarium sammelt. Hingeben kann er sich nicht, er verzehrt nur. Ich traue ihm sehr viel zu, zum Beispiel, dass er einmal ein sehr berühmter Mann wird; jedenfalls braucht er dünne Höhenluft, in der mein kleines Mädchen nicht atmen könnte.

Merkwürdig ist es an ihm, dass er sich offenbar für uns

alle lebhaft interessiert, dass er für unsre Vorzüge empfänglich scheint, dass er das Vertrauen, das wir ihm entgegenbringen, als etwas Selbstverständliches hinnimmt und doch von sich selbst eigentlich nichts hergibt. Nicht dass er nicht offen wäre, er beantwortet jede Frage, die man zufällig einmal an ihn richtet, freimütig und ausgiebig; man kann vielleicht nicht einmal sagen, dass er verschlossen ist, wenigstens spricht er ziemlich viel und stets von Dingen, die ihm wirklich wichtig sind. Trotzdem hat man nicht das Gefühl, dass man sein Inneres kennt. Ich habe schon gedacht, dass es Geheimnisse in seinem Leben geben könnte, die ihm Zurückhaltung auferlegen; aber es beunruhigt mich nicht, weil ich sicher bin, dass es nichts Gemeines ist. Neulich war von Lügen die Rede. Da sagte Lju, Lügen wäre unter Umständen eine Waffe im Kampfe des Lebens, nicht schlechter als eine andre, nur Sichselbstbelügen wäre verächtlich. Welja sagte: »Sich selbst belügen? Wie macht man das überhaupt? Ich würde mir doch niemals glauben.« Lju lachte ganz beseligt, ich musste auch lachen, hielt mich aber doch verpflichtet, Welja zu sagen, es wäre ein schlechter Witz gewesen. »Bessere können wir doch hier nicht machen«, sagte der Junge, »sonst versteht Katja sie nicht.« Ja, eigentlich wollte ich Dir nur sagen, die Überzeugung habe ich wirklich, dass Lju sich niemals selbst belügen würde, und das ist mir das Wesentliche. Der Grundsatz mag gefährlich sein, aber einem bedeutenden Menschen ist er angemessen.

Liebe Schwester meines geliebten Mannes, wenn ich nicht die großen Kinder um mich hätte, könnte ich mir jetzt einbilden, wir wären auf der Hochzeitsreise. Brauchten wir nur niemals in die Stadt zurück! Jegor hat sein Klavierspiel wiederaufgenommen, da er nun einmal nicht unbeschäftigt sein kann, und ich, die es sehr wohl kann, höre zu und träume. Erinnerst Du Dich noch an die Zeit, wo ich ihn meinen Unsterblichen nannte? Manchmal jetzt, wenn ich ihn ansehe, überläuft mich das Gefühl, dass etwas anders geworden ist; es sind nicht die weißen Haare, deren schon mehr als schwarze sind, nicht die tiefen Schatten, die oft unter seinen Augen liegen, nicht die strengen Linien, die sein Gesicht verdunkeln, es ist etwas Unnennbares, das sein ganzes Wesen umgibt. Einmal musste ich plötzlich aufspringen und fortlaufen, weil mir die Tränen aus den Augen sprangen, und im Schlafzimmer habe ich ins Kissen geschrien: »Mein Unsterblicher! Ach, mein Unsterblicher!« Siehst Du, das ist nicht merkwürdig, dass es Wahnsinnige gibt, aber dass auch die Allervernünftigsten einmal einen Wahnsinnsanfall haben können, das ist beklagenswert.

Deine Lusinja

LJU AN KONSTANTIN

Kremskoje, 15. Mai

Lieber Konstantin! Ich hätte mir das denken können; aber ich möchte, dass ich mich täusche, wenn ich es künftig denke. Es macht den Eindruck, dass ich mich zum Zweck psychologischer Studien hier befinde; Du findest, dass ich sehr viel Sinn für das Familienleben entwickle; Du meinst, ich hätte ebenso gut meine Großtante in Odessa besuchen können, und sonst noch mehreres. Was willst Du? Hattest

Du erwartest, ich würde mich wie ein hungriger Kannibale oder hasserfüllter Nebenbuhler oder betrogener Ehemann auf sein Opfer stürzen? Wir waren uns darüber einig, dass wir es nicht machen wollten wie die fanatischen Büffel, denen es bei ihren Attentaten mehr darauf anzukommen scheint, dass sie ihr eignes Leben wegwerfen als das des Gegners. Wir wollten unser Ziel erreichen, ohne unser Leben, unsre Freiheit, womöglich sogar unsern Ruf aufs Spiel zu setzen; denn wir haben noch mehr zu erreichen, und wir wissen, dass wir nicht leicht zu ersetzen sind. Wenn es eilte, würde ich anders gehandelt haben; aber der Studentenprozess beginnt erst Anfang August, bis dahin dauert der Urlaub des Gouverneurs, und ich habe demnach noch drei Monate Zeit, von denen erst ein halber verflossen ist. Ich sehe mich hier um, ich lerne die Menschen, die Umgebung kennen und warte auf eine Gelegenheit. Natürlich hätte ich den Gouverneur längst ermorden können, wenn es mir nur darauf ankäme; ich bin oft mit ihm allein gewesen, sowohl im Hause wie im Garten und im Walde. Aber dann hätte ich unrichtig gehandelt. Jetzt, wo ich zwar geschätzt und fast geliebt werde, aber immerhin noch ein Fremder bin, könnte sich ein Argwohn gegen mich erheben; in ein paar Wochen werde ich wie ein Glied der Familie und wird das nicht mehr möglich sein. Ich schrieb Dir neulich, glaube ich, dass ich einige Minuten neben ihm gesessen habe, während er schlief. Ich betrachtete den Teil seines Gesichtes, der mir zugewendet war; die breiten schwarzen Brauen – ein Zeichen starker Vitalität –, die streng gebogene Nase, in jeder Linie liegt Feuer und Noblesse; durch vornehmes Empfinden gemäßigte Leidenschaft scheint mir auch ein Grundzug seines Charakters zu sein. Ein wundervolles Geschöpf! Indem ich ihn betrachtete, dachte ich, wie viel lieber ich diesen Kopf meinen Gedanken, meinen Absichten zugänglicher machen als ihn mit einer Kugel zerstören möchte. Auch dies musst Du bedenken, dass ich den Mord umgehen könnte, wenn es mir glückte, ihn zu beherrschen, zu beeinflussen. Ich will aber gleich hinzusetzen, dass ich die Möglichkeit für gering halte: In kleinen Dingen ist er wie Wachs, in wichtigen wie Eisen. Wenn er etwas bestimmt will, können weder Furcht noch Liebe ihn umstimmen; so scheint es mir bis jetzt.

Der Kleine ist anders; er ist so indolent, dass er einem dankbar ist, wenn man für ihn will, man muss es nur mit Verstand tun. Seine Vorurteilslosigkeit setzt in Erstaunen. Er scheint gar nicht durch Tradition beherrscht; er hat etwas, als ob er mit keinem Bande an Vergangenheit, Familie, Vaterland angeknüpft wäre. Ich muss an ein altes Märchen denken, in dem ein elternloses Kind als Kind der Sonne auftritt; daran erinnert auch seine goldbraune Haut. Im Gespräch mit ihm spreche ich fast so, wie ich denke; er ist so unbefangen, dass es ihm nicht einmal auffällt, wie ich mit meinen Ideen eine Stellung bei seinem Vater habe annehmen können. Er findet es offenbar selbstverständlich, dass ein Mensch von Verstand so denkt, wie ich denke, und nebenbei jede Rolle spielt, die nach seinem Geschmack und zu seinem Fortkommen nützlich ist. Ich habe ihn lieb, und es freut mich, dass ich ihm nichts zuleide zu tun brauche. Katja denkt wie ihr Bruder, zum Teil vielleicht aus Liebe zu ihm. Sie ist für ein Mädchen sehr klug und einsichtsvoll; aber sie kann so verständig reden, wie sie will, sie ist immer wie ein kleiner, niedlicher Vogel, der auf einem Zweige sitzt und zwitschert, das ist das Reizende an ihr.

Konstantin, mache mir nicht wieder Vorwürfe. Wenn mir solche zu machen wären, würde ich es selbst tun; deshalb hat kein andrer das Recht dazu.

Lju

JESSIKA AN TATJANA

Kremskoje, 15. Mai

Tante, Du hast mich eingeladen, huldvolle Tante! Ich küsse dankbar Deine schöne Hand. Vielleicht komme ich auch einmal, wenn Du gerade gar nicht daran denkst. Aber Liebste, weißt Du denn gar nicht, dass ich Pflichten habe? Ich kann doch nicht so ohne Weiteres fort. Wir haben doch einen Haushalt, und Du weißt, dass auch die besten Dienstleute von einem höheren Wesen inspiriert werden müssen.

Ich bedaure die Köchin, die bei unsrer fünffachen Wunderlichkeit gar keinen Rückhalt hätte. Papa schwärmt für gefüllte Tomaten, aber nicht für Tomaten an der Sauce, was Mama besonders liebt, während Welja eine Leidenschaft für Tomaten in Salat hat, Katja isst sie nur roh. Katja isst keinen süß zubereiteten Reis, Papa keinen gepfefferten, ich keinen Milchreis. Niemand von uns isst Kohl, wir wollen aber täglich grünes Gemüse; so könnte ich noch seitenlang fortfahren. Keine Köchin behält das alles, und lesen kann unsre nicht. Wenn ich fort wäre, müsste Mama an das alles denken – denn Katja fiele das nicht ein –, und das täte mir so leid. Sie geht den ganzen Tag herum und ist glücklich, ihren Mann einmal für sich und in Sicherheit zu haben; man mag ihr keine dummen Alltäglichkeiten aufbürden gerade jetzt.

Ihr denkt, ich wäre nur eine unbedeutende kleine Person! Aber sie würden es schon bemerken, wenn nicht vor jedem die Tasse Tee oder Kaffee mit gerade so viel Zucker und Milch oder Zitrone stände, wie er es haben mag, oder wenn ihm die Orangenschnitten nicht so fein geschält und entkernt auf den Teller flögen, wie er es gewohnt ist, oder wenn die Bleistifte und Scheren und Schirme, die er verliert oder verlegt, nicht gerade im richtigen Augenblick von mir wiedergefunden würden! Ja, so bin ich! Komm Du nur einmal hierher und überzeuge Dich, wie unentbehrlich ich bin.

Wenn Du nun findest, dass ich belohnt und entschädigt werden muss, Tante Tatjana, so schicke mir doch lila Batist zu einer Bluse und dazu passenden Zwischensatz und Spitzen. Ich habe nichts, was leicht genug wäre bei der Hitze. Niemand hat so viel Geschmack wie Du, darum besorge es, bitte, selbst, Holdseligste.

Deine dankbare Jessika

WELJA AN PETER

Kremskoje, 17. Mai

Lieber Peter! Ich habe mich nicht getäuscht, Lju ist im Grunde ein Revolutionär, nur dass noch etwas dabei ist, was seine Ansichten himmelhoch über die durchschnittlichen erhebt. Wie soll ich Dir das begreiflich machen, süßes Megatherium? Er denkt und steht zugleich über dem, was er denkt. Er hält das, was er denkt und wünscht, nicht für das Letzte, Absolute. Darum steht er auch abseits von den Parteien, weil er über sie hinaussieht. Er sagt, der alten Generation gegenüber haben die Neuen recht, obwohl sie an sich betrachtet fast noch weniger recht haben als die Alten. Natürlich verstehst Du das nicht, weil Dir die Selbstironie fehlt, sowohl der Begriff wie die Qualität. Ihr habt keine Idee, wie komisch es ist, wenn ihr euch über die Verkommenheit der alten Kultur erhitzt und nicht von ferne ahnt, was Kultur eigentlich bedeutet. Macht nichts, brülle nicht, alter Saurier, ich bin ganz euer. Mein Vater ist köstlich; er findet, dass Lju ein sehr angenehmer, kluger und unterhaltender Mensch ist, weiter dringt sein Scharfblick nicht. Er kommt nicht auf die Idee, dass ein Mensch in honetten Kleidern, der höflich mit ihm umgeht und ihm nicht widerspricht, sich außerhalb seines Systems bewegen könnte. Mama ist viel weniger, wie soll ich es nennen, auf ihr Selbst beschränkt. Sie sieht wenigstens deutlich ein, dass sie längst nicht Ljus ganzes Wesen erfasst hat; sie fühlt etwas Fremdes, wenn sie dessen auch nicht habhaft werden kann. Neulich sagte sie zu ihm, seinen Talenten und Kenntnissen und seiner Leistungsfähigkeit sei eigentlich das Amt, das er in unserm Hause bekleide, nicht angemessen, ebenso wenig das Entgelt, er hätte es gar nicht annehmen dürfen. Lju sagte, er hätte gehofft, als Privatsekretär freie Zeit übrig zu haben, die er gebrauche, um ein philosophisches Werk zu vollenden, das sei sein nächstes Arbeitsziel. Darüber wurde Mama ordentlich rot und meinte, er sei nun gewiss enttäuscht, da ja seine ganze Person bei uns dauernd in Anspruch genommen werde. Ich glaube, Lju hatte schon ganz vergessen, dass er hier ist, um Mörder und Bomben abzufangen, während Mama denkt, er riebe sich bei dieser schwer zu definierenden Tätigkeit auf. Sie fordert ihn seitdem öfters auf, sich in sein Zimmer zurückzuziehen und zu arbeiten, und ist geneigt, es sehr anspruchsvoll von Papa zu finden, wenn er ihm mal außer der Zeit einen Brief diktieren will; er könnte sich eigentlich eine Schreibmaschine anschaffen, meinte sie. Man kann nicht behaupten, dass Mama die Leute ausbeutet.

Wir sind augenblicklich damit beschäftigt, Papa ein Automobil kaufen zu lassen; er ist auch schon nahe daran. Wir sprechen bei Tisch immer von den letzten Automobilrennen und erörtern, ob es mit Benzin oder Elektrizität billiger ist. Lju meinte, ob wir nicht lieber warten und dann gleich ein lenkbares Luftfahrzeug anschaffen wollten. Von dem Gedanken war Papa ordentlich hingerissen, und wie er die Kosten davon berechnete, kam ihm das Auto hernach schon ganz alltäglich und kleinbürgerlich vor.

Lju ist gar nicht musikalisch. Er sagt, Musik wäre eine primitive Kunst, wenigstens die man bis jetzt kennte. Es könnte vielleicht auch anders sein, wovon Richard Wagner gewisse Andeutungen gäbe. Das Musikalische in unsrer Familie wäre primitiv. Ich glaube, dass das ganz richtig ist, besonders bei Papa. Er spielt schön in dem Sinne, wie der Wald rauscht oder der Wind saust, es ist etwas Dämonisches. Aber das Besessensein ist kein Kulturfaktor. Lju hat aber viel übrig für das Primitive. Er findet, Jessikas Stimme klänge so, wie wenn in der fahlen Dämmerung tief im Osten die Morgenröte aufginge. Jessikas Stimme finde ich auch fein, auf mich wirkt sie wie ein Harfenton; sonst habe ich mir nie viel aus Gesang gemacht, bei der Sinfonie fängt doch die Musik eigentlich erst an. Bilde Du Dir aber ja nicht ein, Du wärest ein Übermensch, weil Du unmusikalisch bist. Bei Dir ist es ein Vakuum.

Welja

KATJA AN TATJANA

Kremskoje, 17. Mai

Liebe Tante! Jessika hat vergessen, Dich zu bitten, dass Du uns die Partitur von »Tristan und Isolde« besorgst oder besorgen lässt. Papa ist dagegen, er meint, man könnte Noten auch leihen! Gibt es das überhaupt? Ach, erkundige Dich nur gar nicht, Bücher aus Leihbibliotheken beziehen ist unfein, und Noten sind auch Bücher, also. Im Grunde ärgert sich Papa nur, dass wir uns mit Wagner beschäftigen wollen, er ist nun einmal einseitig. Nicht mal kennen lernen will er ihn, sondern ist von vornherein entschlossen, ihn grässlich zu finden. Ja, hätte Wagner vor ein paar hundert Jahren gelebt und Kirchenmusik gemacht wie Palestrina – ach so, das klingt dumm, aber ich habe es nun einmal geschrieben, und Du verstehst mich auch schon. Natürlich sind Beethovens Lieder an seine ferne Geliebte schön, die Papa immer singt, aber unsre Zeit und unser Leben drückt das doch nicht aus. Jedenfalls, Tante Tatjana, Du schickst uns »Tristan und Isolde«, nicht wahr? Bitte recht bald, Peter kann es ja besorgen.

Deine Katja

LJU AN KONSTANTIN

Kremskoje, 20. Mai

Lieber Konstantin! Dein Brief hat mich zu einer Unvorsichtigkeit veranlasst; aber der wäre ein schlechter Feldherr, der nicht einen falschen Zug wieder einbringen oder sogar verwerten könnte. Das Gerücht, dass der Studentenprozess sofort vorgenommen würde und der Gouverneur infolgedessen sofort nach Petersburg zurückginge, muss unbegründet sein; denn er selbst würde es doch am ersten wissen und gleichzeitig auch ich. Trotzdem erwog ich gestern die Möglichkeit und bereitete mich darauf vor, schnell oder plötzlich handeln zu müssen. Ich sagte mir, bei Tage würde ich nicht leicht eine Gelegenheit finden, besonders keine für mich günstige. Nachts könnte ich ihn und seine Frau, denn sie schlafen zusammen, mit Äther betäuben, ihn durch einen Stich ins Herz töten und mich ungesehen wieder zu Bett legen. Kein besonderes Verdachtsmoment würde auf mich hinweisen; bei Tage hingegen könnte sich kaum jemand an den Gouverneur herandrängen, ohne dass irgendwer, namentlich ohne dass ich es bemerkte. Am Tage können unzählige unvorhergesehene Störungen dazwischenkommen; nachts liegen bestimmte, übersichtliche Umstände vor. Die Ausführbarkeit des Planes hängt wesentlich von dem mehr oder weniger leisen Schlafe des Gouverneurs und seiner Frau ab; ich beschloss, mir sofort Gewissheit über die Frage zu verschaffen. Ich warf einen Mantel über und schlich mich nach ihrem Schlafzimmer, das durch ein Ankleidezimmer mit angrenzendem Bade- und Garderoberaum von meinem getrennt ist. Kaum hatte ich den Fuß über die Schwelle gesetzt, als ich Frau von Rasimkara auf mich zustürzen sah. Ich will Dir gestehen, dass ich in diesem Augenblick fast die Besinnung verloren hätte: Die Frau so merkwürdig, so schön, so anders als am Tage vor mir zu sehen, es raubte mir den Atem. In ihrem Gesicht stand zugleich der Ausdruck des Entsetzens und der unbedenklichsten Entschlossenheit, der sofort, da sie mich erkannte, dem Gefühl der Erlösung, dem Erstaunen und, ich möchte sagen, dem Gefühl für das Komische der Lage Platz machte. Ja, für die Dauer eines Augenblicks dachte und empfand ich nichts, als wie hinreißend sie war, sie zog mich rasch in das Ankleidezimmer zurück und sagte flüsternd, ich hätte sie sehr erschreckt, sie hätte mich für einen Mörder gehalten, was geschehen wäre? Ob mir etwas fehlte, ob ich nachtwandelte? Ich sagte, sie möchte ganz ruhig sein, geschehen wäre nichts, ich wäre aufgewacht, hätte geglaubt, ein Geräusch zu hören, und hätte mich überzeugen wollen, ob bei ihnen alles ruhig und in Ordnung wäre; ich hätte das schon öfters getan, weil ich es als zu der von mir übernommenen Pflicht gehörig betrachtete, bisher hätte sie es aber nicht bemerkt. Ich setzte noch hinzu, sie würde vielleicht guttun, ihrem Manne nichts von dem Vorfall zu sagen. Natürlich nicht, sagte sie, sie wäre froh, dass er nicht erwacht wäre; dann drückte sie mir die Hand, nickte mir zu und lächelte und ging in ihr Schlafzimmer zurück.

Dies war ein sehr gefährlicher Augenblick, und ich habe erst gegen Morgen wieder einschlafen können. Als sie vor mir stand und mich anlächelte, dachte ich, dass sie hinreißend sei, und gleichzeitig, dass ich sie würde töten müssen. Ich dachte es mit solcher Lebhaftigkeit, dass mir war, es schreie aus meinen Augen heraus: Ich bin dein Mörder, weil ich sein Mörder bin. Du wirst immer an seiner Seite sein, dein Leib wird sich vor seinen werfen, wenn die Stunde da ist, darum musst du mit ihm fallen. Das eigentümliche Lächeln, mit dem sie mich ansah, schien zu sagen: Ich verstehe dich, es ist mein Schicksal, ich nehme es auf mich.

In gewisser Weise habe ich bei meinem unglücklichen Versuch etwas gewonnen. Ich weiß nun, dass der Gouverneur tief und fest schläft. Ihr habe ich die Meinung eingeflößt, dass ich zum Schutze ihres Mannes zuweilen ihr Schlafzimmer betrete. Sähe sie mich eintreten, mich über sie beugen, sie würde bis zum letzten Augenblick keinen Verdacht schöpfen, mich nur mit großen Augen erwartungsvoll ansehen. Anderseits habe ich erfahren, dass mir diese Art der Ausführung widerstrebt. Ich würde nur im äußersten Notfall dazu schreiten. Ein andrer Weg wird sich finden lassen, der mir mehr zusagt. Sei Du jedenfalls ohne Sorge: Es mag sein, dass ich unüberlegt gehandelt habe, aber ich habe auch die etwaigen schlimmen Folgen im Keim erstickt.

Lju

WELJA AN PETER

Kremskoje, 20. Mai

Lieber Peter! Heute habe ich das Gefühl, in einem Irrenhaus zu sein. Mama hat diese Nacht irgendetwas gehört, was nachher gar nichts war, aber trotzdem sich alles als Einbildung entpuppt hat, sieht sie verweint aus und fährt bei jedem Geräusch zusammen. Papa hat Furoranfälle, die wir als Nervosität respektieren sollen. Vorhin klingelt er Mariuschka her, weil sie in der Garderobe das elektrische Licht habe brennen lassen. Er machte solchen Krakeel, dass ich es im Garten hörte, und stellte sich ungefähr so an, als ob dies elektrische Flämmchen das Verderben auf unsre ganze Familie herunterziehen müsste. Nachher stellte sich heraus, dass er selbst es angezündet und auszumachen vergessen hatte. Katja erhob nun ihrerseits ein Geschrei, es wäre empörend von Papa, das ganze Haus schwämme in Tränen seinetwegen, die Dienstleute könnten unmöglich Respekt vor ihm haben, wenn er sich so benähme, und dazwischen rief sie mich an, ob ich es nicht auch fände. Ich sagte: »Vater, wie du willst.« Da wendete sich plötzlich ihre Entrüstung gegen mich, worüber wir dann glücklich alle ins Lachen kamen. Papa sagte, nun müsste er sich wohl bei Mariuschka entschuldigen, weil er ihr Unrecht getan hätte, und begab sich zu diesem Zweck ins Leutezimmer. Wir wollten gern mitgehen, um der Szene beizuwohnen, aber Mama verbot es als unschicklich. Ich fand die Geschichte von vornherein nur komisch und verstehe nicht, wie Katja sich ärgern kann.

KATJA AN PETER

Natürlich ärgere ich mich, Welja kann eben nichts ernst nehmen, weil er zu faul ist. Es ist doch empörend, dass ein Mann wie Papa, der sich selbst gar nicht beherrschen kann, die Universität schließt, weil die Studenten ihre Rechte verteidigen. Es ist empörend, dass ein Mann solche Macht hat, die Tatsache allein verdammt unsre Zustände. Sieh doch zu, ob sich nicht Lehrer finden, uns und allen, die teilnehmen wollen, Privatkurse zu halten. Es könnte ja bei Dir zu Hause sein, das kann man doch nicht verbieten. Ich finde, dass man sich so etwas nicht gefallen lassen soll. Mir ist es ganz gleichgültig, ob ich ein paar Jahre früher oder später fertig werde, aber es soll doch wenigstens von mir abhängen. Und wenn das nicht geht, möchte ich fort, ins Ausland. Es ist mir unleidlich, in Russland leben zu müssen. Von Welja habe ich gar nichts, er ist zu dusselig, was ich auch sage und vorschlage, ihm ist alles gleich. Natürlich, wenn man muss, muss man, aber erst versucht man doch, ob es nicht anders geht.

                Katja

LUSINJA AN TATJANA

24. Mai

Du Liebe! Die Kinder haben Dir geschrieben, dass wir wieder sehr nervös sind? Wenn Du mich nicht verraten willst, will ich Dir sagen, wovon es bei mir gekommen ist. Du weißt, ich bin ängstlich und schreckhaft, und Du weißt auch, dass ich leider sehr ernsten Anlass dazu habe. Ich gebe zu, dass ich es auch ohne das wäre, das ändert aber nichts daran, dass der Anlass da ist. Nun also, neulich nachts wache ich auf und sehe einen Mann auf der Schwelle unseres Schlafzimmers stehen. Natürlich denke ich, dass er Jegor töten will, und stürze blindlings auf ihn zu, um Jegor zu schützen – wie, darüber nachzudenken hatte ich keine Zeit. Es war nur ein Augenblick, dann erkannte ich Lju. Ja, es war Lju. Das plötzliche Aufhören der Angst und des Schreckens wirkte so befreiend auf mich, dass ich beinahe lachen musste; ich hätte ihn umarmen können. Aber nachher, als ich wieder im Bett lag, machten sich die Folgen der heftigen Nervenerregung geltend, ich musste nun weinen und konnte gar nicht mehr aufhören. Es kam ein Unbehagen über mich, das viel peinlicher war als die Furcht, die ich vorher gehabt hatte; es war mir nämlich so unheimlich, dass Lju nachtwandelt. Anders kann ich mir das Vorgefallene doch nicht erklären, als dass er somnambul ist. Er selbst hat mir eine andre Erklärung gegeben; er betrachte es als zu seiner Pflicht gehörig, sich zuweilen zu überzeugen, ob bei uns alles in Ordnung sei, und er sei schon öfters in unserm Schlafzimmer gewesen, besonders wenn er ein Geräusch zu hören geglaubt hätte. Das klingt ganz plausibel, und Du wirst vielleicht sagen, es müsste etwas Beruhigendes für mich haben, zu wissen, dass er so treu über uns wacht. Vorher würde ich das auch gedacht haben; aber ich sehe nun, dass die Vorstellung von einer Tatsache ganz etwas andres ist als die Tatsache selbst. Es ist mir nichts Beruhigendes, sondern etwas im höchsten Grade Unheimliches, dass ein Mensch plötzlich nachts in unserm Zimmer stehen kann, sei es nun, weil er nachtwandelt oder aus andern Gründen. Ich kann nicht mehr schlafen, weil ich immer denke, plötzlich steht er da und sieht mich aus diesen seltsamen grauen Augen an, die alle Körper zu durchdringen scheinen. Wenn ich eben eingeschlafen bin, schrecke ich entsetzt wieder auf. Der Einfall ist mir gekommen, er könnte durch das offene Fenster hereinsteigen; Du weißt doch, dass Nachtwandler überall, selbst auf der Kante des Daches, gehen können. Und das zu denken, ist mir unheimlich, ich kann nicht dagegen an. Ich möchte gern das Fenster schließen, aber Jegor will es nicht; er sagt, es wäre Unsinn und ich müsste solche krankhafte Einbildungen unterdrücken. Schlangen könnten wohl an einer glatten Hausmauer hinaufkriechen, Nachtwandler nicht. Was meinst Du? Ich habe einmal gelesen, für Nachtwandler wäre das Gesetz der Schwere aufgehoben; Gott weiß es.

Unglücklicherweise habe ich Jegor, der nicht aufgewacht war und nichts gehört hatte, alles erzählt. Er ist gut, aber meine Furchtsamkeit macht ihn ein wenig ungeduldig, weil er sie aus sich selbst nicht nachempfinden kann. Und dann allerdings machen ihn auch die Verhältnisse nervös, die eine gewisse Vorsicht vernünftigerweise doch nötig machen, die er seinem Temperament nach so ungern beobachten möchte.

Die Kinder wissen von dem Vorfall nichts, denn ich möchte nicht, dass darüber bei Tisch gesprochen wird. Es scheint mir auch rücksichtsvoller gegen Lju zu sein, dem wir so viel verdanken; wenn sich das Gerücht verbreitete, er wäre Nachtwandler, würde es ihm bei den Leuten schaden. Und dass er nachts in unser Zimmer kommt, um uns zu bewachen, soll auch nicht bekannt werden.

Katja, mein Goldkind, ist ein unverbesserlicher kleiner Teufel. Sie schilt bei jeder Gelegenheit über die Schließung der Universität, obwohl sie weiß, dass jetzt die politischen und geschäftlichen Dinge nicht berührt werden sollen, weil es Jegor aufregt. Mich wundert, ob Dein Peter einmal mit ihr fertigwird, es spricht für seinen Charakter, dass er es sich zutraut. Von Dir, Liebste, hat er nichts; er schlägt ganz Deinem Manne nach, und der hat ja sogar Dir zu imponieren verstanden, nicht wahr? Ach, meine Kleine ist noch zu kindisch, als dass ihr irgendetwas auf der Welt imponieren könnte. Ich wollte, es gelänge ihm, ihr Herz zu gewinnen, wäre es nur, damit sie Dich zur Schwiegermutter bekäme. Aber auch Dein Sohn würde ihr guttun mit seiner Stämmigkeit und Wurzelfestigkeit. Jessika blüht, die Landluft tut ihr gut, sie ist unsre Hebe mit den Rosenwangen. Mich wird das kleine nächtliche Intermezzo auch nicht lange stören, hoffe ich. Sei gegrüßt und geküsst von Deiner

Lusinja

JESSIKA AN TATJANA

Kremskoje, 25. Mai

Liebste Tante! Es ist sehr gut, dass ich hiergeblieben bin. Mama hat jetzt gerade eine Zeit, wo sie sich um nichts bekümmert als um ihren Jegor, unsern Vater. Und ein Geist muss doch über dem Haushalt schweben. In ein paar Tagen kommt unser Automobil, denke Dir, Tante. Mama schlug im letzten Augenblick vor, wir wollten lieber doch keins haben, weil es gefährlich wäre, und das gab der Sache gerade den letzten kleinen Stoß, den es noch brauchte, um Papa zum Entschluss zu bringen. Denn nun sagte er, auf Mamas Ängstlichkeit dürfe keine Rücksicht genommen werden; sie müsste endlich einmal erzogen werden, sonst würde sie schließlich zu alt dazu. Einen Chauffeur will Papa nicht haben, das verteuerte die Geschichte, und er möchte keine fremden Leute ins Haus nehmen; unser

Iwan soll sich dazu ausbilden. Welja sagte: »Väterchen fährt ja schon mit der Kutsche in den Graben, wohin wird er erst mit dem Automobil fallen!« Papa sagte, Welja sollte nicht übertreiben, Iwan wäre auch oft ganz nüchtern. Mama sagte mit einem Seufzer, hoffentlich wäre er es gerade dann, wenn wir ausfahren wollten. Ich schlug vor, wir wollten nur selten fahren, dann träfen wir gewiss gerade mit den oftmaligen Nüchternheiten Iwans zusammen. Das leuchtete Mama sehr ein, aber Katja schmetterte los, dazu hätte man kein Automobil, sie wolle alle Tage fahren und so weiter. Zum Glück sprang Lju ein und sagte, er wäre Dilettant im Automobilfahren und wollte sich noch mehr ausbilden, dann könnte er Iwan zuweilen ersetzen. Welja sagte nachher, als Papa nicht dabei war: »Papa wird doch lieber mit Iwan fahren, weil er denkt, dass die Betrunkenen in Gottes Hand sind.« Das ist doch ein Sprichwort, weißt du.

Von unserm Iwan muss ich dir noch etwas erzählen. Welja sagte gestern Mittag, er hätte ihn gefragt, was er von Lju hielte, eigens weil er gemerkt hätte, dass er ihn nicht leiden möchte. Iwan hätte Ausflüchte gemacht und nicht mit der Sprache herauswollen. Welja hätte gesagt, Lju wäre doch freundlich, gerecht, hilfsbereit, gescheit, geschickt, was Iwan alles zugegeben hätte. Endlich hätte Iwan dann gesagt: »Er ist mir zu gebildet.« Darauf hätte Welja gesagt, Papa wäre doch auch gebildet; da hätte Iwan ganz listige Augen gemacht und den Kopf geschüttelt und gesagt: »Das stellt sich äußerlich wohl so vor, aber im Grunde ist er nur ein guter Kerl wie unsereiner.« Wir haben alle sehr gelacht, Lju am meisten, er war geradezu begeistert über die Bemerkung und sah allen erdenklichen Tiefsinn darin. Ob jemand ihn leiden mag oder nicht, danach fragt Lju gar nicht, das finde ich groß an ihm.

Liebe Tante, ich singe Tristan, Isolde, Brangäne, König Marke und noch ein paar Heldenkräfte. Kannst Du Dir mich vorstellen? Papa hat nur einen unwilligen Seitenblick auf die Partitur geworfen, und ich singe natürlich nur, wenn er außer Hörweite ist.

Deine Jessika

LJU AN KONSTANTIN

Kremskoje, 27. Mai

Lieber Konstantin! Du meinst, dass ich vielleicht mittels des Automobils zum Ziele kommen könnte. Ja, wenn es sich so einrichten ließe, dass der Gouverneur das Genick bräche und ich das Handgelenk! Weißt Du, wie man das macht? Durch den Kopf gegangen ist mir der Gedanke natürlich, sowie von dem Automobil die Rede war, und ich habe im Hinblick darauf die Anschaffung befürwortet, habe mich auch anerboten, zuweilen den Chauffeur zu machen, was mit Beifall aufgenommen wurde. Es hat aber außer der erwähnten Schwierigkeit das gegen sich, dass ich mit dem Einüben viel Zeit verlieren müsste, wahrscheinlich ohne Erfolg und sicher ganz ohne Vergnügen für mich. Ich bin kein Sportsmann. Zeit und Aufmerksamkeit lasse ich mir solche Dinge nicht gern in hohem Maße kosten. Für die Luftschifffahrt würde ich mich etwa interessieren; aber das ist Arbeit und Tat, nicht Sport, und hat allerlei wissenschaftliche Haupt- und Nebenzwecke. Ein wenig werde ich mich aber doch mit dem Automobil befassen; es könnte auch der Fall eintreten, dass ich es zu schleuniger Flucht benutzen müsste.

Ein andrer Einfall ist mir gekommen, von dem ich fühle, dass er ergiebig sein wird. Ich möchte wo möglich bei dem Akt selbst nicht persönlich beteiligt sein; es müsste also eine Maschine meine Rolle spielen. Nun schwebt mir vor, dass dies eine Schreibmaschine sein könnte. Das Nähere sage ich Dir, wenn der Plan etwas reifer in mir ist. Dann könnte es wohl sein, dass ich Deiner verständnisvollen Mithilfe bedürfte, damit die Maschine zweckentsprechend eingerichtet wird, ohne dass der Fabrikant etwas davon erfährt.

Frau von Rasimkara ist seit jener Nacht verändert, blass und beinahe etwas scheu, beständig in der Nähe ihres Mannes. Es ließe sich so erklären, dass mein Benehmen ihre Ängstlichkeit verdoppelt hat, weil sie den Schluss daraus ziehen musste, ich hielte ihren Mann für sehr gefährdet. Vielleicht schläft sie seitdem nicht mehr gut. Vorher hatte meine Sicherheit und Sorglosigkeit beruhigend auf sie eingewirkt. Eine gewisse Zurückhaltung, die sie mir gegenüber weniger zeigt, als wider ihren Willen verrät, könnte darin begründet sein, dass die Erinnerung an unser nächtliches Begegnen, das so seltsam, so flüchtig und doch so eindrucksvoll war und das niemand außer uns weiß, sie verlegen macht oder wenigstens in irgendeiner Hinsicht bewegt. Verdacht gegen mich hat sie nicht, dessen bin ich sicher; sie behandelt mich im Gegenteil mit vermehrter Freundlichkeit und Rücksicht. Da sie jetzt fast immer um ihren Mann ist, bin ich mehr in die Gesellschaft der Kinder gedrängt, deren Vertrauter und teuerster Freund ich geworden bin.

Du darfst dich in der nächsten Zeit nicht von Petersburg entfernen, da ich Deiner wegen der Schreibmaschine bedürfen könnte.

Lju

WELJA AN PETER

Kremskoje, 28. Mai

Lieber Peter! Heute hätte es beinahe eine Familienkatastrophe gegeben, bei der ich natürlich nicht aktiv war. Katja fing bei Tisch von den Universitätsgeschichten an; ihr könne es ja gleichgültig sein, denn sie braucht ihren Lebensunterhalt nicht zu verdienen, für die meisten wäre es aber verhängnisvoll, dass sie ihr Studium auf unbestimmte Zeit unterbrechen müssten. Papa sagte, noch verhältnismäßig ruhig und beherrscht, allerdings wäre das ein Unglück für viele; umso härter wären diejenigen zu verurteilen, die durch ihr aufrührerisches Tun mutwillig das Unglück über ihre Kollegen gebracht hätten. Jetzt aber sauste Katja los! Wie ein künstlicher Wasserfall, den man plötzlich springen lässt! Das wäre die Art ungerechter Despoten, die Opfer noch zu verleumden und die eigne Schuld auf sie abzuladen! Demodow und die andern wären Märtyrer, hinrichten und nach Sibirien schicken könnte man sie, nicht aber ihnen den Ruhm rauben, dass sie tapfer und selbstlos gehandelt hätten. Übrigens hätten fast alle ebenso wie sie gedacht, Du zum Beispiel hättest auch die Absicht gehabt, den Kosaken Widerstand zu leisten, Du wärest nur durch einen Zufall auf dem Wege zur Universität aufgehalten, sonst könnte Papa Dich auch in die Bergwerke schicken. Mama gelang es endlich, sie zu unterbrechen, indem sie sagte, das würde Papa allerdings tun, wenn er es für seine Pflicht hielte; denn daran zweifele sie doch wohl nicht, dass Papa sich von seiner Pflicht leiten ließe, folglich dürfe sie auch seine Handlungen nicht kritisieren. Ich sagte: »Mit deinem Spatzengehirn im Kopfe würde er natürlich anders handeln«, worauf sie mir einen vernichtenden Blick zuwarf. Papa war ganz bleich und seine Augenbrauen sahen wie ein zackiger schwarzer Blitz aus, furchtbar stimmungsvoll; wenn es sich nicht um Katja gehandelt hätte, wäre ein Unwetter losgebrochen, das den ganzen Tisch und alle Stühle fortgeschwemmt hätte; so hielt er einigermaßen an sich. Und dann hebt Ljus Gegenwart eigentlich jede Katastrophe auf; seine überlegene Ruhe zerstreut gewissermaßen alle angesammelte Elektrizität, oder er hat so viel Kraft, dass er sie in sich sammeln und unschädlich machen kann. Er saß kühl wie Talleyrand dabei und bewies, dass jeder recht hätte, sodass alle schweigen und zufrieden sein mussten. Er sagte, selbstverständlich schließe die Maßregel der Universitätsschließung Ungerechtigkeiten ein, deshalb könnte sie aber vollständig gerecht sein innerhalb des Systems, zu dem sie gehöre. Er billige dies System nicht durchaus, er glaube, dass es sich überlebt habe, aber solange es herrsche, müsse man mit seinen Gesetzen arbeiten. Papa sah Lju interessiert und etwas erstaunt an und fragte, wie das zu verstehen sei, dass er das System nicht billige. Keine Regierung sei fehlerlos, weil die menschliche Natur überhaupt fehlerhaft sei. Seiner Meinung nach sei es besser, dahin zu wirken, dass jeder seine Pflicht tue, anstatt die Irrtümer des Systems aufzudecken. Lju sagte, ohne den Grundsatz, dass jeder einzelne seine Pflicht zu erfüllen habe, könne kein gesellschaftliches System sich halten. Er glaube, das herrschende System habe den Fehler, das Pflichtgefühl nicht auszubilden, weil es lauter Gesetze und Vorschriften an dessen Stelle gesetzt habe. Dies sei für eine primitive Kultur berechtigt, jetzt aber sei das Volk keine Herde mehr, sondern bestehe aus Individuen. Kein Kunstverständiger werde die byzantinische Malerei mit ihren starren Formen nicht bewundern; man könne es vielleicht sogar beklagen, dass der Individualismus sie durchbrochen habe; man könne vielleicht sogar glauben und wünschen, dass man einmal auf irgendwelchen Umwegen dahin zurückkehre; aber verständigerweise könne man doch nicht die Entwicklung auf jene Stufe zurückdrehen wollen.

Er sprach so liebenswürdig, galant und beinahe herzlich gegen Papa, dass der ganz angeregt wurde und lebhaft auf alles einging; ich glaube, er hatte das Gefühl, vollkommen einer Meinung mit Lju zu sein.

Bei Tisch waren also die Fugen wieder eingerenkt; aber hernach ergoss sich Katjas zurückgehaltener Zorn gegen Lju. Er hätte sich verächtlich benommen, er hätte zu ihr halten müssen, denn er dächte ebenso wie sie. Was er gesagt hätte, möchte ganz schön sein, sie hätte es nicht verstanden, wolle es auch nicht verstehen, es wäre doch nur eine Brühe gewesen, um seine wahren Ansichten zu verkleistern. Von mir erwartete sie ja nichts andres, als dass ich falsch und feig wäre, aber ihn hätte sie für stolzer gehalten. Sie war zu niedlich, wie ein kleiner Vogel, der gereizt wird und sein Federschöpfchen sträubt, mit dem Schnabel um sich pickt und in den höchsten Tönen lospiepst. Lju fand sie offenbar auch niedlich, denn er ging sehr liebevoll auf ihren Kohl ein. Ich ging mitten darin fort, weil meine Dorfschönheit auf mich wartete.

Ich habe Papa eine Auswahl von den feinsten Süßigkeiten mitgebracht, die der Türke hat. Er fand sie ausgezeichnet und sagte, er hätte sich gleich gedacht, dass ich einen bestimmten Grund hätte, immer ins Dorf zu radeln. Er aß übrigens mehr davon als ich und wurde nicht einmal übel; er ist eigentlich ein großartiger Mensch, ich bin dekadent gegen ihn. Mit Lju kann er sich allerdings nicht vergleichen; er ist wie ein schöner Dolch mit kunstvollem Griff und einer mit Edelsteinen bunt geschmückten Scheide, wie sie zuweilen in Museen ausgestellt sind; Lju ist wie der schlichte Bogen des Apollo, der nie fehlende Pfeile entsendet. Schmucklos, schlank, elastisch, durch die vollendete Zweckmäßigkeit schön, ein Bild göttlicher Kraft, Treffsicherheit und Gewissenlosigkeit. Ach Gott, ich schreibe ja an ein silurisches Faultier und nicht an einen feinwitternden Griechen. Quäle Dich nicht mit der Durchdringung meiner poetischen Bilder und triumphiere nicht, wenn sie hinken sollten; ein Achilles, der hinkt, kommt immer noch eher an als ein Brontosaurus, der im Sande stecken bleibt.

Welja

KATJA AN PETER

Kremskoje, 30. Mai

Lieber Peter! Wir sind nicht verlobt, ich habe Dir sogar einmal gesagt, ich würde Dich niemals heiraten; aber ich weiß ja, dass Du doch noch daran denkst, darum will ich Dir etwas sagen. Ich habe jetzt den Mann kennengelernt, den ich heiraten werde, wenn ich überhaupt heirate. Den einzigen, den ich lieben kann. Frage nicht, wer er ist, frage überhaupt nicht weiter. Ich hätte Dir ja nichts davon zu sagen brauchen, ich tue es nur, weil ich Dich gernhabe und Dich als meinen Freund betrachte, und weil Du mich seit unsrer Kindheit als Deine zukünftige Frau angesehen hast. Dafür kann ich freilich nichts. Wissen darf dies niemand außer Dir.

Katja

LUSINJA AN TATJANA

Kremskoje, 2. Juni

Meine liebe Tatjana! Auf unsern einzig schönen Sommer fällt von irgendwoher ein kleiner Schatten. Vielleicht eben weil er so schön ist, muss er das Abzeichen seiner Erdennatur tragen. Jetzt sorge ich mich besonders um Jessika; ich kann es mir nicht mehr verhehlen, dass sie den Lju liebt. Ohne dass sie es weiß, richtet sich ihr ganzes Wesen nach ihm: Ich könnte sagen, sie ist eine Art Sonnenuhr, von der man immer ablesen kann, wo ihr Gestirn steht. Er hat auch etwas Sonnenhaftes; es ist, als ob eine lebenzeugende Kraft von ihm ausginge, in der freilich auch Leben verdorren kann. Auf Welja und Katja übt er einen heilsamen Einfluss aus; er regt sie zum Denken, zu gesteigerter geistiger Tätigkeit an; für meine kleine Jessika, fürchte ich, sind seine Strahlen zu heiß. Sie muss Wärme haben, darf aber nicht mitten im Feuer stehen. So erscheint es mir wenigstens. Zuweilen kommt es mir so vor, als ob nicht nur in ihr ein Neigen zu ihm wäre, sondern als ob auch ihn ein leises Anziehen zu ihr hinzöge. Ob er sie liebt? Ich kann nicht umhin, mit ihr in meiner Seele aufzujubeln, wenn ich es zu bemerken glaube, denn eine Mutter fühlt jeden Schmerz und jedes Glück mit ihrem Kinde. Wäre es aber überhaupt wünschbar? Würde es ein Glück für sie sein? Ljus Ansichten und, was wichtiger ist, seine ganze Auffassung des Lebens weicht sehr von Jegors und meiner ab, das fühle ich. Auch den Kindern steht er nach Erziehung und Lebensgewohnheiten ferner, als sie selbst es ahnen. Vielleicht ist er uns gegenüber im Rechte; aber verbürgt das die Möglichkeit dauernden Zusammenlebens? Und was würde Jegor sagen? Er hat nichts gegen Lju, er ist frei von gewöhnlichen Vorurteilen; aber er möchte unsre Mädchen mit Männern verheiraten, deren Lebensführung ihm vertraut ist, mit denen wir alle zu einer Familie verwachsen können. Und dann, Liebste, dass er nachtwandelt! Das ist beinahe das Schrecklichste für mich. Ach Gott, es ist ja so töricht, aber manchmal wünsche ich, Lju wäre niemals zu uns gekommen oder er verließe uns wieder.

Nachmittags

Lju ist doch ein unheimlicher Mensch! Er hat Augen, die im Herzen lesen. Ich hatte eben den Satz geschrieben, als er kam und mir sagte, er fühle sich sehr wohl bei uns, er hätte auch das Gefühl, dass wir ihn gernhätten, aber er käme sich überflüssig vor und fände, dass es richtiger wäre, wenn er ginge; er möchte mit mir darüber sprechen. Er sprach so vertrauensvoll, so einfach, beinahe kindlich. Ich war ganz betroffen und sagte, meine Besorgnis um das Leben meines Mannes hätte sich allerdings allmählich gelegt; aber er wäre doch auch als Sekretär tätig, selbst schreiben könne mein Mann augenblicklich nicht – er leidet doch am Schreibkrampf – und er würde sich nur ungern an einen andern Herrn gewöhnen, auch sicher keinen von seiner, Ljus, Bildung und seinen Kenntnissen finden. Er sagte, darüber hätte er schon nachgedacht, für meinen Mann würde gewiss das zweckmäßigste sein, wenn er sich an eine Schreibmaschine gewöhnte, dann wäre er von niemand abhängig, und er hätte doch so manche Korrespondenzen, die womöglich geheim bleiben sollten. Diesen Gedanken lobte ich sehr – ich finde ihn wirklich höchst vernünftig – und sagte, eine Schreibmaschine könnte sich ja Jegor anschaffen, es würde aber wohl eine gute Weile dauern, bis er damit umzugehen verstände, wenn er es überhaupt wollte, und auch sonst würde er dadurch doch nicht ganz ersetzt werden. Etwas andres wäre es natürlich, wenn er aus irgendeinem Grunde seinetwegen fortwollte. Darauf sagte er, wenn es im Leben auf Glücklichsein ankäme, würde er sein ganzes Streben darauf richten, immer bei uns bleiben zu können. Er hätte bei uns eine Art des Glückes kennengelernt, an die er vorher nicht geglaubt hätte; er hätte unauslöschliche Eindrücke empfangen. Aber er hielte es für die Bestimmung des Menschen oder wenigstens für seine, tätig zu sein, zu wirken, an großen Zielen zu bauen. Er wäre wie ein Pferd, das, wenn es ihm noch so wohl vor seiner Krippe voll Hafer wäre, der Trompete folgen müsste, die zur Schlacht riefe; er glaubte in der Ferne den Ruf der Trompete gehört zu haben. Ich fragte: »Haben Sie etwas Bestimmtes vor? Wollen Sie uns sofort verlassen?« Nein, sagte er, so wäre es nicht gemeint. Er hätte nur von mir bestätigt hören wollen, dass er überflüssig hier wäre, und ich wäre freimütig genug, ihm das zuzugestehen. Er würde sich nun überlegen, wohin er gehen wollte. Inzwischen könnte mein Mann sich eine Schreibmaschine kommen lassen und versuchen, ob er Geschmack daran fände.

Ja, siehst Du, Tatjana, nun bin ich betrübt, dass es so gekommen ist. Meine kleine Jessika! Weißt Du, was ich glaube? Es ist Jessikas wegen, dass er fortwill. Dass sie ihn liebt, muss er bemerkt haben; entweder er erwidert das Gefühl nicht, oder er will im Bewusstsein seiner Armut und seiner unselbstständigen Lage nicht um sie anhalten und hält es für seine Pflicht, sie zu meiden. Das ist edel gehandelt und besonders fein die Art und Weise, wie er es ausführt. Er hat nichts angedeutet, nichts erschwert, alles geebnet. Er ist mir nie so liebenswert erschienen, und ich empfinde Schmerz für Jessika, trotzdem ist mir leichter zumute, nun ich sehe, dass der Konflikt – wenn einer vorhanden ist – sich lösen lässt. Was für ein Schreibebrief! Hast Du Geduld bis zu Ende gehabt?

Deine Schwägerin Lusinja

JESSIKA AN TATJANA

7. Juni

Geliebteste Tante! Du hast lange keine Nachricht von uns gehabt? Und ich habe das Gefühl, Dir erst gestern geschrieben zu haben, auf so leichten und schnellen Füßen laufen diese Sommertage. Und wenn man sogar noch ein Automobil davorspannt! Lju hat uns einmal spazieren gefahren, aber nicht lange, weil er noch nicht sicher ist. Unser Iwan kann noch weniger als er, obwohl er täglich ein paar Stunden damit herumturnt. Papa möchte auch gern selbst lenken, Mama will es aber nicht, weil es die Nerven angreife, sie wüsste aufs Bestimmteste, dass zwei Drittel aller Chauffeure durch Wahnsinn oder Selbstmord infolge von Nervenzerrüttung endeten. Papa versuchte zwar das Argument anzugreifen, aber wir schrien im Chore, er müsste sich für Staat und Familie erhalten, und einstweilen hat er nachgegeben. Er hat ja nun auch einen andern Sport, nämlich die Schreibmaschine.

Gestern Abend nach dem Essen saßen wir in der Veranda. Es war so schön, wie es nirgends sonst als hier ist; über uns im Schwarz des Himmels schimmerten die feuchten Sterne und um uns her im Dunkel der Erde die bleichen Birken. Wir saßen still und jedes träumte seine eignen Träume, bis Mama Lju fragte, weil er doch alles wisse, sollte er sagen, was für Schlangen es in dieser Gegend gäbe. Er nannte augenblicklich eine Reihe lateinischer Namen und sagte, es wären alles Ottern und Vipern, harmlose, ungiftige Geschöpfe. Ich dachte bei mir, ob es diese Namen wohl überhaupt gäbe, aber Mama hielt alles für Evangelium und war sehr angenehm davon berührt. Papa hätte nämlich neulich gesagt, erzählte sie, an der glatten Mauer eines Hauses könnte niemand hinaufkriechen außer Schlangen, und seitdem könnte sie die Vorstellung nicht mehr loswerden, wie der feste, glatte, klebrige Schlangenleib sich am Hause heraufzöge, und sie könnte oft nachts nicht davor einschlafen. Welja sagte, er begriffe nicht, wie man sich vor Schlangen fürchten könnte, er fände sie schön, anmutig, schillernd, geheimnisvoll, gefährlich, und er würde sich in keine Frau verlieben können, die nicht etwas von einer Schlange hätte. Katja sagte: »Du Kalb!«, und Lju sagte, ich hätte etwas von einer Schlange, nämlich das lautlos Gleitende und Mystische. Dann erzählte er ein südrussisches Märchen von einer Schlange, das sehr grausig war. Ein Zauberer liebte eine Königstochter, die in einen hohen Turm eingesperrt war. Um Mitternacht kroch er als Schlange am Turm herauf durch das Fenster in ihr Gemach, dort nahm er wieder seine Menschengestalt an, weckte sie und blieb in Liebe bei ihr bis zum Morgen. Einmal aber schlief die Königstochter nicht und wartete auf ihn; da sah sie plötzlich mitten im Fenster im weißen Mondschein den schwarzen Kopf einer Schlange, flach und dreieckig auf steilem Halse, die sie ansah. Darüber erschrak sie so sehr, dass sie ohne einen Laut ins Bett zurückfiel und starb. Gerade in diesem Augenblick klingelte es heftig an der Gartentür, wo ein alter, verrosteter Klingelzug ist, der fast nie gebraucht wird und deswegen in Vergessenheit geraten ist. Wir wunderten uns alle, dass Mama nicht auch umfiel und tot war. Papa stand auf, um an die Gartentür zu gehen und zu sehen, was es gäbe, Mama sprang auch auf und sah Lju flehend an, damit er zuerst dem Mörder die Stirn böte, wenn einer da auf Papa wartete, und weil das Aufstehen und die ersten Schritte bei Papa immer etwas mühsam sind und Lju sehr schnell laufen kann, kam er zuerst an und empfing den Paketboten, der eine Kiste trug. Er sagte, es würde eigentlich nichts mehr ausgetragen, aber der Postmeister hätte gesagt, die Kiste sei aus Petersburg und enthalte vielleicht etwas Wichtiges, und weil es der Herr Gouverneur sei, für den der Postmeister eine besondere Verehrung habe, hätte er sie ihm doch noch zustellen wollen. Na, der Bote bekam ein Trinkgeld, und in der Kiste war die Schreibmaschine. Lju packte sie gleich aus und fing an zu schreiben, Papa wollte auch, konnte aber nichts, wir probierten alle, konnten es aber ebenso wenig, nur ich – ungelogen – ein bisschen, und dann sahen wir zu, wie Lju schrieb. Nach einer Weile probierte Papa noch einmal, und wie Lju sagte, er hätte Talent, war er ganz zufrieden. Mama war geradezu selig und sagte, sie hätte sogar die Schlange vergessen, so hübsch wäre die Schreibmaschine. Welja sagte: »Was wollt ihr denn eigentlich mit der Scharteke?« Und Katja sagte, wenn man doch schon einmal die Finger gebrauchen müsste, könnte man gerade so gut schreiben, sie sähe den Zweck davon nicht ein; sie wurde aber überstimmt.

Bist Du nun au fait, einzige Tante? Nun sage ich Dir nur noch, dass die Rosen zu blühen anfangen, die Zentifolien und die gelben Kletterrosen, die so merkwürdig riechen, und die wilden Rosen auch, und dass die Erdbeeren reifen, ferner, dass Papa in der umgänglichsten Stimmung ist und neulich sogar gefragt hat, ob denn diesen Sommer gar kein Besuch käme!

Deine Jessika

LJU AN KONSTANTIN

Kremskoje, 9. Juni

Lieber Konstantin! Ja, Du bist mein Freund, das empfinde ich. Du ehrst und schätzest dasjenige in mir, was wir für das Höhere halten, und kennst und liebst doch auch das andre, den Urstrom des Ahnenblutes, dessen unfassbare Verzweigungen überall eingreifen und mich leiden machen. Dass ich leide, will ich Dir nicht verhehlen, auch hast Du es längst bemerkt. Vielleicht habe ich noch nie so gelitten, aber dass es überwunden werden wird, weiß ich auch. Ich habe alle diese Menschen vom ersten Augenblick an, da ich in ihre Mitte trat, zu beherrschen gesucht, daraus folgt alles Übrige; denn auch der Herrscher ist gebunden, nicht nur der Beherrschte. Was mir gelungen ist, ist ebenso verhängnisvoll für mich geworden wie das, woran ich scheiterte. Den Gouverneur kann ich vielleicht täuschen, aber ich habe keinen Einfluss auf ihn. Es kränkt ein wenig meine Eitelkeit, hauptsächlich beklage ich es aber wegen alles dessen, was daraus folgt. Der Mann übt einen Zauber aus, für den ich nicht unempfänglich bin, obwohl er von Kräften ausgeht, die ich nicht für die höchsten halte. Man sieht die Merkmale eines Geschlechtes an ihm, in welchem das Lebensfeuer stärker und schöner brannte als in den gemeinen Menschen. Er ist etwas in sich Vollendetes, wenn auch durchaus nicht vollendet überhaupt. Gerade seine Unzugänglichkeit gefällt mir; ich glaube, er ist im Kampfe des Lebens gewachsen, fester und härter geworden, aber er hat sich nicht erweitert, hat nichts Neues in sich aufgenommen. Das ist beschränkt, aber es verleiht eine gewisse Intensität.

Verloren hat er auch nichts; er hat noch viel von der Torheit, von dem Eigensinn und der Innigkeit der Kindheit an sich, was der in der Regel nicht behält, der sich viel Neues und Fremdes aneignet. Sein Ich ist ganz, so saftreich und gesammelt und stolz, dass es einen schmerzt, daran zu tasten; und gerade weil es so ist, muss ich ihn zerstören. Einmal fasste ich die Hoffnung, ich könnte ihn gewinnen, könnte ihm andre Ansichten eröffnen. Ich schrieb Dir nichts davon, es lag mir allzu sehr am Herzen, und ich ahnte schon, dass es vergebens sein würde. Mein Gott, dieser Mann, diese heiße, blinde Sonne! Ich rolle wie ein Komet neben ihm her, und er ahnt nicht, dass der Augenblick, wo unsre Bahnen zusammenstoßen, ihn in Stücke reißen wird! Von den Kindern lass mich schweigen. Besser, viel besser wäre es gewesen, ich hätte auf den Vater so gewirkt wie auf sie. Das klingt albern; es ist ja natürlich, dass die Jugend leichter zu beeinflussen und zu beherrschen ist als das Alter; aber hätte nicht einmal, durch Zufall oder Wunder, das Umgekehrte stattfinden können? Da es nicht der Fall ist, versuche ich daran zu denken, dass ich keine Wahl habe, dass ich tun muss, was ich für notwendig erkannt habe, dass die Heilkraft der Jugend überschwänglich ist, dass es diesen spielenden Kindern vielleicht nützlich ist, vom Schicksal aufgerüttelt zu werden. Ach Gott, was heißt nützlich? Sie waren so wundervoll in ihrem Traumleben! Freilich, einmal muss es doch enden. Kinder mit Runzeln und gebeugten Rücken sind Zerrbilder, und beizeiten muss die Umbildung beginnen. Vielleicht kann sogar ich selbst ihnen bei der Veränderung hilfreich zur Seite stehen. Was ein Mensch wollen kann, ist möglich; nur zum Wollen gehört Kühnheit.

So werde ich Dir nun nicht wieder schreiben. Auch

rechne ich darauf, dass Du mich nicht missverstehst. Zweifel ist nicht in mir. Antworte mir auch nicht auf alles dies! Trösten kann mich niemand, und dass Du mich verstehst, weiß ich,

Lju

WELJA AN PETER

Kremskoje, 11. Juni

Lieber Peter! Sei morgen oder übermorgen zu Hause, wenn du einen historischen Augenblick erleben willst. Unser treuer Iwan ist mit dem Automobil in den Graben gefallen, was von ihm auf die Tücke des Vehikels, von uns auf die des Branntweins geschoben wird. Da er nebst Automobil mehrere Stunden im Graben gelegen hat, war er ziemlich nüchtern, als er heimkam, und die Streitfrage ist nicht mehr zu entscheiden. Das Automobil hat mehr gelitten als er, es sieht aus wie eine Schildkröte ohne Schale; laufen kann es aber. Mama war ganz zufrieden mit dem Ergebnis und fand, wir möchten es so lassen, bis Iwan ganz erprobt wäre, damit er uns nicht auch noch in den Graben führe. Papa hingegen sagte, in diesem Zustande könnte er das Automobil nicht auf die Straße lassen, auch wenn niemand als Iwan darin säße, das würde seinem Ansehen schaden, es wäre gerade so, als ob seine Töchter mit durchlöcherten Kleidern ausgingen. Hierdurch überzeugt, beschlossen wir, dass das Automobil repariert werden müsse, und Lju hat sich erboten, das Wrack in die Stadt zu fahren und das Nötige zu veranlassen.

Jessika will gern mitfahren, aber Lju will es nicht, weil es bei dem schadhaften Zustande nicht sicher wäre. Seitdem geht sie mit einem wehleidigen Gesicht herum; denn sie ist natürlich in Lju verliebt. »Natürlich« sage ich, weil in einen Mann wie Lju, dessen Willenskraft jedes Atom seiner Materie durchdringt, sich alle verlieben müssen. Mir ist eigentlich alles einerlei, sogar wenn ich verliebt bin, ist es mir im allertiefsten Grunde einerlei, ob ich sie habe oder nicht.

Auch das hat einen gewissen Reiz für manche Frauen; aber das wahrhaft Unwiderstehliche ist der Wille. Niemand kann dagegen an, es ist die Schwerkraft der Seele. Lju hat in Bezug auf alles einen bestimmten Willen. Ich hielte eine solche Lebensweise nicht ein Jahr lang aus, und er treibt es schon achtundzwanzig Jahre so und wird wahrscheinlich sehr alt werden. Ob er sich für einzelne Frauen auf die Dauer interessieren kann, bezweifle ich; die Vielweiberei müsste für ihn eingeführt werden. Er würde sich nicht viel um sie bekümmern, aber an einem Satz, den er mal im Vorbeigehen fallen ließe, würden sie wochenlang saugen und damit zufrieden sein. Also er wird Deiner Mutter einen Besuch machen, sieh Dir ihn an!

Welja

LJU AN KONSTANTIN

Kremskoje, 11. Juni

Lieber Konstantin! Ich komme morgen oder übermorgen nach Petersburg und rechne darauf, Dich zu treffen. Es handelt sich um die Einrichtung der Schreibmaschine, worüber ich am liebsten mündlich mit Dir verhandeln will; sie kann explosiv wirken oder mit einem Revolverschuss geladen werden. Im letzteren Falle würden wir aber nicht sicher sein, ob die Kugel ihr Ziel träfe. Ich werde sie demnächst unter dem Vorwande einer Reparatur an die Fabrik schicken, wo sie gekauft worden ist. Sie muss dorthin gehen und von dort zurückexpediert werden, damit bei einer späteren Untersuchung keine Spur zu mir führt. Deine Sorge muss es sein, dass sie nicht abgeht, ohne zu unserm Gebrauch eingerichtet zu sein; also wirst Du über einen Angestellten der Fabrik oder über einen Angestellten der Bahn verfügen müssen. Es eilt nicht, Du kannst Deine Vorkehrungen mit ruhiger Überlegung treffen.

Lju

JESSIKA AN TATJANA

Kremskoje, 12. Juni

Geliebteste Tante! Ich wollte Dich gern besuchen, aber ich soll nicht! Ich wäre so gern mit dem zerfetzten Automobil bei Dir vorgefahren, gerade weil es so schrecklich kaputt ist. Denke Dir, ich hätte mich so hübsch wie möglich gemacht und wäre aus dem zersplitterten Kasten herausgestiegen wie eine Dryade aus einem hohlen Baumstamme. Und vor allen Dingen, ich hätte Dich gesehen, ich hätte meinen Charakter an der schweren Aufgabe gestählt, Deine blühenden Wangen, Deine mit dem Schmelz ewiger Jugend gepuderte

Haut neidlos zu bewundern. Meine Wangen sind, fürchte ich, augenblicklich blass und tränennass, so enttäuscht bin ich, dass ich nicht mitfahren kann.

Wir werden nun ohne Beschützer sein, Tante. Ich habe vorgeschlagen, wir drei könnten Tag und Nacht Fangen ums Haus spielen, dann könnte sich gewiss niemand ungesehen ins Haus einschleichen. Der gute Welja war auch bereit dazu, aber Katja nicht; sie sagte, sie wäre doch kein Kind mehr! Lju bringt Dir diesen Brief. Lass Du Dich unterdessen von ihm beschützen, wenn Du es auch nicht nötig hast.

Deine Jessika

WELJA AN PETER

Kremskoje, 14. Juni

Wenn ich nicht sehr tätig bin, kommt es im Grunde daher, dass meine Familie immer zur Betrachtung einlädt. Durch Anpassung an die bewegten Verhältnisse hat sich mein beschauliches Temperament herausgebildet; wenn ich auch noch mitagierte, würde es zu toll. Heute ist wieder der Teufel los. Ich saß, noch erschöpft von gestern – denn seit Lju fort ist, muss ich immer bis Mitternacht auf der Lauer liegen, weil Mama Gefahren wittert –, also ich saß in der Bibliothek und blätterte in einem Buche, als Katja wie ein wirbelnder Federball herein- und ans Telefon gestürzt kam. Damit Dein Gehirn nicht ebenso erschüttert wird, wie meins bei dieser Gelegenheit wurde, will ich Dir zur

Erklärung voranschicken, dass Katja soeben Jessika dabei betroffen hatte, dass sie einen Brief an Lju schrieb, und dass Jessika, von Katja zur Rede gestellt, damit herausgeplatzt war, sie liebte Lju und wäre so gut wie verlobt mit ihm. Ich musste dies schließen und erraten, was ich Deinem Walfischschädel nicht zumuten will.

Also Katja verbindet sich mit Petersburg. Ich frage, mit wem sie reden will. Mit Lju, obgleich mich das nichts anginge. Ich sage: »Du kannst doch wohl so lange warten, bis er wieder hier ist, so wichtig wird es nicht sein.« Sie: »Kannst du das beurteilen? Hier werde ich überhaupt nicht mehr mit ihm sprechen und bedaure, es jemals getan zu haben.« Ich: »Alle Heiligen!« In dem Augenblicke klingelt das Telefon, Katja ergreift es. »Sind Sie da? Quak, quak, quak ... Ich will Ihnen nur sagen, dass ich Sie verachte! Quak, quak ... Sie sind ein Heuchler, eine Qualle, ein Judas! Quak, quak, quak, quak. Bitte, leugnen Sie nicht! Sie haben die Stirn, sich zu verteidigen? Sie haben mich genug belogen! Ich werde Jessika aufklären. Für einen solchen Elenden ist sie trotz ihrer Schwachheit zu gut. Quak, quak, quak, quak, quak ... Sie halten mich für dümmer, als ich bin. Sie glauben, Sie allein wären klug und alle andern wären schwachsinnig, aber vielleicht ist es umgekehrt!«

Dies alles trompetete Katja mit so gellender Stimme, dass Papa und Mama es hörten, glaubten, es wäre etwas passiert, und herbeigelaufen kamen. Beide hören erstaunt zu und fragen: »Was bedeutet das? Mit wem spricht sie denn?« Ich: »Ach, mit Lju, sie hat sich ein bisschen über ihn geärgert.« Katja am Telefon: »Ich Du zu Ihnen sagen? Zu einem so abgefeimten, zweizüngigen Charakter, wie Sie sind? Niemals!« Papa und Mama: »Aber um Gottes willen, was hat er denn getan?« Ich: »Ach, sie hat eine Karte von ihm bekommen mit der Adresse Katinka von Rasimkara, und das betrachtet sie doch nun einmal als Beleidigung, wenn man ihren Namen Katja von Katinka ableitet.« Papa und Mama entzückt: »Das ist ganz Katja!« Beide wollen sich totlachen. Katja dreht sich um. Ich: »Täubchen, ruh dich doch mal aus!« Katja mit einem vernichtenden Blick auf mich: »Affe!« Dann ab.

Ich stürze ans Telefon, erwische Lju noch und gebe ihm das Versprechen, beruhigend zu wirken. Er sagte mit einem durchs Telefon zu Herzen gehenden Seufzer: »Du bist das Öl auf den Sturmwogen deiner Familie; ohne dich würde man seekrank.« Das Gespräch schien ihn sehr mitgenommen zu haben.

Ob er von euch aus gesprochen hat, weiß ich gar nicht; es wäre sehr belustigend, wenn Du die andre Hälfte des Gespräches mitangehört hättest. Das ist sicher, Katja ist fertig mit Lju, wenn auch ihre Wut mit der Zeit nachlassen wird. Ob sie nun, nachdem sie mit der Intelligenz gebrochen hat, wieder für Deinen Stumpfsinn schwärmen wird, darüber lässt sich noch nichts sagen, rechne nicht zu bestimmt darauf. Übrigens gedeiht sie vortrefflich bei ihrer Enttäuschung; zu beklagen ist nur die arme kleine Jessika. Sie kommt mir vor wie ein kleiner Vogel, dem sein Nest zerstört ist, der Sturm und Regen ergeben über sich ergehen lässt, erschrocken und behutsam piepst und zuweilen mit dem zerzausten Köpfchen hervorlugt, ob es noch nicht besser wird. Ich glaube, zuerst hat sie stundenlang geweint, ihr Gesicht zitterte noch lange nachher. Sie hat etwas so Süßes wie eine überreife Feige und etwas so Weiches wie eine Schneeflocke, die einem in der Hand zerschmelzen will. Es wäre für sie sehr gut, wenn Du sie heiratetest; aber Dir ist nun einmal zuerst Katja eingefallen, und nach dem Gesetz der Trägheit, das Dich beherrscht, rollst Du damit durch dick und dünn und hältst es für Charakter. Für Dich ist es ja ziemlich einerlei, wen Du betreust; aber für Jessika wäre es gut, wenn sie durch die Dickhaut Deiner saurischen Person vor der Welt geschützt wäre, während Katja eine solche antediluvianische Mauer nicht nötig hat und sie vielleicht auf die Dauer sogar nicht gut aushalten könnte. Ich will aber nicht so töricht sein, jemand Vernunft zu predigen, der keine hat.

Katja hat Einsicht genug, um Papa und Mama den wahren Sachverhalt zu verschweigen; aber wenn Papa sie mit Katinka anredet, um sie zu necken, wirft sie mir zornige Blicke zu, was die andern erst recht ins Lachen bringt. Lebe wohl!

Welja

LJU AN KONSTANTIN

Kremskoje, 17. Juni

Lieber Konstantin! Es war durchaus zweckmäßig, dass ich Frau Tatjana bewogen habe, mit mir nach Kremskoje zu fahren; der Einfluss, den ich auf sie ausübe, hat auf den Gouverneur und seine Familie Eindruck gemacht, weil sie diese Verwandte sehr bewundern, die in der Gesellschaft eine große Rolle spielt. Sie ist schön und hat Geist genug, um zu wissen, wie viel davon eine Frau merken lassen darf.

Ihr Verstand ist gut, wenn auch nicht ausgebildet. Sie liebt die geistigen Genüsse, die man ohne Anstrengung haben kann, deshalb bevorzugt sie zum Umgang kenntnisreiche und denkende Menschen, die das Ergebnis ihrer Gedankenarbeit in anregende Form zu kleiden wissen. Ihre Vorurteilslosigkeit würde man noch mehr bewundern, wenn sie etwas dadurch riskierte; aber der ganz unpolitischen Dame lässt man gern die Freiheit, das Gesellschaftseinerlei durch naive Offenheiten zu kolorieren.

Ihr Sohn Peter, der seit seiner Kindheit Katja liebt und unbeeinflusst durch die Tatsache, dass sie seine Neigung nicht erwidert, dabei verharrt, hat, oberflächlich betrachtet, etwas von den gutmütigen Riesen des Märchens. Aus einer Art von kindlicher Menschlichkeit und naivem Gerechtigkeitssinn zählt er sich zur revolutionären Partei. Trotzdem er eifersüchtig auf mich ist, da seine Cousine mich ihm vorzieht, kam er mir, wenn auch nicht gerade herzlich, doch mit anständiger Vorurteilslosigkeit entgegen. Er hat mit einigen andern Studenten, die, wie er, über bedeutende Mittel verfügen, medizinische Privatkurse eingerichtet, um sich und seinen Kollegen die Fortsetzung des Studiums zu ermöglichen, zugleich natürlich, um gegen die Maßregel der Regierung zu protestieren. An diesen Kursen, die nächstens beginnen werden, will Katja teilnehmen. Der Gouverneur wusste bis jetzt nichts davon und ist empfindlich betroffen, dass ein solches Unternehmen von seinem Neffen ausgeht, und vollends, dass Katja sich daran beteiligen will. Da er gegen Katja nicht gut streng sein kann, begann er damit, seiner Schwester Tatjana Vorwürfe zu machen, dass sie ihren Sohn nicht von so ärgerlichen Donquichotterien zurückhielte. Sie lächelte wie ein Kind und sagte, ihr Sohn wäre ein erwachsener Mensch, sie könne ihn nicht am Gängelbande führen, überhaupt sollte man sie mit politischen Dingen, von denen die Frauen doch ausgeschlossen wären, in Ruhe lassen. Warum sollte sie sich ein Urteil bilden, das sie doch nicht geltend machen könnte? In Gesellschaft besonders sollten Gespräche über politische Dinge verboten sein, bei denen auch der klügste Mann plötzlich ein beschränkter und borstiger Esel würde. Übrigens schiene es ihr eigentlich erlaubt zu sein, dass, wenn der Staat ihm die Mittel dazu nähme, ein junger Mann sich auf eigne Hand die zu seinem Berufe nötige Bildung zu verschaffen suchte, denn eine Tätigkeit müsse ein Mann doch einmal haben.

Katja fiel ein, es wäre empörend, die Schulen zu schließen, was die Regierung sich einbildete, die Universitäten wären unabhängige Körperschaften, ob schließlich auch die Eltern den Zaren um Erlaubnis fragen sollten, ehe sie die Kinder lesen und schreiben lehren dürften.

Der Gouverneur sagte, wenn die Universität sich damit begnügt hätte, Wissenschaft zu lehren, würde die Regierung sie respektiert haben, aber indem sie sich in die öffentlichen Angelegenheiten gemischt und Partei ergriffen hätte, hätte sie sich ihres Rechtes auf Unantastbarkeit begeben. Die Härte, welche die Maßregel mit sich brächte, würde dadurch nicht ausgeglichen, dass einige, denen ihr Vermögen es erlaubte, sich den Unterricht auf privatem Wege verschafften, dessen Wegfall für Unbemittelte ohnehin viel schädlicher wäre. Da fuhr aber Katja los: »Du kennst Peter schlecht! Der verschafft sich keine Vorteile vor den Armen! Im Interesse der Unbemittelten hat er die Kurse hauptsächlich eingerichtet! Es können alle daran teilnehmen, auch die nicht zahlen können!« Der Gouverneur wurde dunkelrot und sagte, dann wäre die Sache schlimmer, als er geahnt hätte. Er hätte geglaubt, es handelte sich gewissermaßen um Privatstunden, dies wäre aber eine Gegenuniversität, eine Herausforderung, ein revolutionärer Akt. Er hätte nie für möglich gehalten, dass sein eignes Kind sich in die Reihen seiner Gegner stellte.

Ich habe ihn noch nie so zornig gesehen. Seine Stirn zog sich dicht zusammen, seine Nase schien zu flammen wie ein frisch geschliffener Dolch, es war eine unheimliche Atmosphäre um ihn, wie wenn ein Hagelwetter im Anzuge ist. Katja fürchtete sich ein wenig, hielt aber tapfer stand, Tatjana wunderte sich unbefangen und kindlich lächelnd weiter, dass er die Sache so ernst auffasste. Frau von Rasimkara sah traurig aus; ich weiß nicht, was sie dachte, aber ich glaube, sie war außer mir die Einzige, die das Gefühl eines unabwendbaren Verhängnisses hatte. Nicht aus einem bestimmten Grunde, nur weil sie liebt, und wer liebt, fürchtet und ahnt.

In dem unangenehmsten Augenblick sagte ich zum Gouverneur, er möchte doch Welja und Katja ins Ausland schicken; er hätte doch sowieso die Absicht, sie eine Zeit lang an ausländischen Universitäten studieren zu lassen, und sie bereiteten ihm dann hier keine Ärgernisse mehr. Dieser Vorschlag heiterte die Gewitterstimmung auf. Welja war bezaubert. »Ja, Papa«, sagte er, »alle vornehmen jungen Leute werden ins Ausland geschickt, wenn etwas aus uns werden soll, musst du es auch tun. Ich bin für Paris.« Frau Tatjana sagte: »Ich gebe euch Peter mit, damit ein vernünftiger Mensch dabei ist. Und für Peter ist Paris notwendig, es fehlt ihm an Grazie.« Der Gouverneur beschränkte seinen Widerspruch darauf, dass er Berlin für angemessener als Paris erklärte; aber der Vorschlag leuchtete ihm sichtlich ein, und ich bin überzeugt, er wird zur Ausführung kommen. Gemacht habe ich ihn, damit Katja und Welja abwesend sind, wenn das Unglück geschieht; Jessika zu entfernen wird sich auch noch ein Vorwand finden. Ich denke, die Sache wird nun schnell fortschreiten.

Lju

KATJA AN WELJA

Petersburg, 20. Juni

Du bist ein Dussel, Welja! Du hast ja doch Peter die ganze Geschichte mit Lju geschrieben! Ich konnte es mir ja denken, aber warum prahlst Du denn, Du hättest keiner Menschenseele ein Wort davon mitgeteilt? Erstens fragte ich Dich nicht danach, und zweitens glaubte ich Dir nicht einmal. Peter denkt nun, er müsste mich trösten und ich müsste ihn heiraten; Logik hat er doch nicht. Übrigens ist er entzückend, Gott, zu schade, dass ich nicht in ihn verliebt bin! Nun muss ich diese Albernheit von Peter ertragen und dazu noch anhören, wie Tante Tatjana für Lju schwärmt: wie elegant er wäre, und wie anregend, und wie energisch, und was für einen guten Einfluss er auf uns gehabt hätte! Pass Du nur wenigstens auf Jessika auf. Es ist auch zu toll, dass sie solche Eltern hat. Papa merkt nichts, Mama findet alles sympathisch, und Dir ist alles einerlei. Besinn Dich mal darauf, dass Du ein Mann bist; Lju kann alles mit Dir anstellen und Dir alles weismachen, gerade als ob Du in ihn verliebt wärest, das ist unwürdig. Wenn Tante Tatjana nicht gerade von Lju redet, ist sie reizend und sehr vernünftig. Die Kurse sind noch nicht eröffnet. Wie steht es mit Paris? Hat Papa Ja gesagt? Im Notfall gehen wir natürlich auch nach Berlin, wenn wir erst fort sind, findet sich das Übrige. Adieu!

                                                           Katja

JESSIKA AN KATJA

Kremskoje, 20. Juni

Mein süßer kleiner Maikäfer! Ich möchte lieber weinen, als Dir schreiben, aber davon hättest Du ja nichts. Ich kann das Gefühl nicht loswerden, als wäre ich daran schuld, dass Du fortgegangen bist. An etwas bin ich schuld, das fühle ich ganz sicher, und es fing damit an, dass ich an Lju schrieb; dass Du darüber außer Dir warst, kannst Du doch nicht leugnen. Erst dachte ich, Du liebtest Lju auch, aber er lachte und sagte, das tätest Du ganz gewiss nicht, und als ich euch nachher zusammen sah, kam es mir auch nicht mehr so vor. Und wenn Du ihn liebtest, liebtest Du ihn doch nicht so wie ich; Du würdest nicht daran sterben, wenn er Dich nicht wiederliebte. Aber das täte ich. Du bist doch überhaupt nicht so, dass Du Dich ernstlich verliebst, mein Klimperkleinchen, nicht? Welja sagt doch immer, Du wärest nicht so sentimental wie ich. Schreib mir etwas Tröstliches! Alle sind jetzt unzufrieden. Papa ist schrecklich nervös, seit ihr fort seid, Besuch greift ihn ja immer etwas an, aber hauptsächlich ist es, glaube ich, wegen Deiner Kurse. Es ist doch auch fatal für ihn, wenn seine Tochter und sein Neffe bei etwas beteiligt sind, was gegen die Regierung gerichtet ist. Gestern wurden ein paar Bibliotheksbücher entdeckt, die Welja vor einem oder zwei Jahren entlehnt und vergessen hat zurückzubringen. Das kostet nun natürlich verhältnismäßig viel, und Papa wurde wütend und machte Krach. Er sagte, Welja wäre gedankenlos und verschwenderisch und täte, als wenn er ein Millionär wäre, und würde uns noch alle an den Bettelstab bringen. Mama, die dazukam, versuchte Welja zu verteidigen, da wurde Papa erst recht böse. Mittags, als wir uns zu Tisch setzten, waren alle ernst und still, und Papa starrte finster vor sich hin. Mama nahm ihre Lorgnette, guckte ratlos von einem zum andern, endlich betrachtete sie Papa eine Weile und fragte liebevoll: »Warum bist Du so blass, Jegor?« Wir fingen alle dermaßen zu lachen an, Papa auch, dass die Stimmung wiederhergestellt war.

Welja war hauptsächlich deshalb niedergeschlagen, weil Papa unter anderm auch sagte, er könnte ihn doch nicht auf weite Reisen schicken, weil er zu leichtsinnig wäre. Aber das hat er nur so im Ärger gesagt, ich glaube, er will euch doch gehen lassen.

Quält Peter Dich sehr? Meinetwegen mache Dir keine Sorge. Lju hat mir von Anfang an gesagt, er könnte und wollte nicht um mich anhalten, bis er eine entsprechende Stellung hätte, er wollte nur mein Freund sein; Du siehst, wie ehrenhaft er ist. Welja würde niemals so sein. Mein geliebtes Sonnenkäferchen, ich vermisse Dich stündlich. Du mich wohl nicht?

Deine Jessika

LUSINJA AN KATJA

Kremskoje, 21. Juni

Meine kleine Katja! Du hast nun Deinen Willen. Bist Du glücklich, dass Du in der Stadt bist? Wirst Du dadurch klüger, besser, froher? Ich will Dir nicht verschweigen, mein Liebling, dass es mich schmerzte, dass Du fortgingest, obwohl Du sahest, was Du Deinem Papa damit zufügst. Ist das so schwer zu begreifen? Denn wenn Du es recht begriffen hättest, hättest Du es doch nicht tun können. Es ist ja nicht, dass Du anders denkst als er, was ihn am meisten schmerzt, auch nicht, dass Du seinen Wünschen zuwiderhandelst. Aber er liebt Dich zu sehr, um Dir das zu verbieten, was er andern verbieten würde. Er liebt Dich, trotzdem Du etwas tust, wodurch alle andern seine Teilnahme verscherzen würden. Das macht ihn irre an sich, an seinem System, an allem. Warum fügst Du das Deinem Vater zu, der Dich liebt, einem alternden Manne? Erreichst Du etwas Bedeutendes für Dich oder für andre damit? Ach, ich glaube zuweilen, unsre Kinder sind da, um eine Rache an uns zu nehmen, und doch könnte ich nicht sagen für wen und für was. Kinder sind die einzigen Wesen, denen gegenüber wir ganz selbstlos sind, darum sind sie die Einzigen, die uns wahrhaft vernichten können. In ein paar Jahren vielleicht wirst Du selbst Mutter sein und mich verstehen, und auch wissen, dass ich solche Betrachtungen anstellen kann, ohne dass meine Liebe zu Dir um den allerkleinsten Grad vermindert wäre.

Ich denke, es wird dazu kommen, dass Papa Dich und Welja ins Ausland schickt; er neigt schon sehr dazu, und es wird das Beste für uns alle sein. Lju ist uns eine Stütze in diesen Tagen. Ich bin ihm zu Danke verpflichtet, und doch möchte ich am liebsten, dass wir nach eurer Abreise ganz allein wären, Dein Papa und ich. Der Urlaub hat noch nicht die guten Folgen für ihn gehabt, die ich erhoffte, vielleicht weil zu viel Umtrieb und Unruhe bei uns herrschte. Furcht habe ich seinetwegen augenblicklich nicht, weil ich zu sehr von Dingen erfüllt bin, die noch schlimmer sind als körperliche Gefahren.

Sei rücksichtsvoll gegen Tante Tatjana, mein Liebling, und auch gegen Peter. Ich will Dich nicht bereden, einen Mann zu heiraten, den Du nicht liebst; aber die Freundschaft eines guten Mannes suche Dir zu erhalten.

Deine Mama

WELJA AN KATJA

Kremskoje, 23. Juni

Dein Spatzengehirn hat, Gott weiß woher, einen vernünftigen Einfall gehabt, indem Du fortgingest. Spatzen und Mäuse wittern auch ungünstige Futterverhältnisse, das ist Instinkt, und den will ich Dir ja auch nicht absprechen. Es ist in der Tat jetzt sehr ungemütlich hier. Gestern früh hat Mama unter ihrem Kopfkissen wieder einen Drohbrief gefunden: Wenn Demodow und die übrigen Studenten nicht begnadigt würden, würde Papa ihnen im Tode folgen oder vorangehen. Dies wäre die letzte Warnung, die er erhielte. Durch die Post kam am selben Tage ein Brief der Mutter

Demodows, in dem sie Papa anflehte, das Leben ihres Sohnes zu schonen. Ob der Drohbrief mit dem in Zusammenhang steht? Mama fand den Brief nicht so schrecklich, wie dass sie ihn erst am Morgen fand und also die ganze Nacht darauf gelegen hat; das ist ihr unheimlich. Merkwürdig ist es ja, wie er dahin gekommen ist; unsern Leuten kann man so etwas nicht zutrauen, es ist ausgeschlossen, und wer kann sonst in Papas und Mamas Schlafzimmer kommen? Selbstverständlich ist es auf natürliche Art zugegangen, aber dahinterkommen können wir nicht. Man meint, es müsste spät abends jemand zum Fenster eingestiegen sein; es leuchtet mir nicht ein, aber widerlegen kann ich es natürlich auch nicht. Lju ist peinlich berührt, weil seine Bewachung sich so deutlich als ungenügend erwiesen hat. Ich glaube, im Grunde hat er in der letzten Zeit gar nicht mehr daran gedacht. Er ist sehr ernst, ordentlich düster. Heute hat er lange mit mir über die Geschichte gesprochen; er hält es für ausgemacht, dass die Verfasser des Drohbriefs von dem Briefe der Frau Demodow Kenntnis hatten; dass er also aus dem Kreise seiner Freunde hervorgegangen sei. Natürlich braucht Frau Demodow nichts davon zu wissen. Zunächst, meint Lju, sollte der Drohbrief wahrscheinlich nur bewirken, dass Papa den Brief der Frau Demodow in günstigem Sinne beantworte, gewissermaßen seine Wirkung verstärken. Bei Papas Charakter würde er aber natürlich seinen Zweck gänzlich verfehlen. Lju sagte, er achtete und liebte Papa, der immer seinem Charakter und seiner Einsicht gemäß handle; aber anderseits müsste man zugeben, dass die Revolution ihm gegenüber im Rechte wäre. Die Regierung hätte einen allgemein verehrten Professor, einen der wenigen, die noch den Mut freier Meinungsäußerung gehabt hätten, verhaften und nach Sibirien schicken wollen; Demodow hätte ihn und die Rechte der Universität verteidigen wollen. In späteren Jahren würde man auf diese paar Studenten hindeuten als Beweis, dass es damals in Petersburg noch junge Männer von Mut und Ehre gegeben hätte. In diesem Falle wäre im Grunde die Regierung Aufrührer und gesetzloser Barbar, die sogenannten Revolutionäre Bewahrer des Rechtes. Sie handelten anständig, indem sie Papa von ihrer Ansicht und von ihren Absichten unterrichteten und ihm Zeit ließen, einen andern Weg einzuschlagen, der sie befriedigen würde. Ich gab ihm natürlich recht, aber ich sagte, ich könnte es doch Papa nachfühlen, dass er nun erst recht nicht nachgäbe. Vielleicht, sagte Lju, wenn Papa sicher wüsste, dass die Drohungen ernst gemeint wären und ausgeführt würden, täte er es doch aus Liebe zu seiner Frau und seinen Kindern. Ich glaube es doch nicht; und jedenfalls würde er eben davon nicht zu überzeugen sein. Papa ist der Einzige, der ganz unerschüttert ist, das gefällt mir von ihm. Es ist kein Schatten von Furcht an ihm, wenn es früher noch möglich gewesen wäre, würde er jetzt auf keinen Fall einlenken. Es ist natürlich auch Trotz und Eigensinn und Rechthaberei dabei, aber fein ist es doch. Mama ist traurig; sie findet es natürlich schrecklich, dass die Studenten hingerichtet werden sollen, oder wenigstens Demodow, und dass Papa es ändern könnte und es nicht tut; ich glaube aber, sie hat jetzt nicht wieder versucht, auf ihn einzuwirken, weil sie weiß, dass es doch umsonst wäre. Papa und Mama sind beides außerordentlich geschmackvolle Menschen, ich hätte mir keine andern Eltern ausgesucht, obgleich mir ihr Charakter und ihre Ansichten oft komisch vorkommen.

Lju hat übrigens gesagt, nach seiner Meinung wäre Papas Leben zunächst noch gar nicht gefährdet, erst wenn die Studenten wirklich verurteilt wären, würde es vielleicht kritisch. Unsre Dienerschaft wäre ja aber unbedingt treu, und deshalb wäre kaum für ihn zu fürchten. Ich fragte ihn nämlich, weil er so ungewöhnlich ernst und gedankenvoll war. Er sagte, er hätte eingesehen, dass er uns so bald wie möglich verlassen müsste, und das stimmte ihn traurig. Er hätte es ja sowieso getan, nun würde er es beschleunigen. Auch weil die Nichtübereinstimmung zwischen seinen Ideen und Papas doch zu groß wäre, als dass er ein Zusammenarbeiten für anständig halten könnte. Ich habe versucht, ihm das auszureden.

Ich bleibe jedenfalls noch hier, um Papa und Mama ein bisschen zu zerstreuen, sie tun mir leid. Jessika ist nur verliebt. Gottlob, dass ich es nicht bin, es ist ein scheußlicher Zustand. Benimm Dich korrekt, Spatz, damit Papa in dieser Zeit Unannehmlichkeiten erspart werden.

Welja

JEGOR VON RASIMKARA
AN FRAU DEMODOW

Kremskoje, 23. Juni

Gnädige Frau! Hätte Ihr Sohn mich persönlich beleidigt oder angegriffen, so hätte es Ihrer Fürbitte nicht bedurft, damit ich seiner Jugend und seinem ungestümen Charakter die Kränkung unbedingt vergeben hätte. Unglücklicherweise ist es nicht die Privatperson, an die Sie sich wenden, sondern der Vertreter der Regierung; als solcher kann ich nicht großmütig sein, denn den Staat angehend handelt es sich nicht um Gefühle, sondern um Nutzen und Notwendigkeit. Ich habe den jungen Mann, dessen Gesinnung mir bekannt war, zeitig gewarnt, sowohl in seinem wie im Interesse seiner unglücklichen Eltern; damit, dass er meine Warnung unbeachtet ließ, erklärte er, die Folgen seiner Handlungsweise auf sich nehmen zu wollen. Ich traue ihm zu, dass er selbst weder um Gnade bittet noch der Regierung aus ihrer Strenge einen Vorwurf machen wird.

Ihnen zu sagen, gnädige Frau, wie sehr ich mit Ihnen empfinde, hätte ich vielleicht nur das Recht, wenn ich Ihre Bitte gewähren könnte. Erlauben Sie mir jedoch, Ihnen zu sagen, dass ich Ihnen dankbar wäre, wenn Sie mir jemals Gelegenheit gäben, Ihnen mein aufrichtiges und schmerzliches Mitgefühl durch die Tat zu beweisen.

Ihr ergebener Jegor von Rasimkara

LJU AN KONSTANTIN

Kremskoje, 24. Juni

Lieber Konstantin! Frau von Rasimkara hat von dem Brief, den ich ihr unter das Kopfkissen legte, einen starken Eindruck empfangen. Sie fand ihn erst am Morgen, nachdem sie eine ganze Nacht darauf geschlafen hatte. Dies und dass sie nicht begreifen kann, wie der Brief an seine Stelle gekommen ist, findet sie am unheimlichsten. Übrigens ist sie gefasst; sie ist überzeugt, dass ihr Mann verloren ist, dass niemand es ändern kann, und erwartet das unvermeidliche Schicksal. Das ist aber eine Stimmung, die durch andre Stimmungen wieder verscheucht werden kann; oder es ist ein Grundbewusstsein, über das der Tag immer wieder hinflutet. Der Gouverneur ist beinahe unempfindlich für den immerhin aufregenden, auch ihm unerklärlichen Vorfall. Er hat die Bittschrift der Frau Demodow ohne Zögern in abschlägigem Sinne beantwortet. Es ist keinerlei Veränderung an ihm wahrzunehmen; allerdings litt er schon einige Zeit unter dem Verhalten seiner Tochter Katja. Dass ihm eine ernstliche Gefahr droht, scheint er nicht für möglich zu halten, jedenfalls will er sie nicht für möglich halten.

Dass es so kommen würde, habe ich vorausgesehen. Ich hätte den unerschrockenen und unerschütterlichen Menschen gern gerettet; ich habe fast zu lange an die Möglichkeit geglaubt, dass ich es vermöchte. Wenn ich an Selbstüberhebung gelitten habe, können die Erfahrungen, die ich in diesem Hause gemacht habe, mich davon heilen. Ich sehe, einen Menschen ändern kann nur Gott; oder nicht einmal Gott! Das könnte meinen Stolz trösten. Man hat so wenig Macht über die Menschen wie über die Sterne; man sieht sie nach ihren unbeugsamen Gesetzen auf- und untergehen. Es wird nun nicht mehr lange dauern, es gibt keinen Ausweg. Jetzt ist mir selbst das Liebste, wenn es bald vorüber ist.

Lju

KATJA AN WELJA

Petersburg, 25. Juni

Welja, ich glaube, Du bist noch nie ganz wach gewesen, seit Du lebst. Wache doch endlich mal auf! Mir werden von allen Seiten Vorwürfe gemacht, von andern kann es ja hingehen, aber von Dir? Unerhört! Was tu ich denn? Papa hat seine Ideen und ich meine; warum soll er mehr Recht haben, seinen nachzuleben, als ich? Seine sind schädlicher als meine, find ich. Ich bringe doch niemand um. Vielleicht weil er älter ist als ich? Schöner Grund; sein Alter spricht doch höchstens gegen ihn. Aber lieb habe ich ihn gewiss ebenso wie ihr, wahrscheinlich mehr als Du. Du siehst nicht einmal ein, dass Lju nicht im Hause bleiben darf, wenn er solche Ansichten hat, wie er Dir gesagt hat. Wenn wir finden, dass Papa im Unrecht ist, und dass es der Gegenpartei schließlich nicht zu verdenken ist, wenn sie ihn umbringt, so ist das etwas ganz andres, als wenn ein Fremder es findet. Was wissen wir denn eigentlich von Lju? Ich weiß, dass er vollkommen gewissenlos ist. Dir imponiert das natürlich, mir hat es zuerst auch imponiert, es mag ja auch großartig sein, vielleicht hast Du auch kein Gewissen, vielleicht möchte ich ebenso wenig haben wie er, aber das ist mir jetzt ganz einerlei, in unserm Hause darf er nicht bleiben. Siehst Du denn nicht ein, dass er wirklich Papa ganz ruhig umbringen lassen würde? Halte wenigstens die Augen offen und passe auf. Es wurde mir geradezu unheimlich zumute, als ich Deinen Brief las. Er heftet seine eisigen Augen auf Papa und denkt: Eigentlich hätten sie recht, wenn sie dich umbrächten. Wozu soll er überhaupt da sein? Dass er kein Mann für Jessika ist, musst Du doch einsehen; übrigens will er sie ja gar nicht einmal heiraten, er macht sie nur unglücklich. Die Geschichte mit Jessika muss auch Mama einsehen, das andre darf sie natürlich nicht wissen, damit sie sich keine Gedanken macht. Hörst Du, Du darfst ihn nicht zurückhalten, sondern musst ihm im Gegenteil sagen, ja, geh sofort, Du hättest es schon längst tun sollen! Wenn Du ein Mann wärest, hättest Du ihm längst gesagt, er müsste Jessikas wegen aus dem Hause. Sei mal ein Mann! Papa sieht und hört ja leider Gottes nichts; eigentlich wäre es besser, er spielte im Berufe die Rolle, die er bei uns spielt, und umgekehrt, dann wären Volk und Familie zufrieden. Armer Mann, er opfert sich einem Popanz von Pflichtgefühl – und doch ist auch etwas Schönes an dem Unsinn. Ich weiß nicht, was mir mehr gefällt, das oder Ljus Gewissenlosigkeit. Ach, Papa ist nun einmal Papa, und darum geht er vor. Wir müssen über ihn wachen, Du musst mir für ihn bürgen, hörst Du?

Katja

LUSINJA AN TATJANA

Kremskoje, 26. Juni

Liebe Tatjana! Es ist gerade, als ob Du die Sonne mit fortgenommen hättest; seitdem haben wir hässliche Regentage. Der Tag, an dem Du so überraschend ankamest, wie war der sorglos und heiter! So werden wir gewiss lange keinen mehr erleben. Als wir hier herauszogen im Mai, dachte ich nur an die Zeit, die vor mir lag, die ich mir unbeschreiblich glücklich dachte, wo ich Jegor ganz für mich haben würde, fern von Geschäften und Sorgen, und mein Gefühl war geradeso, als ob nachher nichts mehr käme. Das hat man wohl immer so, wenn man ein Glück vor sich hat; Glück scheint einem ewig zu sein – obwohl es im Gegenteil nur flüchtig sein kann. Nun merke ich, dass der Sommer vorübergehen wird, dass, noch ehe er vorüber ist, die Zeit kommen wird, wo wir wieder in die Stadt ziehen müssen, wo der Prozess anfängt mit allen Schrecknissen für andre und für uns.

Jegor wird der Menge und Energie des aufgehäuften Hasses nicht entrinnen. Wenn sie ihn kennten! Aber sie kennen nur seine Taten. Und ist der Mensch nicht in seinen Taten? Ach Gott, ich habe mir fest vorgenommen, ich will nicht urteilen: Es ist so viel auf beiden Seiten abzuwägen, dass ich irren könnte. Nur das weiß ich sicher, dass Jegor niemals aus angeborener Grausamkeit oder aus persönlicher Rachsucht handelte, er glaubte immer das Rechte zu tun, und es ist ihm oft schwer geworden. Vielleicht hat er unrecht; aber dass er irren kann, macht ihn mir nicht weniger teuer. Er wertet das Bestehende und die legitime Macht am höchsten, mich hätte die Neigung eher in eine andre Richtung gezogen, aber ich bin deshalb nicht besser als er. Das liegt im Blute; seine Ahnen haben ihm andres Blut vererbt als meine mir.

Ach, Tatjana, mein Herz ist schwer! Wohin ich sehe, ist alles dunkel, so gleichmäßig dunkel, dass ich schon gedacht habe, es wären meine Augen, die nicht mehr hell sehen könnten. Aber sage selbst, wo ist etwas Gutes, Tröstendes? Wie soll der Konflikt mit den Kindern enden, die nur ihren Neigungen nachrennen und stolz darauf sind, dass sie sich kaum nach uns umsehen? Müssen alle Menschen dies erleben? Ja, vielleicht haben wir unsre Eltern Ähnliches erleben lassen; aber es ist darum nicht minder bitter.

Furcht ist das Ärgste; die Furcht, glaube ich, hat mich so entnervt, dass ich an keiner Freude mehr teilnehmen kann, dass ich aus mir selbst keine mehr hervorbringen kann. Ich fürchte ja immer, Tag und Nacht, auch während ich schlafe. Das ist das Schlimmste. Du kannst Dir gewiss nicht vorstellen, wie das ist, zu schlafen und zu träumen und währenddessen fortwährend von Furcht gequält zu sein. Seit ich den Brief unter meinem Kopfkissen gefunden habe, ist mir zumute wie einem, der zum Tode verurteilt ist und nicht weiß, wann das Urteil vollstreckt wird. Siehst Du, der Mörder muss durch das offene Fenster gekommen sein, am Hause hinaufgekrochen wie eine Schlange, und hat an meinem Bett gestanden, ganz dicht, und hat den Brief unter mein Kissen geschoben. Er muss lautlos gekommen sein, wirklich wie eine Schlange, Du weißt doch, dass ich damals sofort aufwachte, als Lju in unser Schlafzimmer kam, und dass ich überhaupt einen leisen Schlaf habe. Er hatte ein Messer in der Hand oder einen Strick und hätte Jegor auf der Stelle ermorden können; aber er wollte ihm noch eine Frist geben, oder er hatte im Augenblick nicht das Herz dazu, oder er wollte uns nur auf die Folter spannen. Jede nächste Nacht kann die sein, wo er wiederkommt und es ausführt.

Und warum hörte Lju nichts? Ja, warum hätte er mehr hören sollen als wir, in deren unmittelbarer Nähe sich alles abspielte? Vor diesem Verhängnis ist auch seine Wachsamkeit unwirksam. Er scheint mir ganz verändert seitdem, ernst und in sich gekehrt; aber mit diesen Worten ist sein Wesen noch nicht treffend genug bezeichnet. Sicherlich leidet er darunter, dass er das nicht leisten konnte, was er versprochen hatte und was ich ihm zutraute. Vielleicht ist es ihm selbst unheimlich. Er sieht, dass wir verloren sind. Er mag nicht dabei sein. Oder wenn nun das wäre, dass er uns nicht schützen kann, nicht schützen darf? Nach seiner Meinung natürlich. Ob er diejenigen gesehen und erkannt hat, die Jegor nachstellen? Ob er Freunde unter ihnen erkannt hat? Oder irgendwelche Menschen, die er für wertvoller hält als uns? Diese Vermutung – nicht Vermutung, dies Gedankengespinst wird Dir wahnsinnig erscheinen; ich wäre auch nie darauf gekommen, wenn ich nicht sein seltsames Wesen vor meinen Augen hätte. Irgendetwas Geheimnisvolles ist um ihn. Zuweilen, wenn sein Blick auf Jegor und mir ruht, schaudert mich. Vorwerfen tue ich ihm nichts, das Mitleid, das ich mit ihm habe, spricht deutlich für ihn. Wenn es wahr ist, dass er uns schützen könnte und es doch nicht tun zu dürfen glaubt, so glaubt er im Rechte zu sein. O Gott, alle Leute haben recht, alle die, welche hassen und morden und verleumden – o Gott, was für eine Welt! Was für eine Verschlingung! Am Ende ist der wohl daran, für den sie gelöst ist.

Ich gebe zu, dass meine Nerven sehr überreizt sind. Es ist zu entschuldigen unter diesen Umständen, nicht wahr, Tatjana? Jegor ist ganz ohne Furcht. Er gefällt mir so gut, ich glaube, ich habe ihn noch nie so geliebt wie jetzt. Das ist auch ein Glück. Ich weiß ja wohl, dass ich glücklich bin vor vielen, vielen Frauen; aber es ist ein schwarzer Vorhang vor diesem Wissen. Ob noch einmal ein guter Wind kommt und ihn fortreißt? Denke an mich, Liebe.

Deine Lusinja

WELJA AN KATJA

Kremskoje, 27. Juni

Täubchen, Katinka, was für einen Unsinn schreibst Du mir da von meinem Schlafen und Wachen? Und von Ljus Gewissenlosigkeit und Papas Pflichtgefühl, die Dir abwechselnd imponieren? Vater, wie Du willst! Wenn Du psychologischen Scharfblick hättest, würdest du bemerkt haben, dass Lju ein Theoretiker ist, Handeln ist eigentlich seine Sache nicht. Er findet, dass gewisse Leute ganz recht hätten, wenn sie Papa töteten. Ist das neu? Natürlich hätten sie recht. Als sie voriges Jahr den Kaiser in die Luft sprengen wollten, waren wir uns auch darüber einig, dass sie recht hätten, und hätten es doch nicht getan. Dann könntest Du ja auch von mir denken, ich brächte Papa um. So etwas tut man eben nicht, wenn man es auch theoretisch tadellos findet oder sogar billigt; die Kultur hindert einen daran. Du bist einfach noch eifersüchtig, ich hätte besser von Dir gedacht. Die Liebe macht alle Frauenzimmer dumm und kleinlich. Jessikas wegen wäre es ja besser, Lju ginge fort, das gebe ich zu; ich mag nur selbst verliebt sein, von andern kann ich es nicht leiden, sie werden lächerlich dadurch, für Jessika ist es geradezu ein Elend. Das heißt, ich kann mir denken, dass andre Leute es entzückend finden, sie kommt mir selbst oft so vor wie ein blühendes Pfirsichbäumchen, das in Flammen steht. An sich eine hübsche Erscheinung – aber wenn ich denke, dass sie ein Mensch und meine Schwester ist, finde ich es albern. Ich habe auch zu Lju gesagt, die Sache hätte sich überlebt, und es wäre besser, dass sie nun ein Ende nähme. Er war ganz damit einverstanden und sagte, er ginge ja schon längst mit dem Gedanken um, unser Haus zu verlassen, er wollte nur sicher sein, ob Mama ihn auch gern gehen ließe. Du siehst, wie unrecht Du hast. Vielleicht geht er mit uns ins Ausland; natürlich geht das nur, wenn Du vernünftig bist. Er kann doch nicht jedes Mädchen heiraten, das sich in ihn verliebt, kleines Kalb! Hätte ich das getan? Was Dich anbetrifft, Du brauchst überhaupt nicht zu heiraten. Du bist ein furchtbar niedlicher Spatz, als Eheweib und Mutter wärest Du lächerlich.

Welja

LJU AN KONSTANTIN

Kremskoje, 29. Juni

Lieber Konstantin! Ich habe Frau von Rasimkara gebeten, dass sie mich entlassen möchte. Ich sagte, der Vorfall mit dem Briefe hätte mich davon überzeugt, dass meine Anwesenheit nutzlos wäre. Ich hätte Tag und Nacht darüber nachgedacht, wie es hätte geschehen können, und wäre zu keinem Ergebnis gekommen. Durch das Fenster könnte bei Nacht niemand gekommen sein, dessen wäre ich sicher, ich würde es gehört haben. Die Dienstboten könnte man meiner Ansicht nach nicht verdächtigen, ich hielte sie für unbestechlich treu. Sie unterbrach mich und sagte lebhaft, in diesem Punkte hätte sie keinen Zweifel. Ich sagte, die einzige Möglichkeit wäre, dass ein Dienstbote es in der Hypnose getan hätte. Immerhin wäre es nicht wahrscheinlich. So etwas interessiert sie sehr, und wir sprachen eine

Weile darüber. Übrigens, sagte sie, wollte sie die Sache mit dem Briefe ruhen lassen, es käme doch nichts dabei heraus. Eine eigentliche Untersuchung wollte ihr Mann nicht anstellen, er pflegte Drohbriefe immer zu ignorieren und mäße ihnen keine große Bedeutung bei. Bis jetzt hätten die Erfahrungen ihm ja auch recht gegeben. Ich bestritt dies weder, noch bestätigte ich es. Jedenfalls, sagte ich, wäre die Lage so, dass sie meiner nicht mehr bedürfte, sei es nun, weil keine Gefahr vorhanden sei oder weil ich nicht dafür einstehen könnte, dass ich sie abzuwenden imstande wäre.

Sie fragte, wohin ich mich zu wenden und was ich zu tun gedächte. Ich sagte, ich wollte mein Werk vollenden, das läge mir zumeist am Herzen. Wenn ich mich mit meinem Vater aussöhnte, würde ich bis auf Weiteres zu Hause bleiben; er hätte mir kürzlich einen entgegenkommenden Brief geschrieben. Sonst würde ich bei einem Freunde Zuflucht finden. Sie sagte, dass sie und ihr Mann mir zu Dank verpflichtet wären und dass ich ihnen gestatten müsste, dass sie mir zu Hilfe kämen, wenn ich Hilfe gebrauchte; das würde keine Wohltat, sondern Erstatten einer Schuld sein. Sie war ernst, liebenswürdig, von gewähltester Feinheit. Wenn es mir passte, sagte sie, wäre ich frei, sofort zu gehen, wenn ich aber über meinen künftigen Aufenthalt noch nicht im Klaren wäre, sollte ich bleiben, solange ich möchte. Ich sagte, ich wollte versuchen, ein Verständnis mit meinem Vater zu erzielen, und würde ihr dankbar sein, wenn ich ihre Gastfreundschaft noch etwa vierzehn Tage in Anspruch nehmen dürfte; bis dahin würde sich das entschieden haben. Ich wollte ihre Hand küssen, die sehr schön ist; aber ich dachte plötzlich daran, was ich ihr anzutun willens bin, und unterließ es.

Ich habe den Eindruck, dass meine Mitteilung sie froh gemacht hat, wahrscheinlich Jessikas wegen. Ich glaube sogar, sie denkt, ich hielte es Jessikas wegen für meine Pflicht zu gehen, und hat deswegen ein Gefühl der Dankbarkeit für mich. Lebe wohl!

Lju

JESSIKA AN TATJANA

Kremskoje, 29. Juni

Liebste, holdeste Tante! Ich glaube, ich komme bald zu Dir. Die paar Tage, wo Du hier warest, waren so schön! Alle waren heiter und zufrieden durch Deine Gegenwart. Jetzt ist es schrecklich. Lju wird fortgehen, er sagt, er müsse fort, weil es sich gezeigt hätte, dass er überflüssig wäre, und weil Mama ihn nicht mehr brauchte. Zuerst sagte Mama doch, sie hätte noch niemals ein solches Sicherheitsgefühl gehabt wie jetzt, weil Lju da wäre. Aber Papa hatte es niemals gern, und er wird zu Mama gesagt haben, dass er es nun nicht länger möchte. Du weißt ja, dass Papa nicht gern fremde Menschen um sich hat, sogar dass Du hier warest, hat seine Nerven angegriffen. Mama ist gewiss im Grunde sehr unglücklich, dass Lju fortgeht. Und wenn nun Welja und Katja auch noch fortgehen! Papa ist schon beinahe überzeugt, dass es am besten ist, wenn sie in Berlin oder Paris die Universität besuchen. Welja freut sich schrecklich und Katja natürlich auch, ich gönne es ihnen, sie mögen ja so gern reisen. Aber nimm mich dann zu Dir, Tante Tatjana, bis wir wieder in die

Stadt ziehen. Es ist mir hier zu traurig so allein, nachdem es im Mai so schön war wie noch nie. Die Stimmung hier ist so erdrückend. Papa und Mama werden ganz einverstanden sein, vielleicht tut es ihnen gut, einmal allein zu sein. Dann kann Papa sich am besten ausruhen, und die Arbeit, die für die beiden zu machen ist, können unsre Dienstboten ja bequem ohne mich ausrichten. Lju weiß noch nicht, wohin er geht. Er sagte mir, wenn er nach Petersburg ginge, würde er Dich besuchen, falls Du es erlaubtest. Er schwärmt oft von Deiner Schönheit und Deinem Geist. Wer täte das nicht? Am meisten

Deine kleine Jessika

WELJA AN KATJA

Kremskoje, 1. Juli

Nun, mein süßer Spatz, Deine Schopffedern sind wohl noch zornig gesträubt gegen Deinen Bruder, weil er Dir, wie es seine Pflicht ist, die Wahrheit gesagt hat? Unterdessen arbeitet er für Dein und sein und unser aller Wohl. Seit Papa sich überzeugt hat, dass wir die tiefere Bildung nur erlangen können, wenn wir ein paar Semester im kultivierten Westen studieren, ist seine Laune wieder sehr gestiegen. Er findet es jetzt auch besser, dass wir mit dem mehr äußerlichen Paris beginnen, um später zum gründlichen philosophischen Deutschland fortzuschreiten. Wir sollen bald fort; denn Papa begreift auf einmal, dass alle unsre Unzulänglichkeiten nur davon kommen, dass wir den Einfluss der alten westlichen Kultur noch nicht durchgemacht haben. Du musst also Dein Studium sofort aufgeben und für unsere Ausrüstung sorgen, das heißt dabeistehen, wenn Tante Tatjana es tut.

Lju geht fort, vielleicht schon vor uns. Ich denke mir, er wird auch nach Paris kommen, wenn wir da sind, obgleich er sich nicht bestimmt darüber ausspricht. Wir fahren oft Automobil zusammen. Ich habe Mama mein Wort geben müssen, ihn möglichst selten mit Jessika allein zu lassen – ganz überflüssig, denn er hat selbst gar keine Lust dazu. Auf Papa nehme ich auch viel Rücksicht, ich spiele nie mehr Wagner, weil ihn das nervös macht. Übrigens geht es ihm wirklich viel besser, außer seiner Scharteke hat er jetzt noch unsere Reise, die ihn angenehm beschäftigt, er gibt mir Anweisungen, welche Züge wir nehmen müssen, in welchen Hotels wir absteigen sollen, und hat dabei fast das Gefühl, er könnte selbst mit. Sei Deinem Bruder dankbar, anstatt zu schmollen, was überhaupt kindisch ist.

Welja

WELJA AN PETER

Kremskoje, 1. Juli

Lieber Peter! Das Beste wäre, Du gingest mit nach Paris. Meine Mutter wünscht es, weil sie Dich für verständiger hält als uns, denn sie ist auch einverstanden, und mir musst Du nur versprechen, kein verliebtes Gedusel mit Katja anzufangen. So bist Du ja aber auch nicht; was Du im Innern fühlst, ist mir natürlich einerlei. Wenn Deine Kurse sich durch Deine Abreise auflösen, ist es umso besser. Papa hat noch Scherereien genug, er kann einem wirklich leidtun. Mit der Gesinnungsmeierei kann es ja dann wieder losgehen, wenn wir zurückkommen. Ich meinerseits mache sehr gern mal eine Pause. In Paris wirst Du Dich auch noch politisch entwickeln, ich sehe Dich schon als gereiften Robespierre ins heilige Russland einbrechen.

Unbedingt Dein Welja

LUSINJA AN KATJA

Kremskoje, 2. Juli

Mein Herzenskind! Es ist beschlossen, dass Ihr, Du und Welja, nach Paris geht. Du freust Dich, nicht wahr? Ich denke, Ihr werdet vernünftig sein und nicht gar zu viel Geld ausgeben, Ihr seid doch alt genug, um die Verhältnisse zu begreifen und Euch in sie zu schicken. Ihr habt den besten Vater, der sich niemals auf unrechtmäßige oder auch nur unfeine Weise bereichert hat, wie so viele tun, und ich hoffe, ihr ehrt und liebt ihn deswegen umso mehr und seid stolz auf die verhältnismäßige Beschränktheit unsrer Mittel. Er hat trotzdem immer mit verschwenderischer Güte für Euch gesorgt, missbraucht es nicht. Das Überschreiten eines gewissen Maßes würde ihm nicht nur Kummer, sondern sehr ernste Widerwärtigkeiten bereiten. Innerhalb dieser Begrenzung, mein Liebling, sollt Ihr eure Freiheit herzhaft genießen und die Euch gebotenen Mittel, Euch zu ganzen Menschen zu bilden, benutzen.

Ich denke mir, dass Jessika, wenn Lju und Ihr fort sein werdet, zu Tante Tatjana gehen wird. Ihr armes, zärtliches Herz muss noch viel durchmachen, sie wird dort weniger leiden als hier, deshalb lege ich ihr nichts in den Weg. Dass Lju fortgeht, ist ihretwegen notwendig. Seine anregende Art zu sprechen, die naheliegenden mit entfernten und interessanten Vorstellungen zu verbinden, werde ich vermissen. Er lässt nie ein Wort, das man sagt, fallen, sondern fängt es auf und spinnt daran weiter. Das lieb ich sehr an ihm; am meisten aber, dass er eine Persönlichkeit ist, ein Mensch mit einem intensiven Bewusstsein von allen Dingen und mit einem klaren Willen. Anderseits erleichtert es mein Gemüt, dass er fortgeht, und nicht nur Jessikas wegen. Er hat etwas Fremdartiges und Unergründliches für mich, das mich zuzeiten sehr aufgeregt hat. Er hat einen sonderbaren Blick; vielleicht hat er auch damit solche Macht über Jessika gewonnen. Das Rätselhafte zieht an und ängstigt zugleich. Er gehört nun einmal nicht zu uns, und all sein Sinn für die verschiedenartigsten Menschen kann das nicht überbrücken. Und dann nachtwandelt er; darüber kann ich nicht wegkommen.

Nach allen Erregungen dieses Sommers freue ich mich darauf, mit Papa allein zu sein. Wirklich, ich freue mich darauf – macht Euch also keine Gedanken unsertwegen. Ihr werdet uns viele schöne Briefe schreiben, und wir werden Euch im Geiste zur Mona Lisa und zur Place de la Concorde und zu den Springbrunnen von Versailles begleiten. Dabei fällt mir ein, dass wir dazu nicht einmal den Hut aufzusetzen brauchen, dass Ihr aber Reisekleider und sonst noch allerlei haben müsst. Vieles werdet Ihr gewiss geschmackvoller und billiger in Paris besorgen. Wäret Ihr nur praktischer! Kann ich es Euch überlassen? Jedenfalls, eine gewisse kleine Ausrüstung müsst Ihr doch von hier mitnehmen, damit beschäftige Dich jetzt, Du hast ja Tante Tatjana, die beste Ratgeberin, zur Seite. Lebe wohl, mein Herzenskind, schreibe Deinem Vater bald, dass Du Dich auf Paris freust.

Deine Mama

KATJA AN JEGOR

Petersburg, 4. Juli

Lieber Papa! Es ist fabelhaft anständig von Dir, dass Du uns nach Paris gehen lässt. Du hast aber auch etwas Gutes davon, indem Du uns loswirst. Peter will vielleicht auch mit, es ist mir ganz recht, denn er ist so praktisch, dass man ihn eigentlich gar nicht entbehren kann. Zum Beispiel ein Automobil heilmachen, weswegen Lju damals eigens in die Stadt fuhr, das kann er selbst und wenn es noch so kompliziert ist. Er ersetzt einem Dienstmann, Schlosser, Tapezierer, Schneider, Koch und sogar Putzmacherin, nur ist sein Geschmack etwas veraltet. Er ist jetzt auch sehr zurückhaltend gegen mich, es scheint mir beinahe, als wäre er nicht mehr verliebt; das ist eigentlich schade, obgleich es mir manchmal lästig war. Für die Reise ist es aber besser so, das sehe ich ein. Und gefällig ist er auch doch noch ebenso wie früher, gestern hat er mir erst ein Buch sehr schön eingebunden und einen Schlüssel gemacht für einen, den ich verloren hatte, was Tante Tatjana nicht erfahren sollte.

Wenn Peter mitgeht, werden wir viel Geld sparen, auch weil er immer aufpasst. Soll ich noch einmal kommen und Euch Adieu sagen? Ich tue es sehr gern, dann müsst Ihr aber Lju vorher wegschicken, ich kann ihn nicht ausstehen, und seine Gegenwart würde mir alles verleiden.

Deine allerkleinste Katja

LUSINJA AN TATJANA

Kremskoje, 5. Juli

Liebste Tatjana! Ich habe die melancholischen Anwandlungen ganz überwunden, das muss ich Dir doch erzählen. Weil es einfach so nicht weiterging, hat sich in mir ein Umschwung vollzogen. Man entdeckt oft platte Wahrheiten, so ist es mir mit dem Sprichwort gegangen, dass Gott dem Mutigen hilft. Zuerst kostete es mich Anstrengung, die Furchtgedanken zu unterdrücken und zuversichtlich in die Zukunft zu sehen, aber nachdem ich dies ein paarmal gemacht hatte, schien mich auf einmal eine unbekannte Kraft zu tragen und von selbst überströmte mich Heiterkeit. Zum Teil kommt es allerdings auch daher, dass Jegor wieder in guter Stimmung ist, seit er den Entschluss gefasst hat, die Kinder nach Paris gehen zu lassen. Das ist mir der größte Schmerz, ihn so gedrückt und ohnmächtig traurig zu sehen. Nun freue ich mich ordentlich auf die Zeit, wo wir allein sein werden. Ich glaube, so ganz allein waren wir noch niemals, seit die Kinder auf der Welt sind. Und auf dem Lande, ohne etwas zu tun, in schöner Umgebung! Es muss jetzt alles schnell gehen, sonst ist die Zeit des Urlaubs zu Ende, bevor sie alle fort sind. Jegor freut sich auch darauf, er meint nur immer, ich könnte gar nicht mehr für ihn und in ihm allein leben, weil ich gewohnt wäre, mich für viele und vieles auszugeben, aber im Herzen weiß er genau, dass ich mit ihm allein erst in meinem Elemente sein werde. Wann wird man wohl einmal älter? Bis jetzt bin ich seit meinem zwanzigsten Jahre immer jünger geworden – ich! Meine Haare und meine Haut natürlich nicht.

Liebe Tatjana! Hilfst Du meiner kleinen Katja besorgen, was sie zur Reise braucht? Du hast ja so viel Geschmack und Einsicht. Wenn Dein Peter mitginge nach Paris, das wäre eine große Beruhigung für uns. Obwohl er nur so wenig älter ist als Welja, wäre es mir doch, als wenn ein Mentor mitginge. Ich dachte erst an Lju in diesem Sinne, aber Katjas Abneigung ist ja nicht zu besiegen. Und wenn ich denke, wie sie zuerst für ihn schwärmte! Er war ein Orakel für alle drei Kinder. Da nannte er sie einmal Katinka statt Katja, und aus war es für immer. Ein bisschen verrückt kommen mir meine Kinder zuweilen vor, Gott weiß, woher sie es haben. Natürlich, Tatjana, glaube ich nicht, dass diese Namensirrung der einzige Grund ist. Es wird wohl allerlei zwischen den Kindern vorgefallen sein, Eifersucht und dergleichen. Im Charakter würden ja Lju und Katja ganz gut zusammenpassen, wenigstens eher als Lju und Jessika; aber es pflegen sich nun einmal die Gegensätze anzuziehen. Jedenfalls ist mir die Abneigung, und wenn sie noch so ungerecht wäre, lieber als das Gegenteil. Es ist mir auch viel lieber, wenn Peter mitgeht. Ich weiß, dass Lju die

Kinder liebt und versteht, er hat etwas Imponierendes, etwas Gewandtes, und wäre insofern geeignet, ihr Führer zu sein. Aber ich glaube, ich würde zuweilen davon träumen, dass er in somnambulem Zustande in ihr Schlafzimmer ginge und an ihrem Bett stände und sie mit dem rätselhaften Blick, der ihm eigen ist, betrachtete.

Ach, Tatjana, das muss ich Dir doch erzählen! Als ich damals den Drohbrief unter meinem Kopfkissen gefunden hatte, sagte Lju, es könnte auch jemand im Hause getan haben, den ein andrer daraufhin hypnotisiert hätte, so etwas wäre möglich. Da dachte ich an seinen rätselhaften Blick und sein nächtliches Wandern, und es kam mir in den Sinn, er selbst könnte ja von einem fremden, dämonischen Willen besessen sein. Ich wäre damals nicht imstande gewesen, mit jemand darüber zu sprechen oder Dir davon zu schreiben, so grausig war mir die Vorstellung. Jetzt kann ich es ganz ruhig und lache sogar dabei. Neulich erzählte ich es Jegor, der amüsierte sich so darüber, dass ich jetzt immer lachen muss, wenn ich daran denke. Er sagte, je aberwitziger eine Geschichte wäre, desto bereitwilliger glaubte ich sie. Für ganz unmöglich halte ich so etwas aber doch an sich nicht, sonst hätte auch Lju es nicht gesagt.

Du bist also einverstanden, liebe Tatjana, dass Jessika zu Dir kommt? Wenn Peter fortgeht, wärest Du ja sonst allein, und Jessika ist so gern bei Dir. Uns freut es, wenn sie Dir etwas sein kann.

Deine Lusinja

JESSIKA AN KATJA

Kremskoje, 6. Juli

Liebes Kleines! Werde nicht böse, aber es ist doch sehr hässlich von Dir, dass Du nicht kommen willst, solange Lju hier ist, und ihn dadurch aus dem Hause treibst. Das hat er doch nicht um uns verdient. Ich glaube, Du denkst, er handelte schlecht gegen mich, und das ist doch gar nicht richtig. Er liebt mich, aber er hat mir von Anfang an gesagt, dass er nicht wüsste, ob er mich jemals heiraten könnte, weil er zu stolz ist, und dass ich meinen Gefühlen den Charakter der Freundschaft geben müsste. Das tue ich doch auch, und was ist denn dabei, dass er mein Freund ist? Er ist doch auch Weljas Freund und war auch Deiner, bis Du Dich so abstoßend gegen ihn benahmest. Er kann sich ja so einrichten, dass er den ganzen Tag nicht zu Hause ist, wenn Du hier bist. Für Papa und Mama ist die Geschichte doch auch peinlich, und da Du so viel Schönes vor Dir hast, könntest Du recht gut in solchen Kleinigkeiten ein wenig Rücksicht nehmen.

Bist Du böse, mein Brummerchen, dass ich Dir das sage? Ich predige Dir doch selten Moral, das musst Du mir zugestehen. Aber Du wirst ja doch tun, was Du willst. Papa und Mama sind jetzt sehr wohl, es ist zu niedlich, wie sie sich auf ihr Alleinsein freuen. Sie sehen manchmal aus wie ein Brautpaar, das bald Hochzeit haben wird, jung und schön und geheimnisvoll beseligt. Ich freue mich, dass gerade Rosenzeit ist; in ein paar Wochen werden alle blühen, dann kann Mama alle Tage ihre Tafel mit Rosen bedecken und sich Rosen ins Haar stecken und alle Vasen vollfüllen.

Jessika

WELJA AN PETER

Kremskoje, 8. Juli

Lieber Peter! Gestern begegnete mir etwas Merkwürdiges. Ich wollte Lju in seinem Zimmer aufsuchen, und da er nicht da war, wartete ich auf ihn. Ich setzte mich an seinen Schreibtisch und blätterte gedankenlos in seiner Schreibmappe, da sah ich einen Zettel, auf den mit einer Handschrift etwas geschrieben war, was mir auffiel. Erst wusste ich gar nicht warum – dann fiel mir plötzlich ein, dass mit derselben oder einer ganz ähnlichen Handschrift der Drohbrief geschrieben war, den Mama unter ihrem Kopfkissen gefunden hat. Denke Dir, ich habe zum ersten Mal in meinem Leben einen wahnsinnigen Schrecken bekommen, es drehte sich alles um mich. Und dabei weiß ich gar nicht bestimmt, was mich eigentlich so entsetzte; aber meine Hände und meine Schläfen waren in einem Augenblick mit Schweiß bedeckt. Wahrscheinlich machte mein Unbewusstes blitzschnell eine Reihe von Schlüssen, deren Ergebnis der Schrecken war. Ich ging rasch fort und versuchte meine Gedanken zu ordnen, ich schwöre Dir, ich war so bestürzt, dass ich nicht klar denken konnte. Als Lju wieder da war, richtete ich es so ein, dass wir uns in sein Zimmer setzten, ich blätterte in seiner Mappe, spielte mit dem Zettel und sagte so beiläufig, die Handschrift wäre ja der auf dem Drohbrief ganz ähnlich. »Nicht wahr?«, sagte Lju vergnügt, »ich glaube auch, dass man sie für dieselbe halten kann. Ich habe versucht, sie aus dem Gedächtnis nachzumachen, damit man eventuell damit auf die Spur des Schreibers kommen könnte; aber dein Vater will ja nicht, dass die Sache verfolgt wird.« Papa hat nämlich den Brief zerrissen, das macht er immer so mit anonymen Zuschriften. Es ist ja unfasslich, dass mir dies passieren konnte! Ich wusste, dass Lju anfangs mit dem Plan umging herauszukriegen, wer den Brief geschrieben hat, und wusste auch, dass er sich viel mit Graphologie beschäftigt! Allerdings, sowie ich seine Stimme hörte und ihn sah, kam mir meine Aufregung schon gleich kindisch vor. Am liebsten hätte ich hernach zu Lju gesagt, wie es gewesen ist, aber ich weiß nicht warum, ich brachte es nicht über die Lippen. Er ist vollkommen ahnungslos und freut sich über seinen Erfolg; es ist ja auch eine kolossale Leistung, eine Schrift aus dem Gedächtnis so täuschend nachzuahmen.

Ich erkläre mir meine Dummheit damit, dass die Geschichte mit dem Drohbrief einen doch ein bisschen nervös gemacht hat. Wenn Papa anders wäre, würde man sich, glaube ich, tatsächlich ängstigen; aber er hat eine solche Sicherheit, dass man es für unmöglich hält, ihm könnte etwas zustoßen. Schließlich erlebt man doch auch solche Schauergeschichten nicht in Wirklichkeit, das ist höchstens Reiselektüre. Attentate sind ja allerdings oft vorgekommen. Aber Papa sagt, er wäre im Allgemeinen gar nicht so verhasst, und die Angehörigen der Studenten wären gebildete Leute, unter denen keine Mörder zu suchen wären. Dieser letzte Drohbrief sollte ihn doch nur einschüchtern, das wäre klar, und übrigens könnte man auch plötzlich krank werden und sterben, dem Tode wäre man immer ausgesetzt, man müsste dergleichen nicht beachten. Manchmal frage ich mich, ob die Furchtlosigkeit ein Vorzug oder ein Mangel an Papa ist; vielleicht hat er einfach gar keine Fantasie.

Er ist jetzt ganz besonders gut aufgelegt. Seine Scharteke

ist entzweigegangen und er klütert stundenlang mit Lju daran herum, um herauszukriegen, woran es liegt. Lju betreibt die Sache auch mit Eifer und Ernst, es ist mir nicht klar geworden, ob er es tut, um Papa ein Vergnügen zu machen oder weil es ihn wirklich auch interessiert.

Herrgott, ich will froh sein, wenn wir erst in Paris sind; helfen oder ändern kann ich hier doch nichts. Erzähle Katja nichts von meiner Geschichte mit Lju. Papa sagt, in Deutschland könnte man sehr gut zweiter Klasse fahren. Vater, wie du willst, wenn wir nur überhaupt reisen.

Welja

JESSIKA AN KATJA

Kremskoje, 10. Juli

Katja, Du sollst auf gar keinen Fall kommen, hörst Du! Wenn Du nur noch nicht fort bist! Denke Dir, gestern ist das Väterchen plötzlich furchtbar krank geworden. Er hatte Krämpfe und wand sich und wurde blau im Gesicht, es war einfach schrecklich. Zuerst sagte Welja, er wäre betrunken, aber das merkte man bald, dass es etwas andres war, und die Mädchen sagten, er hätte die Cholera, und stellten sich unbeschreiblich an, keine wollte bei ihm bleiben. Lju nahm alles in die Hand, er sagte, Cholera könnte es nicht sein, das hätte andre Symptome, es wäre wahrscheinlich ein typhöses Fieber mit irgendwelchen Komplikationen. Er verordnete allerlei und blieb bei Iwan, obgleich Papa und Mama es nicht leiden wollten, weil sie meinten, es könnte ansteckend sein; aber er sagte, erstens glaubte er das nicht und außerdem fürchtete er sich gar nicht davor und wäre deshalb auch nicht empfänglich. Iwan starrte ihn immer ganz erschrocken an, wenn er zu sich kam, ich glaube, er hatte ihn ungern bei sich, aber er wagte es nicht zu sagen. Als der Arzt kam, sagte er, alles, was Lju angeordnet hätte, wäre angemessen, er würde auch nichts andres gemacht haben und er glaubte auch, dass es Unterleibstyphus wäre. Papa und Mama wollen durchaus nicht, dass Du kommst, wegen der Ansteckung. Wir wären nun einmal da, das wäre nicht zu ändern, Du solltest Dich aber nicht mutwillig der Gefahr aussetzen. Ich finde, sie haben ganz recht, helfen kannst Du doch nicht, und Mama würde sich ängstigen, selbst wenn es mit der Ansteckung gar nicht so schlimm ist. Zunächst kann Iwan noch nicht in die Stadt transportiert werden, weil er zu krank ist. Das arme Väterchen! Welja sagt immer, es wäre zu schade um ihn, der Wein schmeckte ihm so gut, ja, mit Branntwein war er schon glücklich.

Ich sehe Dich nun gewiss auch nicht mehr vor der Reise, mein Glühwürmchen! Aber ich komme nicht dazu, Dich zu vermissen, so viel ist jetzt zu tun!

Deine Jessika

LJU AN KONSTANTIN

Kremskoje, 10. Juli

Lieber Konstantin! Ich habe die Schreibmaschine abgeschickt. Es bleibt also dabei, dass die Explosion durch

Druck auf den Buchstaben J zur Entladung kommt. Da wir uns auf einen Buchstaben einigen müssen, soll es der sein, mit dem der Vorname des Gouverneurs beginnt; es ist ausgeschlossen, dass er einen Brief schreibt, ohne ihn zu benutzen. Zunächst liegt nun die Verantwortung auf Dir. Ich bin froh, auf kurze Zeit davon frei zu sein, denn ich fühle mich krank. Es liegt mir ein Fieber in den Knochen, am liebsten würde ich mich zu Bett legen, ich glaube aber, dass ich das Entstehen einer Krankheit am ersten durch Widerstand verhindern kann. Es ist mir schon einmal gelungen. Der Kutscher Iwan hat den Unterleibstyphus in hohem Grade, er ist noch in Lebensgefahr; und weil hier Schrecken und Ratlosigkeit herrschte, denn die Dienstleute meinten, er hätte die Cholera, und ich einigermaßen Bescheid mit solchen Sachen weiß, habe ich mich seiner angenommen. Der Mann mag mich nicht leiden, er empfindet eine unklare Furcht oder Abneigung gegen mich, ich denke mir, er spürt in der Art, wie Tiere das können, die Gefahr, die seinem Herrn von mir droht. Ich habe eine besondere Vorliebe für diese noch halb tierischen, im Unbewussten lebenden Volksnaturen, es war mir eine ordentliche Freude, ihn zu behandeln und zu beobachten. Vielleicht habe ich mich bei der Pflege überanstrengt, da ich ohnehin angegriffen war.

Sollte die Krankheit stärker als ich sein und sollte ich nach Petersburg ins Spital geschafft werden, das wäre sehr schlimm. Denn ich muss durchaus die Maschine selbst in Empfang nehmen und aufstellen. Ich kann aber mit Sicherheit darauf rechnen, dass Herr und Frau von Rasimkara mich im Hause behalten und bei sich verpflegen würden, selbst wenn ich mich sträubte. Vor allen Dingen rechne ich auf meine gesunde Natur und auf die Kraft meines Willens. Mauern einreißen wie Simson kann man wohl nicht mehr, aber seinen Körper aufrechthalten, wenn er einstürzen möchte, wenigstens für eine Weile. Auf alle Fälle erwarte noch ein Zeichen von mir, ehe Du handelst.

Lju

LUSINJA AN TATJANA

Kremskoje, 12. Juli

Liebste Tatjana! Wie sehr schnell wandelt sich doch das Antlitz aller irdischen Dinge, wirklich schneller als der bewölkte Himmel; das ist auch so ein Gemeinplatz, der uns plötzlich wie eine Offenbarung vorkommt, wenn wir seine Wahrheit erleben. Unserm guten alten Iwan scheint es besser gehen zu wollen; wenigstens meint der Arzt, dass, wenn die Krankheit zum Ende führte, schon eine erhebliche Verschlimmerung eingetreten wäre. Du weißt, wie eng wir mit unsern Leuten verbunden sind; andre zu haben, wäre für uns geradeso traurig, wie in ein andres Haus zu ziehen. Einen Menschen in Lebensgefahr, gewissermaßen sterben zu sehen ist für mich überhaupt ein schreckliches Leiden; es wird mir dann auf einmal klar, dass dies unser aller Los ist, dass die schwarze Kugel ebenso gut mich hätte treffen können und mich morgen vielleicht trifft oder übermorgen vielleicht, dass sie eines Tages mich unabwendbar treffen muss. Dann kann mich eine Angst erfassen, eine Angst, die tausendmal schlimmer als der Tod ist. Ja, an Iwan scheint es diesmal vorübergegangen zu sein. Aber gestern Abend musste sich Lju hinlegen. Er hat doch Iwan so gut gepflegt und sich der Ansteckung ausgesetzt, als ob es etwas Selbstverständliches wäre. Wir bewunderten ihn umso mehr, als Iwan ihn niemals hat leiden mögen und kein Hehl daraus gemacht hat. Vorgestern war er schon nicht wie sonst; aber wenn ich ihn fragte, behauptete er, vollständig wohl zu sein. Gestern Mittag sah er fieberhaft aus. Jegor, der natürlich nichts merkte, sprach davon, dass er seine Schreibmaschine vermisste, an die er sich so gewöhnt hätte, und dass er hoffe, sie käme bald wieder. Da sagte Lju: »Ach, sagen Sie das nicht! Mir wäre es lieber, wenn sie noch recht lange ausbliebe!« Ich habe mal von einem berühmten Schauspieler gelesen, der sich zuweilen vor der Aufführung berauschte und so haltlos war, dass man für unmöglich hielt, er könnte spielen; wenn er aber auftreten musste, nahm er sich mit dämonischer Willenskraft zusammen und spielte hinreißend, nur selten ließ diese Kraft etwas nach, sodass sein Zustand zum Durchbruch kam. Weißt Du, daran erinnerte er mich in dem Augenblick; er war immer nahe daran, zu fantasieren. Ich stellte ihm eindringlich vor, dass er Fieber hätte und dass er sich hinlegen müsste, er gab es auch zu, behauptete aber, Bewegung wäre für ihn in solchen Fällen das Beste, er wollte einen Ausflug auf dem Rade machen. Es war ihm nicht auszureden, er fuhr fort und kam nach drei Stunden ganz in Schweiß und vollständig erschöpft zurück. Dann hat er sich zu Bett gelegt, ohne etwas zu sich zu nehmen. Heute ist er vollständig ermattet liegen geblieben, aber das Fieber scheint wirklich gebrochen zu sein. Der Arzt, der Iwans wegen kam, sagte, solche Kuren könnten tatsächlich zuweilen glücken, aber er würde sie niemand vorschreiben, es wäre nicht jedermanns Sache. Ein außerordentlicher Mensch ist Lju, er fesselt einen immer wieder aufs Neue.

Liebe Tatjana, wenn wir nur erst allein sind! Ich pflege gern Kranke, und es ist mir ordentlich lieb, dass ich etwas für Lju tun kann – es ist nur sehr wenig, eigentlich pflegen kann man ihn gar nicht, er ist ein Mensch, der nur geben kann, zum Empfangen fehlt ihm das Organ – ja, aber ich hatte mich nun einmal auf das Alleinsein mit Jegor gefreut, und alles Unerwartete, was jetzt geschieht, kommt mir wie ein tückisches Hemmnis vor, das sich zwischen uns und die ersehnten Ferientage schiebt. Welja und Jessika wären schon heute zu Dir gekommen, aber sie wollten durchaus nicht abreisen, bevor sich entschieden hätte, ob Lju ernstlich krank würde. Gott sei Dank, dass diese Gefahr vorübergegangen ist – wie würde das in Jessikas weichem Herzen die Liebe gesteigert haben! Iwan wird, sowie er transportfähig ist, ins Spital geschafft werden, und bis er hergestellt ist, wird ein verlässlicher Mann, den wir schon mehrmals zur Aushilfe hatten, an seine Stelle treten. Ich dachte daran, mit Jegor in die Stadt zu kommen, um die Kinder abreisen zu sehen; er sagt aber, da er eigens Urlaub genommen hätte, um seiner Gesundheit wegen einen Landaufenthalt zu nehmen, möchte er sich lieber nicht in Petersburg sehen lassen, es könnte missdeutet werden. Er meint auch, der Abschied würde mir dort viel mehr zum Bewusstsein kommen, ich würde mich sehr aufregen, weinen und so weiter. Ja, weinen werde ich wohl doch. Ein Jahr werden sie sicher fortbleiben, wenn nicht noch länger, sonst hat es kaum Zweck. Ein ganzes Jahr ohne die beiden Kinder! Wenn ich nicht Jegor gerade jetzt so für mich hätte! Und dann bin ich auch nicht mehr so jung, dass ein Jahr mir lang schiene; es sind nur zwölf mal dreißig Tage, ach, es ist eigentlich nur ein Atemzug! Wie froh bin ich, dass Peter mitgeht; ich will den Kindern auftragen, dass sie ihm folgen.

Deine Lusinja

WELJA AN KATJA

Kremskoje, 12. Juli

Mein kleiner Trompetenstoß, Du kannst losschmettern, denn morgen reise ich. Solltest Du kontra schmettern, so schadet es nichts, weil ich es nicht höre, es würde Dir also auch nichts helfen. Wir können Papa und Mama jetzt keine größere Wohltat erweisen, als dass wir abreisen. Es hat bereits eine Notiz in den Blättern gestanden über die »rote Universität«. Etwas Schlimmes kann den Leuten nicht passieren als höchstens, dass die Kurse aufgehoben werden, aber Papa ist es natürlich lieb, wenn wir nicht dabei sind. Väterchen lebt noch, er hat heute bereits nach einem Tropfen Schnaps verlangt, also scheint er mir in der Genesung begriffen zu sein. Da ich ihm nicht Ade sagen soll, der Ansteckung wegen, habe ich ihm ein Abschiedsgedicht gemacht. Es fängt an:

Schon fünf Tage sind hinabgesunken,
Seit sich Väterchen zuletzt betrunken.

Und endet:

Soll ich Dir die treue Hand nicht reichen,
Ohne Abschiedskuss ins Ausland weichen,
Wünsch ich unter Tränen Dir hienieden
Gute Besserung oder ruh in Frieden.

Ich habe es Lju vorgelesen, der noch zu Bett liegt, er konnte gar nicht aufhören zu lachen, obgleich er wirklich sehr schwach ist. Er sagte, er wäre überzeugt, Iwan würde mich für den größten Dichter Russlands und das Gedicht für die Ausgeburt aller Poesie halten, und er beneidete die Menschen, die noch durch den bloßen Rhythmus und den simpeln Reim in einen seelischen Rausch geraten können. Lju möchte gern mit uns nach Petersburg fahren, er fürchtet aber, er würde noch zu schwach sein, und Mama wird ihn auch gar nicht gehen lassen. Du wirst ihn also nicht mehr sehen. Jessika ist ein dummer kleiner Wurm mit ihrer Liebe, trotzdem empfehle ich Dir, süßes Spätzchen, zart mit ihr umzugehen, nicht zu zetern, nicht zu picken. Sie ist gerade wie ein Tautropfen, der in der Sonne schön wie ein Edelstein funkelt und beweglich lebendig ist und, wenn die Sonne fortgeht, glanzlos wird und versiegt. Dies schreibe ich, damit Du siehst, dass ich mich auch echt dichterisch ausdrücken kann. Hör mal, Peter soll für Zigarren und Zigaretten unterwegs sorgen, der hat gern Aufgaben zu erfüllen.

Welja

LJU AN KONSTANTIN

Kremskoje, 13. Juli

Lieber Konstantin! Du hast mir nicht geschrieben, damit, wenn ich todkrank oder tot wäre, der Brief nicht in unrechte Hände geriete. Jetzt ist die Gefahr vorüber. Wenn Du keine weitere Nachricht von mir erhältst, lass die Schreibmaschine am 16. abgehen; melde es mir gleichzeitig. Die Krankheit ist endgültig gebrochen, aber ich bin noch sehr erschöpft, so erschöpft, dass ich gern noch ein paar Tage lang im Bett liegen würde, ohne zu denken, ohne andre Bilder in meinem Gehirn als das der dunkeln Frau und des blonden Mädchens, die von Zeit zu Zeit durch mein Zimmer gleiten, sich über mich beugen und mit sanfter Stimme freundlich zu mir sprechen, oder das der Tannen und Birken, die ich durch das offene Fenster sehen kann. Wird es einmal Menschen geben, die ohne Qual, ohne den göttlich-fluchwürdigen Stachel der Seele im Anschauen der Schönheit verharren können?

Welja und Jessika reisen morgen nach Petersburg, Jessika bleibt bei ihrer Tante. Wenn ich sie wiedersehe, wird sie ein schwarzes Kleid tragen. Diese Nacht, als ich den Mond, leuchtend bleich, von dunkelm Gewölk umgeben sah, musste ich an ihren blonden Kopf über dem schwarzen Kleide denken. Ach, das ist das Wenigste. Sie wird wieder rosige Wangen bekommen und lächeln und weiße Kleider tragen. Dass alles verdammt ist zu vergehen, indem es entsteht, das ist die einzige Tragik des Lebens; weil es das Wesen des Lebens ist, weil dies so geartete Leben das Einzige ist, das jemals unser sein kann. Ich erwarte Deine Nachricht.

Lju

LUSINJA AN KATJA

14. Juli

Mein Jüngstes! Heute reisen Welja und Jessika ab. Sie haben noch einen Tag auf Lju gewartet, ihm zuletzt aber selbst davon abgeredet, die Anstrengung des Reisens heute schon auf sich zu nehmen. Er ist aufgestanden, aber noch schwach. Etwa drei Tage wird er gewiss noch hierbleiben, also wirst Du ihn auf keinen Fall mehr sehen, wenn Ihr übermorgen fahrt. Jessika hat tapfer mit ihren Gefühlen gekämpft, ich hätte ihr so viel Selbstüberwindung nicht zugetraut. Heute war sie schon in aller Frühe im Garten und pflückte Körbe voll Rosen, mit denen sie das ganze Haus geschmückt hat. »Ich finde, es ist wie ein Hochzeitshaus«, sagte sie. Dann sagte sie: »Mama, wir müssen euch doch eigentlich recht im Wege gewesen sein, als wir gleich so nacheinander anrückten?« Ich sagte: »Ja, wenn wir nicht selbst schuld gewesen wären, hätten wir uns vielleicht ein bisschen geärgert.« Dein Bruder Welja, der dazukam, sagte: »Gott, was denkst du, sie hätten sich schrecklich gelangweilt ohne uns.« Jessika entrüstet: »Anmaßender Junge! Du mit deiner Faulheit hast vor dem zweiten Jahre nicht gesprochen und vor dem zehnten keinen Witz gemacht.« Nun, Du kannst Dir denken, wie zierlich sie einander ankläfften. Und dazu das kleine Gesicht, so still und blass unter dem alten Kinderlachen. Gebt ihr noch recht viel Liebe an dem letzten Tage, hörst Du, Herzblatt? Und kränke sie nicht dadurch, dass Du etwas gegen Lju sagst. Du bist ein viel zu junges und törichtes Glühwürmchen, als dass Du ihn richtig beurteilen könntest. Er ist jedenfalls ein bedeutender Mensch, und vor bedeutenden Menschen muss man die Achtung haben, dass man zunächst das Beste von ihnen denkt und im Zweifelsfalle mit seinem Urteil zurückhält.

Was den Chauffeur anbelangt, den Tante Tatjana anstatt des alten Aushilfsdieners zu nehmen vorschlägt, so kann sich Papa nicht dazu entschließen, obwohl er zugibt, dass es vielleicht angenehmer für uns wäre. Er sagt, einen ganz fremden Menschen will er nicht ins Haus nehmen. Es käme nicht selten vor, dass die revolutionäre Partei auf diese Art ihre Leute in die Häuser einschmuggelte, um durch sie private Verhältnisse auszukundschaften oder sich mit der Dienerschaft in Verbindung zu setzen. Er möchte nicht gern ein zweideutiges Element zwischen unsre so treuen und zuverlässigen Dienstboten bringen. Da Papa von jeder Ängstlichkeit frei ist, wird diese Vorsicht wohl berechtigt sein. Wir bleiben also bei dem alten Kyrill, mehr als Iwan trinkt er auch nicht, und Papa sagt, Trunkenbolde hätten die treuesten Herzen.

Ich umarme Dich, Du geliebtes Kind! Habt Euch recht lieb, alle drei, und zankt Euch nicht auf der Reise, Du und Welja. Nennt Euch auch nicht Kalb oder Molch oder Spatzengehirn – das Letzte geht allenfalls noch –, aus dem Scherz könnte einmal Ernst werden, und überhaupt ist es eine hässliche Gewohnheit, die bei Menschen, die Euch nicht kennen, Anstoß erregen kann. Gib auch acht auf Welja, als ob Du die Ältere wärest, aber ohne es ihn merken zu lassen; um ihn sorge ich mich mehr als um Dich, Du, mein Liebling, wirst schon das Rechte tun und etwas Rechtes werden.

Also bin ich nun eine kinderlose Frau! In meinem Herzen habe ich Euch aber, ganz fest, da seid Ihr noch klein und habt es gern, in einem winzigen Raum geschlossen dicht bei Eurer Mama zu sitzen.

Lebe wohl!

WELJA UND KATJA AN JEGOR

Petersburg, 16. Juli

Lieber Papa! Als Katja in Mamas Brief Deinen Ausspruch gelesen hatte, Trunkenbolde hätten die treuesten Herzen, trompetete sie los: »Seht ihr, Lju ist kein Trinker! Er trank Wein nur wegen der schönen Farbe und des Aromas!« Es wird sich nun gewiss verbreiten, Du hättest Lju entlassen, weil er sich niemals betrunken hätte, Du wirst ein Liebling des Volkes werden, und eine Horde taumelnder Kosaken wird Dich als freiwillige Schutzgarde beständig umgeben. Wir haben gestern Abend Tante Tatjana überzeugt, dass sie uns zum Abschiedsessen sehr feinen Wein vorsetzte, und Peter, der gerade im Begriff war, in einen Abstinenzverein einzutreten, hat das deshalb bis zu unsrer Rückkehr verschoben.

Lieber Papa! Welja schreibt doch nur Dummheiten. Es ist nicht möglich, mit ihm zu leben, ohne zuweilen Kalb oder Molch zu sagen. Mama, Du hättest ihn von vornherein besser erziehen sollen. Mit dem Trinken hast Du ganz recht, Papa, es war eine abgeschmackte Idee von Peter, in einen Abstinenzverein eintreten zu wollen. Warum soll man nicht trinken, wenn es einem schmeckt? Zu dumm! Jessika sagt, um Euch brauchte man sich keine Gedanken zu machen,

Ihr sähet beide jung und glücklich aus. So wollen wir Euch uns unterwegs vorstellen. Mit Jessika bin ich sehr nett, aber ein Schaf ist sie doch. Da fährt unser Wagen vor! Morgen um diese Zeit sind wir schon über die Grenze. Unterwegs schreibe ich Dir einen richtigen langen Brief, süße Mama.

Katja

LJU AN KONSTANTIN

Kremskoje, 17. Juli

Lieber Konstantin! Ich fahre morgen in der Frühe ab. Ich nehme das Automobil nach Petersburg. Von da fahre ich zu meinem Vater. Ich nehme an, dass die Schreibmaschine heute Abend kommt. Es wäre mir nicht lieb, wenn sie früher käme, weil der Gouverneur dann wahrscheinlich sofort zu schreiben verlangen würde. Die beiden Menschen freuen sich auf ihr Alleinsein wie glückliche Kinder. Sie wissen selbst nicht, was sie eigentlich erwarten – ach, mein Gott, was erwartet man überhaupt, wenn man einem Augenblick der Liebesaufwallung entgegensieht? Was findet man?

Dass jemand anders vor dem Gouverneur die Maschine benutzt, das Einzige, was meinen Plan zerstören könnte, halte ich für ausgeschlossen. Die Dienstmädchen getrauen sich aus Angst vor dem Gouverneur nicht, sie anzurühren, besonders seit sie einmal entzweigegangen ist. Er hat ihnen einmal sogar verboten, sie abzustauben, er wolle das selbst tun. Auch wird er sie sehr bald in Gebrauch nehmen, einige

Briefe hat er immer zu schreiben, auch wird er sie nach der Reparatur probieren wollen. Ein Tag wird nicht darüber hingehen. Vermutlich wird er an die Kinder schreiben. Sie – seine Frau – was wird aus ihr werden? Das Beste wäre für sie, wenn sie an seiner Seite wäre. Sie ist es ja fast immer. Wenn ich das nächste Mal nach Petersburg komme, möchte ich Dich sehen. Zunächst brauche ich Ruhe.

Lju

LUSINJA AN JESSIKA

Kremskoje, 17. Juli

Jessika, mein Blümchen, Deine schönen Rosen sind nun welk, noch ehe die Freude des Alleinseins angefangen hat. Der Garten ist aber voll neuer. Lju reist morgen in aller Frühe ab, er hat sich schon verabschiedet, weil er früher fährt, als wir aufgestanden sein werden. Vorhin, als wir von einem Spaziergang zurückkamen, stand ein Mann an der Gartentür. Ich sah ihn erst, als wir ganz nahe bei ihm waren, und fuhr unwillkürlich zusammen. Lju lachte und sagte: »Es ist gewiss wieder der Paketbote mit der Schreibmaschine.« Und wirklich, er war es. Ich sah ihn ganz entsetzt und bewundernd an, und da lachte er wieder und Papa auch; es war nämlich ganz natürlich, dass er es erriet, weil sie eigentlich schon mit der ersten Post erwartet wurde. Denke Dir, Papa fiel gar nicht über die Kiste her, sondern ließ Lju auspacken und sitzt jetzt noch bei mir und spielt so schön Klavier, wie sonst niemand auf der Welt spielt.

Vielleicht duftet zur selben Zeit die Lindenblüte Deiner Stimme an Tante Tatjanas Flügel. Du weißt doch, dass Lju gesagt hat, Dein Gesang wäre so zart, dass man nicht sagen könnte, er klänge; er duftete. Es ist mir gerade, als hörte ich Dich, meine kleine Holdseligkeit.

Lju sah mich wieder mit einem unergründlichen Blick an, als er mir Lebewohl sagte; ich freue mich, dass ich diesem Blick morgen nicht mehr begegnen werde. Aber sei ganz ruhig, ich habe ihm ein allerliebstes Futterkörbchen für die Reise zurechtgemacht und will ihm sehr wohl. Wenn er nicht nachtwandelte, wäre ich seine unbedingte Freundin. Denke Dir, Väterchen hat zuletzt noch die Anwandlung bekommen, außer sich zu sein, dass Lju fortginge, bevor er wieder auf den Beinen wäre; er wäre jetzt krank und hinfällig und zählte nicht, und ein Mann müsste doch im Hause sein. Da hat Papa wütend gesagt: »Bin ich denn ein Klapperstorch?« Darüber hat Iwan erst geweint, und dann hat er gesagt, er hätte Papa noch nie für einen Klapperstorch gehalten, aber er sollte doch gerade beschützt werden, und sich selber beschützen könnte man nicht, so wenig wie man sich selbst den Rücken waschen könnte. Papa fragte Mariuschka, die uns dies berichtete: »Wer wäscht ihm denn seinen? Du?« Was sie entrüstet verneinte; also ist das im Dunkeln geblieben.

Gute Nacht, Liebling. Wann werde ich Dir einmal Dein Haar mit Rosen schmücken? Wer weiß wie bald! Das Schöne kommt unverhofft über Nacht.

Deine Mama

JEGOR AN WELJA UND KATJA

Kremskoje, 18. Juli

Nun, ihr beiden kleinen Kinder, was für ein Unsinn ist das mit dem Trinken? Was soll ich gesagt haben? Gebildete Menschen müssen Maß halten, das ist selbstverständlich. Wenn ein russischer Bauer nicht trinkt, kann man auf Theorien und Berechnung schließen, auf den Hang zu irgendeiner Vervollkommnung, und wo der tierische Trieb einmal gebrochen ist, da tritt zunächst nichts Gutes an die Stelle. So; ihr habt mäßig zu sein, weil ihr für gebildete Menschen gelten wollt. Unser Schutzengel ist abgereist, ich habe augenblicklich keinen andern als Eure Mutter, unter deren Flügeln ich mich am wohlsten befinde. Eben tritt sie hinter meinen Stuhl, legt den Arm um mich und tut die nicht mehr neue, aber immer wieder gern gehörte Frage: »Warum bist du so blass, J......«

Walter Benjamin

In der Sonne

Siebzehn Arten von Feigen gibt es, wie es heißt, auf der Insel. Ihre Namen – sagt der Mann, der in der Sonne seinen Weg macht – müsste man kennen. Ja, man müsste die Gräser und die Tiere nicht allein gesehen haben, die der Insel Gesicht, Laut und Geruch geben, die Schichtungen des Gebirges und die Arten des Bodens, der vom staubigen Gelb bis zum violetten Braun geht, mit den breiten Zinnoberflächen dazwischen – sondern vor allem ihren Namen müsste man wissen. Ist nicht jeder Erdstrich Gesetz einer nie wiederkehrenden Begegnung von Gewächsen und Tieren und also jede Ortsbezeichnung eine Chiffre, hinter welcher Flora und Fauna ein erstes und ein letztes Mal aufeinandertreffen? Aber der Bauer hat ja den Schlüssel der Chiffreschrift. Er kennt die Namen. Dennoch ist es ihm nicht gegeben, über seinen Sitz etwas auszusagen. Sollten die Namen ihn wortkarg machen? Dann fällt die Fülle des Worts nur dem zu, der das Wissen ohne die Namen hat, die Fülle des Schweigens aber dem, der nichts hat als sie?

Gewiss stammt der, der so im Gehen vor sich hin sinnt, nicht von hier, und kamen ihm daheim Gedanken unter freiem Himmel, so war es Nacht. Nur mit Befremden ruft er sich ins Gedächtnis, dass ganze Völker – Juden, Inder, Mauren – ihr Lehrgebäude unter einer Sonne sich errichtet haben, die ihm das Denken zu wehren scheint. Die

Sonne steht sengend in seinem Rücken. Harz und Thymian schwängern die Luft, in der er, atemholend, zu ersticken glaubt. Eine Hummel schlägt an sein Ohr. Noch hat er ihre Nähe kaum erfasst, da hat der Strudel der Stille sie schon wieder fortgezogen. Die achtlos preisgegebene Botschaft vieler Sommer – zum ersten Mal stand sein Ohr ihr offen, und da brach sie ab. Der fast verwischte Pfad wird breiter; Spuren führen auf einen Meiler. Dahinter duckt im Dunst sich das Gebirge, nach dem die Blicke des Steigenden Ausschau hielten.

Auf seiner Wange wird etwas Kaltes spürbar. Er hält es für eine Fliege und schlägt danach. Aber es ist nur der erste Schweißtropfen. Bald kommt der Durst. Er kommt nicht aus dem Gaumen, sondern aus dem Bauch. Von dort verbreitet er sich überall, den Leib, so groß er ist, in dem Vermögen unterweisend, den kümmerlichsten Hauch aus allen Poren einzusaugen und zu trinken. Das Hemd ist längst von seiner Schulter abgeglitten, und wenn er, um sie vor dem Sonnenbrand zu schützen, es an sich zieht, ist ihm, als ob er einen nassen Umhang handhabt. In eine Senkung werfen Mandelbäume ihren Schatten dem Stamm zu Füßen. Mandeln sind der Reichtum des Landes. Keine Frucht erhält der Bauer besser bezahlt. Um diese Zeit ist es die einzig reife und angenehm im Schreiten, nach den Zweigen auszugreifen. Die Hand trennt sich nur schwer auch von entkernten Schalen. Sie führt sie eine Zeitlang mit, lässt sie in einer Strömung treiben, die sie selbst dahinreißt. Reif sind die Kerne, doch nicht ganz; der Saft in ihnen ist frischer als nachher, wenn ihre Haut braun und nicht mehr zu lockern ist. Jetzt hat sie noch die Farbe des Elfenbeins, wie die Ziegenkäse und Frauenmieder. Elfenbeinern ist ihr Geschmack. Wer sie zwischen den Zähnen hat, hört ungerührt im Laub der Feigenbäume Quellen rauschen. Die Feigen aber stecken, grün und hart, kaum sichtbar, in den Blattachseln. Der Augenblick ist gekommen, da nur die Bäume zu leben scheinen. In den Pinien klirren Zikaden; ihr Lärm klingt aus den staubigen Feldern wider. Die liegen nun abgeerntet mit dem plumpen Ausdruck derer, die alles weggegeben haben. Ihre letzte Habe, der Schatten, schrumpft, eingesammelt, am Fuße der hohen Mieten. Denn es ist die Stunde der Sammlung.

Die Wälder selber liegen um die Kuppen, als hätte die Harke des Sommers sie eingebracht. Nur Weiden stehen vereinzelt in den Stoppeln, und ihr Laub glänzt schwarz und weißlich wie Tulasilber. Keins ist bewimpelter und dennoch spröder, reicher an Winken, die kaum mehr vernommen werden. Dennoch trifft ihrer einer den Vorübergehenden. Der Tag, da er mit einem Baum gefühlt hat, kommt ihm in den Sinn. Damals bedurfte es nur derer, die er liebte – sie stand, um ihn recht unbekümmert, auf dem Rasen – und seiner Trauer oder seiner Müdigkeit. Da lehnte er den Rücken gegen einen Stamm, und nun nahm der sein Fühlen in die Lehre. Er lernte mit ihm, wenn er zu schwanken anfing, Luft zu schöpfen und auszuatmen, wenn der Stamm zurückschwang. Freilich war das nur der gepflegte von einem Zierbaum und unausdenkbar das Leben dessen, der von diesem rissigen lernen könnte, der, weitgespalten, dreifach überm Boden auslädt und eine unerforschte Welt begründet, die in drei Himmelsrichtungen sich aufteilt. Kein Pfad erschließt sie. Doch während er unschlüssig einem folgt, der jeden Augenblick ihn zu verraten droht, bald Miene macht, als Feldweg auszulaufen, bald vor einem

Dornverhau abzubrechen, hat er als Mann sich wieder in der Hand, wenn sich die Quadern zu Terrassen stufen und Wagenspuren, darin eingedrückt, auf eine Hofstatt in der Nähe deuten.

Kein Laut macht die Nachbarschaft solcher Siedlungen kenntlich. In ihrem Umkreis scheint die Mittagsstille verdoppelt. Aber nun lichten sich die Felder, treten, um einer zweiten, einer dritten Bahn die Gegend freizugeben, auseinander, und während längst die Mauern und die Tennen sich hinter Kuppen Landes oder Laubes verborgen haben, eröffnet in der Verlassenheit der Äcker sich der Kreuzweg, welcher die Mitte stiftet. Nicht Chausseen und Poststraßen sind es, die sie heraufführen, aber auch nicht Schneisen und Wildpfade, sondern da ist ihr Ort, wo im offnen Land sich die Wege begegnen, auf denen seit Jahrhunderten Bauern und ihre Frauen, Kinder und Herden von Feld zu Feld, von Haus zu Haus, von Weideplatz zu Weideplatz sind unterwegs gewesen und selten so, dass sie am gleichen Tag nicht wieder unter ihrem Dach geschlafen hatten. Der Boden hier klingt hohl, der Laut, mit welchem er dem Tritt erwidert, tut dem wohl, der unterwegs ist. Mit diesem Klange legt ihm die Einsamkeit das Land zu Füßen. Wenn er an Stellen, die ihm gut sind, kommt, weiß er, sie ist es, welche sie ihm angewiesen hat; sie hat ihm diesen Stein zum Sitz, diese Mulde zum Nest für seine Glieder angewiesen. Aber er ist schon zu müde, um innezuhalten, und während er die Gewalt über seine Füße verliert, die ihn viel zu schnell tragen, gewahrt er, wie sich seine Phantasie von ihm gelöst hat und, gegen jenen breiten Hang gelehnt, der in der Ferne seinen Weg begleitet, nach eignem Sinn auf ihm zu schalten anfängt. Verrückt sie Felsen und Kuppen? Oder berührt sie

sie nur wie mit einem Anhauch? Lässt sie keinen Stein auf dem andern oder alles beim Alten?

Es gibt bei den Chassidim einen Spruch von der kommenden Welt, der besagt: Es wird dort alles eingerichtet sein wie bei uns. Wie unsre Stube jetzt ist, so wird sie auch in der kommenden Welt sein; wo unser Kind jetzt schläft, da wird es auch in der kommenden Welt schlafen. Was wir in dieser Welt am Leibe tragen, das werden wir auch in der kommenden Welt anhaben. Alles wird sein wie hier – nur ein klein wenig anders. So hält es die Phantasie. Es ist nur ein Schleier, den sie über die Ferne zieht. Alles mag da stehen wie es stand, aber der Schleier wallt, und unmerklich verschiebt sich's darunter.

Es ist ein Wechseln und Vertauschen; nichts bleibt und nichts verschwindet. Aus diesem Weben aber lösen mit einmal sich Namen, wortlos treten sie in den Schreitenden ein, und während seine Lippen sie formen, erkennt er sie. Sie tauchen auf, und was bedarf es länger dieser Landschaft? Auf jeder namenlosen Ferne drüben ziehen sie vorüber, ohne eine Spur zu hinterlassen. Namen der Inseln, die dem ersten Anblick wie Marmorgruppen aus dem Meer sich hoben, der Schroffen, die den Horizont scharfig machten, der Sterne, die im Boot ihn überraschten, wenn sie im frühen Dunkel auf Posten treten. Das Schwirren der Zikaden ist verstummt, der Durst vergangen, der Tag verprasst. Von unten aus der Tiefe schlägt es an. Ein Hundebellen, ein Steinfall oder ein ferner Zuruf? Während der Lauschende es noch zu sondern trachtet, sammelt sich Ton für Ton in seinem Innern die Glockentraube. Nun reift und schwillt sie in seinem Blut. Lilien blühen im Winkel der Kaktushecke. In der Ferne zieht auf den Feldern zwischen Oliven- und

Mandelbäumen ein Wagen vorüber, aber geräuschlos, und wenn die Räder hinterm Laub verschwinden, so scheinen überlebensgroße Frauen, mit dem Gesicht ihm zugewandt, reglos durch das reglose Land zu wallen.

Kurt Tucholsky

Wandertage in Südfrankreich

Dass man den lieben Herrgott um seine Jahreszeiten betrügen kann –!

Bestimmt schickt jetzt in Berlin Herr Prokurist Protzekuchen zum Wirt hinunter und lässt fragen: wann er denn nun endlich und ob er denn nun nicht endlich zu heizen gedächte – es sei immerhin November! Hier, vor Toulon, ist es Sommer.

Allerdings eine eigene Art von Sommer. Die Sonne scheint den ganzen Tag schräg, und am Nachmittag gegen fünf Uhr gibt sie es auf, dann wird es lila, dann hellblau, dann dunkelblau – und dann ist es aus. Aber am Vormittag brät man auf dem kleinen Strändchen, das die zwei Inseln miteinander verbindet, und spielt: Badeleben. Ich und noch fünf andere.

Das hier heißt Les Sablettes und liegt vor Toulon, wo die großen, grauen Kriegsschiffe liegen. Toulon, wo Farrères Petites Alliées spielen, dieses amüsante Buch von den Schiffsoffizieren und ihren kleinen Freundinnen, Toulon ist eine freundliche Stadt mit ein paar wunderschönen alten und krummen Gassen, einem winzigen, überdachten Fischmarkt, Kirchen, in Häuser eingemummelt ... Auch die alte Stadtmauer ist noch da, nur ist die Stadt – wie alle alten Städte – aus den Fortifikationen herausgequollen, weil sie ihr zu eng geworden sind. Aber wir drehen Toulon den ganzen Tag über den Rücken – denn was ist Toulon gegen diese Sonne!

Sie wärmt. Sie strahlt. Sie vergoldet die Bucht und macht das Wasser blau, weil sich der Himmel darin spiegelt, der rein ist von Wolken. Lange habe ich nach einem solchen stillen Ort gesucht. Die tripots an der Mittelländischen Küste, wo sie am feinsten ist, sind noch leer; und ich habe noch nicht heraus, was mir unangenehmer ist: Nizza, wenn es voll ist, oder Cannes, wenn es leer ist. Westlich davon war Sanary-sur-Mer und Bendol – kleine Nester, aber sie waren nicht das richtige. Diese ganze Küste hat nur einen Fehler: Längs des Meeres führt die große Automobilstraße von Marseille bis nach Nizza, und aus ist's mit Ruhe, Abgeschiedenheit und Stille, die nichts hören und nichts sehen und nichts riechen will. Hier in Les Sablettes liegt der Strand, durch die Badeanstalt und die Mauern des Parks abgetrennt von der Straße; sie wird noch nicht allzu oft befahren.

Überall lungern Hunde herum und Katzen. Es sind sehr feine Herrschaften dabei. In Sanary lag ein Hund quer über die Straße gestreckt, offenbar der pensionierte Angestellte einer Schlächterei. Er stand nicht einmal auf, als das Postauto herangebummelt kam – er sah kaum auf. Der Chauffeur fuhr auch brav um ihn herum. (Was folgt daraus über das Verhältnis romanischer Völker zu den Haustieren sowie… Gar nichts.)

In Les Sablettes muss einmal etwas anderes gewesen sein als ein Hotel. Eine Tür steht halb auf, unter der Lackschicht lese ich im Sonnenlicht: Chef Médecin. Ein Hospital? Ein Hospital im Kriege. Draußen, auf der Terrasse, da, wo der warme Wind über die Palmen streicht, die man gepflanzt hat, und über die Bäume, die dort wachsen, da haben sie gelegen, die Rekonvaleszenten: Lagerstatt an Lagerstatt. Engländer. Als Soldaten verkleidete Engländer. Nach einem Fußballspiel um Menschenköpfe.

Und eines Morgens, als ich an den kleinen Strand hinuntergehe, ist die Bucht und das Meer und der Strand und der ganze Tag verzaubert. Der Mistral weht. Er hat den Himmel reingefegt, silberne Konturen gesetzt, vielleicht wirbelt er weiter drinnen im Lande die Staubwolken zusammen – hier ist die Luft glasklar, das Ferne ist nah, alle Häuser am Meer leuchten, der Wind ist Champagner, eine Art frischer Wärme, die Natur aus flammend blauem Stahl. Die Lungen atmen tief.

Manchmal zieht am Horizont ein großes Schiff vorbei auf seiner Seeroute von Marseille nach dem Suezkanal, nach China – das gibt dann für die alte Engländerin am Nebentisch unerschöpfliche Gesprächsthemen. Sie ist ganz aufgeregt über das Schiff, überhaupt über Schiffe, sie kürzt sogar ihr ewiges Wettergespräch aus dem großen Plötz um einige Feuchtigkeitsgrade ab. Sie spricht eine Art Französisch... aber es hilft alles nichts – es ist ja doch Englisch. Ja, gnädige Frau, es ist ein großes Schiff! Nein, gnädige Frau, heute werden die Passagiere keine stürmische Fahrt haben. Augenscheinlich... gewiss, gnädige Frau... !

Untrügliches Merkmal für gute Erholung: Die Tage fangen an zu laufen. Ein ängstlicher Blick auf den Kalender sagt jeden Tag: Es ist Zeit! Es ist hohe Zeit! Die Provence wartet und die Weltbühne auch. Aber noch einen Tag – noch einen einzigen – und noch einen – es ist zu heiter und sonnig und warm.

Zwischen Les Sablettes und Toulon liegt La Seyne, ein

kleiner Hafenort. Sein Häfchen sieht aus wie ein Enkel von Marseille – auch hier die kleinen Häuschen, die unmittelbar um das Hafenbassin herumstehen, ganz nahe. Am Sonntag spielen alle Männer Boules; wie die Spielregeln sind, weiß ich nicht – aber es scheint Haupterfordernis zu sein, dass man sich dazu wie beim Kegeln die Jacke auszieht. Und alle haben so weiße Hemdsärmel. (Das kommt daher, weil das Spiel hauptsächlich sonntags gespielt wird.) Wie beim deutschen Kegeln? Aber ich sehe an keiner Stelle, dass dabei getrunken wird. Neulich haben sie versucht, die Boules in einen richtigen Sport zu verwandeln. Turnier, Preise, Schiedsgericht, Zeitschriften, ›Wie man ein Champion der Boules wird‹... Für diesen Stumpfsinn ist das Spiel sicherlich zu schade; fällt es erst einmal dem Sport in die Finger, so hört es auf, ein Sonntagsspiel zu sein. Es wird sich dann mehr um ›Spitzenleistungen‹ handeln. Weil aber diese Südfranzosen gar nicht so große Sehnsucht haben, sich in tausend Organisationen und Gruppen zusammenzuschließen, bei denen der gesellschaftliche Vorgang des Zusammenschlusses mit seinen Komplikationen die Hauptsache und der Stoff Nebensache ist, und weil sie ihre kleine Sehnsucht danach anderswo befriedigen, wird es wohl so bald keinen ›Boules-Sport‹ geben.

Ist es schon Herbst –? Die Luft sagt: Nein. Aber eine Partie Bäume ist da, die feiert, weil sie orthodox ist und nicht von der südlichen Gegend, Herbst: Ihr helles Braun und flammendes Gelb stehen gegen den leuchtend blauen Himmel. Ewig stumpfgrün, stehen die silbrigen Olivenbäume dabei und spielen den Herbst nicht mit. Es ist Sommer. Mitten im November ist Sommer! Man kann also um den Herbst herumkommen. Das ist keine ›Entdeckung‹.

Was könnte man denn auch heute noch auf der weiten Welt entdecken? Aber so scharf habe ich noch nie gewusst, dass man sich warme Jahreszeiten kaufen kann. Gletscher im heißen Sommer und warme Küsten im Herbst und weiche Luft im Winter – wem gehören die –?

Aber nun jagt mir der Kalender einen Schreck ein, und ich fahre ab.

Die große Eisenbahnlinie an der französischen Südküste hat streckenweise einen kleinen Konkurrenten – dieser Konkurrent fährt von Toulon aus näher am Wasser entlang. Hin zu ihr! Die Bahn ruckelt davon.

Die Küste wird immer schöner, je weiter man ostwärts kommt. In geschwungenem Bogen schäumt das blaue Wasser um bebuschte Felsen, um kahle Steine, in flache Buchten. Einmal weht der Wind vom Lande her, er rauht die glatte Wasserfläche auf, dass sie stäubt – die Wellen sind ganz klein, Embryowellchen...

St. Tropez steht auf allen Karten als Winterkurort aufgemalt. Bei aller Liebe – aber dann schon lieber Neuruppin! Es ist dunkel, als ich ankomme – der Wind durchheult den Ort, stößt sich an den Häuserkanten wund und heult noch mehr... Dunkel sind die Gassen, ein Betrunkener durchschimpft sie, aus einem braunen Hause hört man einen Zank... Die Laternen brennen trübe. Am Hafen liegt ein Gewirr von Tauen und Segelleinwand, überall drücken sich Männer herum, es ist schmutzig und dürftig.

Am Morgen sieht es schon besser aus. Vor der kleinen Stadt liegt auf einem Hügel die alte Zitadelle – jetzt erholen sich dort skrofulöse Kinder. Ich klettere die Anhöhe hinauf. Ringmauer, Festungstor und dicke Wälle – dahinter bleiche

Kindergesichter, dünne Ärmchen, ein kleines Mädchen auf Krücken. Sie zeigen mir den Hof und die ganze Befestigung. Sie warten, dass ich aus dem Hof hinausgehe – da gibt es doch nichts zu sehen. Ich kann mich nicht losreißen. Welches Wunder, immer wieder: Burg- und Klosterhof! Wie die Wände einschließen und zurückwerfen! Wie man immer wieder sich und seine Welt vor Augen hat! Wie geschlossen alles ist! Hier kann man nachdenken; hier ist man geborgen, hat Distanz zu den andern, die draußen sind und nicht hereinkommen dürfen. Oben leuchtet der Himmel in die Hofstille. Und ganz oben auf der Plattform, wo die dicken Türme stehen, hat man einen Rundblick über Meer und Land. Drüben liegt Sainte-Maxime.

Das ist ein ander Ding. Durch die Berge vor dem Mistral sanft geschützt, sehr sauber und adrett und freundlich. Unten am Hafen ein kleiner Quai mit überdachten Gaststätten und Segelbooten, die im Wasser schwanken.

Auch hier ist noch Sommer, tagsüber strahlender, warmer, im Winde nadelduftender Sommer. Es ist wenig Laubwald da – der Wald liegt hoch – immer sieht man das Meer. Unten wohnt Victor Margueritte, der Mann der Garçonne – wir erzählen uns etwas, und er zeigt mir sein ganzes Besitztum: vom Strand aus reichts bis oben zu einer kleinen Anhöhe, wo er sich ein winziges Belvedere, eine neue Ruine, gebaut hat. Ich bekomme Nusswein zu trinken und seine Frau zeigt eine Übersetzung von Rilkes Malte Laurids Brigge, die sie zärtlich liebt. Er spricht über Deutschland. Auf seinem Arbeitstisch liegen die historischen Quellenwerke des deutschen Zusammenbruchs, Material für ein neues Buch, Les Criminels wird das heißen. Er ist voll guten Glaubens, hofft zuversichtlich auf die deutsche Demokratie und zeigt sich als ein Mann von umfassender Bildung und Geschmack. Um ihn herum stehen und hängen gute Sachen: auch ein paar lustige bunte Bilder von Kießling, der im Sommer drüben in St. Tropez malt.

Heute ist Sonntag, es muss etwas geschehen. Es geschieht, dass ich unten am Quaiwasser in dem kleinen Restaurant esse. Die Sonne brennt auf das buntgestreifte Dach, die kleinen Hunde bellen herum und betteln, manche Leute sitzen an Tischen mitten auf dem freien Platz unter den Palmen, alle sind beim Kaffee, munter-träge. Manchmal fährt ein Automobil vorbei und lädt ein Rudel lärmender und lachender Menschen ab. Es ist so warm, beinahe heiß... Hautes-Sauternes ist ein schwerer Wein, wenn man ihn mittags trinkt. Man wird müde danach. Ans Klavier des Saales drinnen im Haus hat sich ein junger hübscher Bursch gesetzt, im gestreiften Hemd der Cowboys, mit aufgekrempelten Ärmeln. Er spielt nicht laut. Er spielt, was man weder von ihm noch hier erwarten sollte: ganz moderne Musik. Puccini wirkt in der Melange wie ein Gassenhauer. Er holt aus dem alten Restaurationskasten, auf dem nachmittags eine Jazzband rackert, die gleitenden Nuancen der neuen Musiker heraus, keine Melodie, kaum Ansätze dazu. Wie kompliziert diese Freude ist! Aber diese Musik ist wahrer als Waldesrauschen und Symphonieroutine. Die Töne plätschern über den kleinen Platz, ein paar Leute klatschen gedämpft. Der junge Mann lächelt und spielt weiter, für sich allein. Alles ist getaucht in Musik, Sonne und eine mittägliche Schläfrigkeit.

Sonnig sind die Tage und so schön – wie mag das in den Bergen aussehen?

Plan-la-Tour liegt ein paar Kilometer entfernt vom Meer – das ist der erste Ort, den ich durchwandere. Es ist Montag, gestern war Totensonntag, alle Arbeiter machen noch einen so, wie soll ich sagen, ergriffenen Eindruck. Die Wirtin hat auch kaum etwas zu essen, aber dreihunderttausend Fliegen und alle minderbemittelten Hunde des Dorfes zu Gast. Wir essen, Fliegen, Hunde und ich, essen alle eine Kleinigkeit, ich bezahle, und dann geht es in die Berge. Oben auf den Höhen läuft ein Weg, an dem noch gebaut wird. Erst ist er glatt und fahrbar, dann nur gangbar, dann wird er steinig und steiniger, holprig und mündet schließlich in die Holzpantinen der Arbeiter, die da hacken, man muss durch Geröll und Steinbrocken hindurch. Die Sonne sticht. Ich bleibe stehen und sehe mich um.

Da liegen die Täler. Menschenleer, kein Dorf ist zu sehen, manchmal ein Gehöft. Und endlich, endlich ist hier das, was ich so lange und so vergeblich gesucht habe: Stille. Hier ist es still. Die Uhr hört man ticken. Wohlig lassen die Nerven nach und entspannen sich. Welche Wohltat! Wie hatte neulich Willibald Krains kleiner Proletarierjunge im Walde der Ferienkolonie gesagt? »Ach, Frollein, hier riecht et so scheen – nach jahnischt!« Glück, sagt schon der Weise, ist etwas Negatives. Vollkommene Stille ringsum. Und ich bin so glücklich-dankbar für das, was nicht da ist.

Und denke so im Weitergehen nach: Was haben sie mit uns in den letzten zehn Jahren gemacht! Wie zerrauft! Wie ausgeschlossen von aller Welt! Wie zerprügelt! Wie abgestumpft! Und wofür –? Alles, damit am Wannsee und in Dahlem neue Herren einziehen konnten, wahre Gewinner des Mordes, Plusmacher aus einem allgemeinen Defizit... Es ist nicht schön, zurückzublicken – aber vergessen ist so schwer. Und es ist sehr, sehr schwer, sich wieder in den Zustand des alten Glücks einzufühlen, wenn man einmal den Boden unter sich hat schwanken fühlen. Es ist da etwas geschehen, was nicht mehr ausgelöscht werden kann, für uns wenigstens nicht. Die Welt hat übrigens schon vergessen.

Sacht geht der Weg hinab. Und während ich so ausschreite, singe ich laut und kräftig unsere guten alten deutschen Marsch- und Wanderlieder, und die französischen Kiefern und Tannen bewegen erstaunt die Köpfe, haben sie doch noch nie so markige… Nein, das ist aus einem Leitfaden für einen Reichswehrunterricht. Oder aus einem republikanischen Lesebuch.

In La Garde-Freinet haben sie offenbar die ganze Stadt in Salz verzaubert. Die Fensterläden sind alle zugeklebt, die Straßen sind leer, meine Tritte klappen. Vor mir wackelt ein Hund, ein runder, fetter, mit langen Wollfäden bekleideter Hund, ein Prachtexemplar von einem Hund. Es ist ein älterer Herr, vom Leben gereift und zu gar keinen Späßen mehr aufgelegt. Er geht so fürbass, dreht nicht einmal den Kopf, als ich ihm einen guten Tag wünsche. Er wünscht dergleichen nicht. Der würdige Greis stellt sich schließlich vor eine Haustür und bellt. Total heiser, um drei Töne zu tief und im letzten Winkel seiner Magengrube um irgendetwas tief gekränkt und schwer beleidigt. Dann rollt er ins Haus.

Bewohner hat diese Stadt nicht. Aber ein Automobil kann man mieten. Eine halbe Stunde später trudelt der alte Wagen (Ford Nummer 1) aus dem Städtchen, die glatte, absteigende Chaussee hinunter. Das Auto war redlich verdient: Achtundzwanzig Kilometer sind genug für einen beleibten Herrn.

In Grimbaud hält der Mann. Es ist schon halb dunkel – aber man kann noch alles sehen. Ich klettere durch die winzig kleine Stadt, auf die Burg.

Das ist eine wahrhafte Ruine –! So eine, wie sie immer auf den Bildern in den alten Schweizer Hotels abgemalt ist, und vor denen man sich vergeblich fragt, wo in aller Welt denn solche pittoresken Ruinen vorkämen. Das ist sie. Ich stapfe in den Trümmern herum und sehe ins Tal. Unser Zeitalter liebt keine Ruinen. Heiße ich Herr Biedermeier –? Also. Aber hübsch ist's doch.

Wir fahren ab, die Scheinwerfer sind schon angezündet. Immer, wenn uns ein anderer Wagen entgegenkommt, blinzeln sich die Autos an, beide Chauffeure blenden die Lichter ab, es ist wie ein Gruß im Dunkel. Durch die schwärzlich verhüllten Straßen rollt der Wagen. Ich bin müde.

(»Sagen Sie mal – apropos: Ich meine… so… mit den Weibern… Die Französinnen sollen ja dolle Nummern sein!« Hm. »Erzählen Sie mal!« Ja, also in Toulon, in einem… puschpuschpuschpusch… »Ah! Wirklich! Hat sie ganz einfach…? Großartig! Faaabelhaft!« Das möchte Ihnen so passen, Sie altes Ferkel! Kein Wort wahr! »Schade. Man hört's doch immer wieder gern.«)

Über eine Bahnstrecke springen die Räder, eine weiße Frau taucht am Wege auf, mit einem Kinderwagen… dann bin ich zu Hause. Noch einen Tabak… Alle Sterne blitzen und der Mond auf dem Meer. Man sieht noch das regelmäßige verlöschende Blinkfeuer am Horizont und einen stillen weißstrahlenden Leuchtturm, milchigen Schein auf dem Wasser, Glitzern, den hauchigen Glanz am Himmel – dann gar nichts mehr.

Tim Krohn

Wie Zugvögel

Ihr Haus lag fern der Landstraße inmitten von Kornfeldern, umgeben von einzelnen Birken und Weiden und einem Stückchen Rasen – es lag noch schöner, als die Frau es sich ausgemalt hatte. Die ersten Wochen vergingen im Flug. Sie schliefen, bis die Hitze sie aus dem Bett trieb, und während er duschte oder Kaffee kochte, stand sie im oberen Stock über das Fenstersims gebeugt und betrachtete entzückt die Felder, in die der Wind und streunende Tiere über Nacht stets neue Muster zeichneten. Danach frühstückten sie, vor dem Haus unter einem verblichenen Sonnenschirm sitzend, und lasen die Zeitung, so wurde es Nachmittag. Zu ihrem Städtchen gehörte ein Strandbad an einem Baggersee, in dem sie fast täglich schwammen (sie hatten sich Fahrräder und Federballschläger gekauft und rannten wie Halbwüchsige über die Wiesen). Gegen Abend machten sie Besorgungen, und er kochte (gelegentlich gingen sie auch essen, doch immer seltener, denn das Einzige, was sie vermissten, war ein gutes Restaurant), sahen fern oder spielten Karten. Und oft, zu jeder Tageszeit, schliefen sie miteinander. Ausgetrocknet von der Sonne; mit erhitzter, nach frischen Brötchen duftender Haut und schweißgenässtem Haar warfen sie sich aufeinander, lachten auch hierbei viel und rangen miteinander wie junge Hunde.

Es war ein ungewöhnlich schöner Sommer, selbst die Zeitungen schrieben davon. Einzelne Gewitter brachten gerade genug Regen, dass auch die Bauern zufrieden waren, und oft, wenn sie abends im Mondlicht bei einem Glas Campari auf den Stufen vor dem Haus saßen, sagte er staunend: »Wir haben wirklich ein unverschämtes Glück!« Sie fasste seine Hand und schwieg. Doch selig stellte sie fest, dass sie erstmals keine Sehnsucht fühlte, wenn sie die Flugzeuge betrachtete, die hoch über ihnen mit blinkenden Lichtern fremde Städte anflogen.

Dann allerdings wurde das Korn eingefahren. Einige Stunden lang ratterten mit entsetzlichem Lärm Erntemaschinen ums Haus, der Einsatzleiter stand breitbeinig im Feld und schrie den polnischen Arbeitern Befehle in ihre Kabinen empor, dann sprang er auf einen der Traktore auf, baumelte lässig mit einem Fuß im Leeren und ließ sich über die zu Furchen gepresste Erde, die so grob geschoren aussah wie der Schädel eines Gefangenen, zur nächsten Einsatzzone fahren.

So war von einem Tag zum anderen der Sommer wie erschlagen. Krähen suchten noch einige Zeit zwischen den Stoppeln nach verlorenen Ähren, wie greise Hunde torkelten sie wieder und wieder dieselben Wege entlang, um kein Korn zu übersehen, dann erhoben auch sie sich und zogen mit schwerem Flügelschlag den Erntehelfern nach westwärts. Allein die Frau stand weiterhin jeden Morgen am Fenster. Während er unten ungerührt Speck anbriet und Milch aufschlug, musterte sie den Himmel, der mit jedem Tag bleicher wurde, suchte vergeblich nach kleinen Zeichen, dass vielleicht der Sommer wiederkehre, und kämpfte gegen das Unglück, das sich in ihr breitmachte.

Eines Tages, während sie in Strickjacken vor dem Haus saßen und kaum die Zeitung im Wind halten konnten, warf schließlich die Frau den Bund zu Boden, in dem sie gelesen hatte, zog stumm die Knie unters Kinn, umschlang sie mit ihren langen Armen und starrte ins Leere.

»Was ist?«, fragte er endlich und ordnete die Zeitung.
»Nichts«, sagte sie.
»Du bist unglücklich.«
»Unsinn.«
»Du bereust, dass wir aufs Land gezogen sind.«
»Unsinn«, sagte sie nochmals und stand auf, um das Geschirr in die Küche zu tragen.

Als er Sonnenschirm, Tischtuch und Sitzkissen ins Haus brachte, war sie bereits beim Abwasch. Sie sah erst auf, als sie bemerkte, dass er das Geschirrtuch genommen hatte und darauf wartete abzutrocknen, blies sich eine Strähne aus der Stirn, nahm ihm das Tuch ab, trocknete damit die Hände und schob ihn kurzerhand aus der Küche.

»Pump lieber mein Fahrrad auf«, sagte sie, »ich will heute noch zum Friseur.«

»Sag bitte!« Er stemmte sich ihr entgegen und versuchte, sie zu küssen.

»Einen Dreck tue ich«, erwiderte sie lachend und rammte ihm die Ellbogen in die Brust.

»Bitte sagen oder küssen«, beharrte er, er bog ihre Arme zur Seite und drängte wieder in die Küche. Erst als sie mit durchgebogenem Kreuz über dem Ausguss stand und sich der Spülstein schmerzhaft an ihr Steißbein presste, küsste sie ihn widerstrebend auf den Mund. »Mehr kriegst du nicht«, sagte sie atemlos, »dein Löchern vorhin hat mich wütend gemacht.«

»Ach ja?« Der Mann feixte. »Ich kann dich noch ganz anders löchern«, sagte er und ging pfeifend in den Garten. Er hatte bereits die Ventile ihres Fahrrads geöffnet und es vollends platt gemacht, als sie ihm schimpfend nachrannte. Sie schlug ihn mit dem feuchten Geschirrtuch, dann stieß sie ihn ins Gras und küsste ihn grob und gierig, bis er sich ergab.

»Sag es«, forderte sie.

»Ich ergebe mich«, rief er lachend.

»Das andere.«

»Welches andere?« Dann sagte er aufs Geratewohl: »Ich werde auch dein Fahrrad wieder aufpumpen.«

Sie schlug ihn. »Das andere!«, rief sie erbost.

»Ach das«, sagte er betont gleichgültig. »Ich liebe dich.«

Sie war noch nicht zufrieden. »Sag: Ich liebe dich wie mein Leben«, verlangte sie und schlug ihn.

»Ich liebe dich wie mein Leben«, wiederholte er folgsam, während er dachte, dass sie ihm vollkommen gleichgültig war. Doch schon im nächsten Augenblick durchwallte ihn eine fast glühende Zärtlichkeit. Stumm vor Erstaunen betrachtete er ihre hellen, geweiteten Augen. Die Grobheit, mit der sie ihn niedergedrückt hielt, die fast panische Unerbittlichkeit, der vor Anstrengung fliegende Atem, die schweißbeperlte Oberlippe, all das rührte ihn plötzlich sehr. »Ich liebe dich«, flüsterte er, »ich liebe dich mehr als mein Leben.« Danach schlief er mit ihr auf diesem Bett von Löwenzahn und Gänseblümchen, so sanft und so ernst wie zu der Zeit, als der Traum, alle Brücken abzubrechen und nichts zu haben als dieses Häuschen und ihre Liebe, ihnen noch Herzklopfen verursacht hatte.

Wenn auch der Sommer vorüber war, ließ sich der Herbst doch Zeit. Kühle, mit dem Geruch feuchter Erde getränkte Luft drängte von Westen her gegen das Haus (seit die Felder gemäht waren, stand es wie entblößt, von weither sichtbar, es schien der Straße plötzlich sehr nahe). Die Sonne blieb blass, oft verschwand sie für Tage hinter eintönig blassem Dunst; feiner englischer Regen fiel, versiegte und fiel wieder. Die Flugzeuge waren nur noch zu hören. Die Bäume verloren erste Blätter, die noch grün waren mit vereinzelten faulen Stellen, jeden Morgen klebten welche an Gartenmöbeln und Fensterscheiben.

Die Frau verbrachte die Tage vor dem Fernseher, sie sah sich Fernsehübertragungen sonderbarer amerikanischer Sportarten an, in den Nächten schlief sie eingerollt wie eine Katze oder an die Bettkante geklammert. Ab und zu überkamen sie Anfälle von Putzwut, gelegentlich versuchte sie auch zu kochen, das Resultat war aber jedes Mal enttäuschend, und ihre Enttäuschung entlud sich in ziellosen Wutattacken.

Weiterhin fiel Sprühregen, tiefe kraftlose Wolken zogen sich in Strähnen bis ins stoppelige Gras der Pferdeweiden hinab, das mehr und mehr der Frisur der jungen Männer dieser Gegend glich, die stumpfes, kurzgeschorenes Haar trugen mit Nackenfransen, die am Kragen aufstießen. Unmerklich verabschiedete sich jeder Tag, es gab kein herrisches Hereinbrechen der Nacht mehr, nur ein kraftloses Nachlassen des Lichts, müdes Dahinwelken.

Sie stritten jetzt öfter aus nichtigem Anlass. Meist endete ihr Streit damit, dass sie etwas zerschlug – ein Stück Geschirr oder eines der Nippesfigürchen, die sie bei ihrer Ankunft im Haus vorgefunden hatten und die sie schon beim ersten Anblick zum Zerstören gereizt hatten – und er das Haus verließ. Als er nach einem solchen Streit vom Joggen kam, stand sie in der Küchentür, für einmal weder drohend noch gekränkt. Sie trug zwei dicke, eilig geflochtene Zöpfe und eine Schürze, ihre Augen waren verweint, und mit kindlichem Schmollmund, der ihrem Vorwurf alle Schärfe nahm, sagte sie: »Ich hatte plötzlich furchtbare Angst um dich.« Kurz hängte sie sich sogar an ihn, doch gleich flossen wieder Tränen, die sie nicht dulden wollte und die sie mit dem Schürzenzipfel fortwischte, fast wie man eine Fliege fortjagt.

»Noch nie in meinem Leben habe ich so viel geweint wie mit dir«, stellte sie fest, während sie ihn auf einen Stuhl zwang und die Schürze auszog, um ihm damit das regennasse Haar zu trocknen. Der Mann wunderte sich, nie hatte er auch nur eine Spur von Tränen an ihr bemerkt. Doch ehe er nachfragen konnte, befahl sie ihm, sich auszuziehen, und war schon in den oberen Stock geeilt – sie nahm wie immer zwei Stufen auf einmal –, um ihm einen trockenen Pullover zu holen. »Bleib sitzen«, rief sie herrisch, »Frauchen hat gekocht!«

Seit diesem Abend herrschte zwischen ihnen eine Verbundenheit, die nichts mehr gemein hatte mit der fröhlichen Verliebtheit des Sommers. Sie waren Komplizen dem Schicksal gegenüber geworden, darin lag Trauer und Zärtlichkeit, aber keine Leidenschaft. Nachdem sie zu Bett gegangen waren, wollte er mit ihr schlafen, um die Einsamkeit hinauszuschieben, die sich wie eine Decke über sie legte, sobald sie schwiegen. Doch die Frau schob seine Hände von sich. »Ich kann heute nicht«, sagte sie und streichelte nur zerstreut sein Gesicht.

»Weil wir uns gestritten haben?«

»Vielleicht«, sagte sie fahrig, »ich weiß es nicht.« Gleich darauf drehte sie sich zur Seite, ballte die Finger zu Fäusten, wie sie es immer tat, und schlief ein.

Am anderen Morgen verabschiedeten sie sich wie ein langjähriges Ehepaar: Sie küsste ihn flüchtig auf die Wange, sie tauschten einen warmen, vielleicht auch traurigen Blick, dann setzte die Frau sich ins Auto (es stotterte etwas, sie hatten es seit ihrer Ankunft nicht benutzt), um ohne ihn ins Städtchen zu fahren. Nichtsdestotrotz hatte der Tag etwas Leichtes, fast Beschwingtes, denn im Morgengrauen war innerhalb von Stunden der Herbst über die Gegend hereingebrochen mit roher, erfrischender Gewalt. Für einige Minuten hatte ein Hagelsturm getobt, hatte Blätter und kleine Äste von Büschen und Bäumen geschlagen und die Wiesen niedergepresst, das genügte, damit die Natur kapitulierte. Der Himmel war seither nicht mehr gepflegt perlmuttweiß wie die Haartracht alter Damen, er blieb ein dicht wogendes, stellenweise fast kupferfarbenes Gemenge scharf umrissener Wolken von widerborstiger Zartheit. Das Gras lag mit fauligen, verklebten Spitzen niedergedrückt und verfilzte innert Stunden. Nur die Birken im Schatten des Hauses hatten dem Hagel standgehalten, doch im Verlauf des Morgens verfärbte auch ihr Laub sich. Satt und erfrischend fiel Regen, der eingesetzt hatte, kaum war der Hagelsturm verebbt, und als die Frau vor die Tür trat, reckte sie wie erlöst das Gesicht dem Himmel zu und fühlte, wie die kühlen Tropfen schwer auf ihre Haut aufschlugen.

Sie freute sich auf ihren Ausflug. Das Wetter gab ihr Grund, neue Kleider zu kaufen, danach wollte sie sich in ein Café setzen und zusehen, wie verhüllte Menschen, über ihre eigene ungebührliche Eile lachend, durch die Tür zwängten, sich entblätterten und samt ihren Regenmänteln, Hüten und Schirmen breit machten. Sie war jedoch kaum in die Straße eingebogen, als ihre Schläfen zu pochen begannen, heftiger Schwindel überfiel sie, sie musste den Wagen in ein Stoppelfeld steuern und hielt an. Schwer atmend saß sie einige Minuten über das Steuer gebeugt. Dann, als der Schwindel allmählich nachließ, lehnte sie sich zurück und betrachtete sich besorgt im Rückspiegel. Sie sah nichts Ungewöhnliches, ihr Gesicht war blass und vom Regen genässt, die Stirn fühlte sich kalt an, keinesfalls fiebrig, das einzig Besorgniserregende blieben die Fältchen um Augen und Mundwinkel, die sich allmählich häuften. Dann begriff sie, dass der Schwarm Graugänse, der dicht unter den Wolken südwärts gezogen war, sie in diesen Taumel versetzt hatte. Es war mehr ein Gefühl als ein Gedanke, das sie danach befiel – das sichere Gefühl, dass sie sterben würde, wenn sie nicht weiterzöge, dass hier um sie herum alles Leben erlöschen würde. Ein Winter hier, ein Winter mit ihm war der Tod, und alles andere als Flucht, als Flucht nach Süden, ins Neue, in ein neues Leben, war widernatürlich und gefährlich. Sie rang nach Atem, stützte die Stirn aufs Lenkrad und schloss die Augen, sie wollte nichts sehen, sie wollte nichts entscheiden müssen, sie fühlte das Pedal unter dem Fuß und wusste, es wäre so einfach, den Motor zu starten und dieser sterbenden Landschaft zu entfliehen.

Doch als sie das Fenster öffnete, roch sie die nasse Erde, die Luft war klar wie frisch gewaschen, und während sie die nassen, widerspenstigen Halme im schmalen Graben zwischen Feld und Sträßchen betrachtete, dachte sie liebevoll an das Haar des Mannes, das ganz ähnlich verstrubbelt gewesen war, nachdem sie es mit ihrer Schürze getrocknet hatte. Dennnoch wurde es Nachmittag, bis sie den Zündungsschlüssel drehte, das Auto wendete und zum Haus zurückfuhr. Inzwischen war im Westen die Wolkendecke blau wie eine Stauchung, darunter dampften die Äcker, zwischen beidem klaffte ein kalkweißer Spalt, der schartig gezackt war wie die Öffnung einer Auster. Kurz – ehe die Weiden am Straßenrand die Sicht verstellten – glaubte die Frau, sie sehe dort vielfach verschleiert und blass wie eine Perle gar die Sonne. Sicher war sie nicht, doch sie beschloss, daran zu glauben. »Du bist mein Zeichen«, rief sie der Sonne zu und war mit einem Mal fast übermütig, »nun gib dir Mühe, und wehe, es wird nicht alles gut!«

F. Scott Fitzgerald

Liebe in der Nacht

Val war begeistert von diesen Worten. Irgendwann an diesem frischen, goldenen Aprilnachmittag waren sie ihm in den Sinn gekommen, und jetzt sagte er sie sich immer wieder von Neuem vor: »Liebe in der Nacht; Liebe in der Nacht.« Er probierte sie in drei Sprachen – Russisch, Französisch und Englisch – und fand, dass sie im Englischen am besten klangen. In jeder dieser Sprachen war eine andere Art Liebe, eine andere Art Nacht gemeint – die englische Nacht schien ihm die wärmste und weichste, die Sterne am Himmel die feinsten und funkelndsten. Die Liebe im Englischen war für ihn die fragilste, romantischste – ein weißes Kleid, ein helles Gesicht darüber, Augen, die Lichtflecken waren wie tiefes Wasser. Und wenn ich hinzufüge, dass es schließlich eine französische Nacht war, an die er dachte, dann sehe ich, dass ich doch weiter ausholen und die Geschichte von Anfang an erzählen muss.

Val war halb Russe, halb Amerikaner. Seine Mutter war die Tochter von Morris Hasylton, jenem Hasylton, der 1892 in Chicago die Weltausstellung mitfinanzierte, und sein Vater – siehe den Gothaischen Hofkalender, Ausgabe 1910 – Fürst Pawel Sergej Boris Rostow, Sohn des Fürsten Wladimir Rostow, Enkel eines Großherzogs – ›Pferdegesicht‹ Sergej – und Neffe vierten Grades des Zaren. Man sieht also, diese Seite der Familie machte durchaus Eindruck – das Haus in Sankt Petersburg, das Jagdschlösschen bei Riga und die zu groß geratene Villa – ein Palast eher – am Mittelmeer. Hier in dieser Villa in Cannes verbrachten die Rostows den Winter – und es kam gar nicht gut an, wenn man die Fürstin daran erinnerte, dass diese Villa an der Riviera, vom Marmorbrunnen – nach Bernini – bis zu den goldenen Likörgläsern – nach dem Dinner – mit amerikanischem Gold bezahlt war.

Natürlich waren die Russen ein fröhliches Völkchen, auf dem Kontinent vor dem Krieg, als alles noch eine einzige große Gala war. Von den drei Nationen, denen damals Südfrankreich als Vergnügungspark diente, hatten sie zum Leben im Überfluss das größte Geschick. Die Engländer waren zu praktisch veranlagt, und die Amerikaner warfen zwar mit Geld um sich, wussten aber doch nichts von romantischer Lebensart. Die Russen hingegen – die waren so galant wie die Südländer, und reich noch dazu! Wenn die Rostows Ende Januar in Cannes eintrafen, orderten die Restaurants telegraphisch im Norden die Etiketten für die Lieblingsmarken des Fürsten und klebten sie auf ihren Champagner, die Juweliere legten die üppigsten Stücke beiseite, um sie ihm – jedoch nicht der Fürstin – zu zeigen, und die orthodoxe Kirche wurde für die Saison gefegt und geschmückt, damit der Fürst nach heimischem Ritus die Vergebung seiner Sünden erflehen konnte. Selbst das Mittelmeer war gefällig und erglühte an den Frühlingsabenden in tiefem Weinrot, und die Fischerboote, Segel wie die Brust eines Rotkehlchens, schaukelten malerisch in der Ferne.

Irgendwie, wenn auch eher in der Art einer Ahnung, wusste der junge Val, dass alles zum Wohl und Nutzen seiner Familie so eingerichtet war. Es war ein Paradies der

Privilegierten, diese kleine weiße Stadt über dem Wasser, eines, in dem er tun und lassen konnte, was er wollte, weil er reich war und jung und das indigoblaue Blut Peters des Großen in seinen Adern floss. Im Jahr 1914, in dem unsere Geschichte beginnt, war er gerade erst siebzehn, aber er hatte sich bereits mit einem jungen Mann, vier Jahre älter als er, duelliert und hatte eine kleine kahle Narbe oben auf seinem stattlichen Haupt zum Beweis.

Aber was seinem Herzen am nächsten ging, war die Frage nach der Liebe in der Nacht. Es war ein schöner, unbestimmter Traum, den er hegte, etwas, das ihm eines Tages widerfahren würde, etwas Einmaliges, Unvergleichliches. Er hätte nicht mehr dazu sagen können als dass ein bezauberndes, unbekanntes Mädchen beteiligt sein würde, und über ihnen sollte der Rivieramond scheinen.

Das Seltsame an all dem war nicht, dass er sich eine solche Romanze erhoffte und sie schon vorab geradezu verklärte, denn jeder junge Mann mit auch nur einer Spur Phantasie hegt solche Hoffnungen, sondern dass sich dieser Traum tatsächlich erfüllte. Und als es so weit war, da war es so unerwartet, ein solches Durcheinander der Eindrücke und Gefühle, der seltsamsten Sätze, die ihm über die Lippen kamen, der Bilder, der Laute, der Augenblicke, die plötzlich da waren, plötzlich verloren, plötzlich vergangen, dass er kaum verstand, was überhaupt geschah. Vielleicht hielt es sich in seinem Herzen, gerade weil es so unbestimmt war, gerade deswegen blieb es so unvergesslich.

Die Liebe lag in der Luft, überall um ihn her in jenem Frühling – die Liebschaften seines Vaters zum Beispiel, die vielfältig waren und indiskret und von denen Val zuerst aus dem erfuhr, was er vom Klatsch und Tratsch der

Dienerschaft hörte, bis er Gewissheit bekam, als er eines Nachmittags im Salon unverhofft auf seine amerikanische Mutter stieß, die das Bild seines Vaters an der Wand anbrüllte. Auf dem Bild trug sein Vater eine weiße Uniform mit pelzbesetztem Dolman und erwiderte den Blick seiner Frau gleichmütig, als wolle er sagen: »Aber meine Liebe, hast du geglaubt, du heiratest in eine Familie von Gottesmännern?«

Val hatte sich fortgestohlen, überrascht, verwirrt – und erregt. Er fand die Sache nicht so schockierend, wie ein amerikanischer Junge seines Alters sie gefunden hätte. Schon seit Jahren wusste er, wie das Leben der Wohlhabenden auf dem Kontinent aussah, und nahm seinem Vater nur eines übel: dass er seine Mutter zum Weinen gebracht hatte.

Rings um ihn her war die Liebe – die untadelige und die illegitime gleichermaßen. Wenn er um neun Uhr abends, zu einer Zeit, zu der die Sterne schon hell genug strahlten, um es mit dem Licht der Laternen aufzunehmen, über die Strandpromenade spazierte, dann spürte er die Allgegenwart der Liebe. In den Straßencafés flirrten die neuesten Kleider, frisch aus Paris, und ein süßer Duft wehte herüber, aus Blumen und Chartreuse und Zigaretten und gerade erst gebrühtem Kaffee – und noch ein weiteres Aroma spürte er, vermischt mit all dem, den geheimnisvollen und betörenden Duft der Liebe. Hände berührten juwelenglitzernde Hände auf den weißen Tischplatten. Bunte Kleider und gestärkte Hemden drehten sich umeinander im Takt, Streichhölzer wurden gezückt, entzündeten ein wenig bebend ganz langsam eine Zigarette. Auf der anderen Seite des Boulevards schlenderten die nicht ganz so schicken Liebespaare, junge Franzosen, Angestellte aus den Läden von Cannes, mit ihren Freundinnen im Halbdunkel unter den Bäumen, aber nur selten wanderte Vals Blick in ihre Richtung. Das Schwelgen der Musik, die strahlenden Farben, die leisen Stimmen – all das war Teil seines Traums. Das war das Dekor, das dazugehörte zur Liebe in der Nacht.

Aber so sehr er sich auch anstrengte, die wild entschlossene Miene aufzusetzen, die man von einem jungen russischen Herrn erwartete, wenn er allein durch die Straßen spazierte, fühlte Val sich allmählich unglücklich. Die Abenddämmerungen des Aprils waren denen des März gefolgt, und es war ihm nicht gelungen, von den warmen Frühlingsabenden guten Gebrauch zu machen. Die sechzehn- oder siebzehnjährigen Mädchen seiner Bekanntschaft waren zwischen Abenddämmerung und Schlafengehenszeit stets wohlbehütet – wir reden hier, das darf man nicht vergessen, von der Zeit vor dem Krieg –, und die anderen, die ihm gern Gesellschaft geleistet hätten, kränkten sein romantisches Sehnen. So verging der April – eine Woche, zwei Wochen, drei Wochen ...

Bis sieben Uhr hatte er Tennis gespielt und sich eine ganze weitere Stunde auf dem Platz herumgetrieben, sodass es nun schon halb neun war, als ein müdes Droschkenpferd oben auf dem Hügel anlangte, wo die Fassade der Rostowschen Villa schimmerte. Die Scheinwerfer der Limousine seiner Mutter glommen gelb in der Auffahrt, und die Fürstin, noch mit dem Knöpfen ihrer Handschuhe beschäftigt, erschien eben in der hell erleuchteten Tür. Val warf dem Kutscher zwei Francs zu und ging zu ihr hin, um ihr einen Kuss auf die Wange zu hauchen.

»Komm mir nicht zu nahe«, fuhr sie ihn an. »Eben hast du noch Geld angefasst.«

»Aber doch nicht mit dem Mund, Mutter«, gab er lachend zurück.

Die Fürstin sah ihn ungeduldig an.

»Ich bin ärgerlich«, sagte sie. »Wieso musst du gerade heute Abend so spät kommen? Wir speisen auf einer Jacht, und du solltest ebenfalls mitkommen.«

»Was für eine Jacht?«

»Amerikaner.« Immer lag eine leichte Ironie in ihrer Stimme, wenn sie von ihrem Geburtsland sprach. Ihr Amerika war das Chicago der Neunziger, und für sie war und blieb es das zugige Obergeschoss eines Schlachthauses. Selbst die Eskapaden von Fürst Pawel schienen ihr kein zu hoher Preis dafür, dass sie dem entkommen war.

»Zwei Jachten«, fuhr sie fort; »wir wissen nicht einmal welche. Die Einladung war sehr unbestimmt. Eine Unverschämtheit, wenn man es recht überlegt.«

Amerikaner. Seine Mutter hatte Val beigebracht, auf Amerikaner herabzublicken, aber sie ihm zu verleiden, das hatte sie nicht geschafft. Die amerikanischen Männer achteten einen, selbst wenn man erst siebzehn war. Er mochte die Amerikaner. Zwar war er durch und durch Russe, aber eben doch nicht ganz – der Prozentsatz betrug, wie bei einer berühmten Seife, ungefähr neunundneunzig und dreiviertel Prozent.

»Ich komme mit«, sagte er. »Ich beeile mich auch, Mutter. Ich –«

»Wir sind sowieso schon zu spät.« Die Fürstin wandte sich an ihren Mann, als der in der Tür erschien. »Und jetzt will Val auch noch mit.«

»Geht nicht«, antwortete Fürst Pawel knapp. »Viel zu spät.«

Val nickte. So nachsichtig russische Aristokraten auch mit sich selbst sein mochten, im Umgang mit ihren Kindern waren sie immer bewundernswert streng. Es gab keine Widerrede.

»Tut mir leid«, sagte er.

Fürst Pawel schnaubte. Der Lakai, in rot-silberner Livree, öffnete den Schlag der Limousine. Aber mit dem Schnauben war die Sache zu Vals Gunsten entschieden, denn an diesem Tag, zu dieser Stunde, hegte die Fürstin Rostow einen gewissen Groll gegen ihren Gatten, und das gab ihrem Wort in häuslichen Dingen Gewicht.

»Wenn ich es mir überlege, du solltest doch auch kommen, Val«, sagte sie kühl. »Für jetzt ist es zu spät, aber du kommst nach dem Dinner dazu. Die Jacht ist entweder die Minnehaha oder die Privateer.« Sie stieg ein. »Es wird wohl die sein, auf der es höher hergeht – die Jacht der Jacksons –«

»Wenn er Verstand hat«, brummte der Fürst kryptisch und meinte, dass Val die Jacht schon finden würde, wenn er sein Köpfchen einsetzte. »Lass dich vorher von meinem Diener anschauen. Krawatte von mir, nicht diese lächerliche Kordel, die du in Wien umhattest. Werd erwachsen. Höchste Zeit.«

Die Kiesel knirschten, als die Limousine gemächlich die Auffahrt hinunterfuhr, und Val blieb mit hochroten Ohren zurück.

II

Es war düster im Hafen von Cannes, oder besser gesagt es wirkte düster nach dem Glanz der Promenade, die Val eben hinter sich gelassen hatte. Drei kümmerliche Hafenlaternen funkelten trübe über ungezählten Fischerbooten, wie Muschelschalen auf den Strand getürmt. Weiter draußen auf dem Wasser gab es weitere Lichter, wo eine Reihe schlanker Jachten würdig und gemächlich auf den Wellen schaukelte, und noch weiter draußen hatte der üppige Vollmond die Rundung des Wassers zu einem perfekten Tanzboden geformt. Dann und wann ein Zischen, ein Knarzen, ein Blubbern, wenn ein Ruderboot sich in dem seichten Gewässer bewegte, ein diffuser Schatten, der durch das Labyrinth der festgemachten Fischer- und Motorboote glitt. Vorsichtig bewegte Val sich über den samtweichen Strand und stolperte über einen schlafenden Bootsführer; er roch das strenge Aroma von Knoblauch und billigem Wein. Er packte den Mann an den Schultern, schüttelte ihn wach und blickte ihm in die erschrockenen Augen.

»Wissen Sie, wo die Minnehaha liegt? Und die Privateer?«

Als sie in die Bucht hinausglitten, starrte er, im Heck ausgestreckt, ein wenig missbilligend den Rivieramond an. Sicher, der Mond war genau richtig. Der Mond passte oft, in fünf von sieben Nächten. Die milde Nachtluft war, wie sie sein sollte, schmerzlich betörend, und auch die Musik war da, sie wehte in vielfältigen Strömen vom Ufer herüber, von vielfältigen Orchestern. Nach Osten hin lag im Dunkeln das Kap von Antibes, dann Nizza und jenseits Monte Carlo, wo der Abend erfüllt war vom Klimpern des Goldes. Eines Tages würde auch er all das genießen, jedes kleine Vergnügen kennen, jeden Erfolg – wenn er längst zu alt und zu weise war und es ihm nichts mehr bedeutete.

Aber aus dem heutigen Abend – aus diesem Silberstreif, der wie eine Strähne lockigen Haars zum Mond hin wehte, aus den leise funkelnden Lichtern von Cannes hinter ihm, der unwiderstehlichen, unbeschreiblichen Liebe, die in dieser Luft lag – aus all dem würde nichts werden, der Abend würde vergeudet sein für immer.

»Welches denn nun?«, fragte der Bootsführer plötzlich.

»Welches von was?«, entgegnete Val und setzte sich auf.

»Welches Boot?«

Er zeigte nach vorn. Val folgte dem Finger und sah, dass sich über ihnen wie ein graues Schwert der Bug einer Jacht erhob. Er war so mit seinen Sehnsüchten beschäftigt gewesen, er hatte gar nicht bemerkt, dass sie schon eine halbe Meile zurückgelegt hatten.

Er las die Messingbuchstaben über seinem Kopf. Es war die Privateer, aber es brannten nur wenige Lichter an Bord, es gab keine Musik, keine Stimmen, nur hin und wieder das murmelnde Plätschern der kleinen Wellen, wenn sie an die Bordwand schwappten.

»Das andere«, sagte Val. »Die Minnehaha.«

»Bleiben Sie doch noch.«

Val erschrak. Die Stimme, leise und sanft, war von oben aus dem Dunkel gekommen.

»Wozu die Eile?«, fragte die sanfte Stimme. »Ich dachte schon, jemand kommt mich besuchen, da bin ich nun wirklich enttäuscht.«

Der Bootsführer zog die Ruder aus dem Wasser und sah Val unschlüssig an. Aber Val schwieg, und so stieß der Mann die Ruder wieder ein und steuerte das Boot hinaus ins Mondlicht.

»Warten Sie!«, rief Val.

»Auf Wiedersehen«, sagte die Stimme. »Kommen Sie wieder, wenn Sie länger bleiben können.«

»Aber ich bleibe doch noch«, antwortete er atemlos.

Er gab entsprechendes Kommando, und das Ruderboot kehrte zum Fuß der kleinen Kajütleiter zurück. Jemand Junges, jemand in einem undeutlich zu erkennenden weißen Kleid, jemand mit einer anmutigen tiefen Stimme hatte aus dem samtenen Dunkel tatsächlich nach ihm gerufen. »Hätte sie Augen!«, murmelte Val vor sich hin. Der romantische Ton gefiel ihm, ganz leise wiederholte er es – »Hätte sie Augen«.

»Was sind Sie?« Sie war jetzt geradewegs über ihm; sie blickte hinunter, er schaute zu ihr auf, als er nun die Leiter erklomm, und als ihre Blicke sich trafen, da mussten sie beide lachen.

Sie war sehr jung, schlank, beinahe zerbrechlich, in einem Kleid, das in seiner hellen Schlichtheit ihre Jugend betonte. Zwei fahldunkle Flecken auf ihren Wangen zeigten, wo sie bei Tage gerötet waren.

»Was sind Sie?«, fragte sie noch einmal, trat einen Schritt zurück und lachte wiederum, jetzt wo sein Kopf über der Bordkante erschien. »Das will ich wissen, denn jetzt machen Sie mir Angst.«

»Ich bin ein Gentleman«, antwortete Val und verneigte sich.

»Aber was für eine Art Gentleman? Da gibt es alle möglichen Sorten. Einmal – einmal in Paris saß ein farbiger Gentleman an dem Tisch neben unserem, und da –« Sie hielt inne. »Sie sind kein Amerikaner, oder?«

»Ich bin Russe!«, antwortete er, als verkünde er ihr, dass er ein Erzengel sei. Er überlegte kurz, dann fügte er hinzu: »Und der glücklichste Russe, den Sie sich vorstellen können. Den ganzen Tag, den ganzen Frühling schon habe ich

233

davon geträumt, mich in einer Nacht wie dieser zu verlieben, und jetzt hat der Himmel mir Sie geschickt.«

»Einen Augenblick!«, rief sie, mit einem kleinen Japser. »Jetzt bin ich sicher, dass es sich bei diesem Besuch um ein Missverständnis handelt. Auf so etwas lasse ich mich nicht ein. Bitte!«

»Verzeihung.« Er sah sie verwirrt an, begriff nicht, dass er zu viel für selbstverständlich gehalten hatte. Dann nahm er Haltung an.

»Mein Fehler. Wenn Sie gestatten, werde ich mich verabschieden.«

Er wandte sich ab. Die Hand schon an der Reling.

»Nein, warten Sie«, sagte sie und strich sich eine Haarsträhne unbestimmter Farbe aus dem Gesicht. »Wenn ich es mir recht überlege, können Sie Unsinn reden, so viel Sie wollen, nur hierbleiben sollen Sie. Ich bin unglücklich, und da will ich nicht allein sein.«

Val zögerte; etwas an dieser Sache verstand er nicht. Er hatte sich vorgestellt, dass ein Mädchen, das im Dunkeln einem fremden Mann etwas zurief, und sei es auch nur vom Deck einer Jacht aus, doch gewiss einer Romanze nicht abgeneigt war. Und er wäre sehr gern geblieben. Dann fiel ihm wieder ein, dass er ja zwei Jachten zur Auswahl hatte.

»Ich nehme an, das Dinner ist auf dem anderen Boot«, sagte er.

»Das Dinner? Oh, ja, das ist auf der Minnehaha. Da wollten Sie hin?«

»Ich wollte dorthin – aber das ist lange her.«

»Wie heißen Sie?«

Er war im Begriff, ihr seinen Namen zu sagen, doch dann hatte er eine Eingebung und stellte stattdessen eine Frage.

»Und Sie? Wieso sind Sie nicht auf der Party?«

»Ich wollte lieber hierbleiben. Mrs. Jackson hatte gesagt, es kämen auch Russen – das sind Sie, nehme ich an.« Sie betrachtete ihn interessiert. »Sie sind noch sehr jung, nicht wahr?«

»Ich bin viel älter, als ich wirke«, antwortete Val steif. »Das sagen die Leute mir immer. Es gilt als bemerkenswert.«

»Wie alt sind Sie?«

»Einundzwanzig«, log er.

Sie lachte.

»Was für ein Unsinn. Sie sind höchstens neunzehn.«

Sein Ärger war so deutlich zu sehen, dass sie ihn sogleich beschwichtigte. »Das macht doch nichts! Ich bin selbst erst siebzehn. Womöglich wäre ich zu der Party gegangen, wenn ich gewusst hätte, dass es da auch jemanden jünger als fünfzig gibt.«

Der Themenwechsel war ihm willkommen.

»Aber Sie sind lieber hier sitzen geblieben, um im Mondschein zu träumen.«

»Ich habe über Fehler nachgedacht.« Sie ließen sich nebeneinander in zwei Liegestühlen nieder. »Das ist ein faszinierendes Thema – die Frage nach Fehlern. Frauen sinnen nur selten über Fehler nach – sie sind viel eher bereit, sie zu vergessen, als die Männer. Aber *wenn* sie einmal nachsinnen –«

»Sie haben einen Fehler begangen?«, erkundigte sich Val.

Sie nickte.

»Etwas, das sich nicht wiedergutmachen lässt?«

»Ich fürchte ja«, antwortete sie. »Sicher bin ich mir nicht. Das war es, worüber ich nachdachte, als Sie dazukamen.«

»Vielleicht kann ich irgendwie behilflich sein«, bot Val an. »Vielleicht ist Ihr Fehler doch noch wieder gutzumachen.«

»Das können Sie nicht«, antwortete sie unglücklich.

»Lassen Sie uns also nicht daran denken. Ich bin den Gedanken an meinen Fehler leid und würde mir viel lieber von Ihnen von dem munteren Treiben in Cannes erzählen lassen, davon, wie lustig es heute Abend dort zugeht.«

Sie blickten beide hinüber zum Ufer, zu der Reihe geheimnisvoller, verführerischer Lichter, wie Spielzeughäuser mit Kerzen darin, aber in Wirklichkeit waren es die großen eleganten Hotels, der erleuchtete Uhrenturm in der Altstadt, der verschwommene Schimmer des Café de Paris, die Stecknadelspitzen der Villenfenster, die sich den Hügel hinaufzogen bis zum Dunkel des Himmels.

»Was wohl alle dort machen?«, flüsterte sie. »Ich stelle mir vor, es muss etwas Großartiges sein, aber was es ist, das verstehe ich nicht so recht.«

»Alles dort drüben dreht sich um die Liebe«, antwortete Val leise.

»Das ist die Erklärung?« Sie schaute lange hin, mit einem seltsamen Ausdruck in den Augen. »Dann will ich heim nach Amerika«, sagte sie. »Es gibt zu viel Liebe hier. Ich will schon morgen fahren.«

»Das heißt, Sie fürchten sich vor der Liebe?«

Sie schüttelte den Kopf.

»Das ist es nicht. Es ist nur – für mich gibt es hier keine Liebe.«

»Und für mich auch nicht«, fügte Val leise hinzu. »Es ist traurig, dass wir zwei an einem so schönen Ort sitzen, an einem so schönen Abend, und doch haben wir – nichts.«

Er beugte sich zu ihr hinüber, mit einer beseelten, doch

beherrschten Verliebtheit in den Augen – und sie wich zurück.

»Erzählen Sie mir mehr von sich«, entgegnete sie rasch. »Wenn Sie Russe sind, wo habe Sie dann so gut Englisch gelernt?«

»Meine Mutter ist Amerikanerin«, gab er zu. »Mein Großvater war ebenfalls Amerikaner, da hatte sie keine andere Wahl.«

»Dann sind Sie ja auch Amerikaner!«

»Ich bin Russe«, versicherte Val ihr nachdrücklich.

Sie sah ihn eindringlich an, lächelte und beschloss, nicht deswegen zu streiten. »Also müssen Sie«, fuhr sie diplomatisch fort, »wohl auch einen russischen Namen haben.«

Aber in diesem Augenblick wollte er ihr seinen Namen nicht sagen. Ein Name, und wenn es auch der Name Rostow war, hätte den Zauber dieser Nacht vertrieben. Hier waren sie nur zwei leise Stimmen, zwei helle Gesichter – und das war genug. Er war überzeugt, ohne einen Grund für diese Überzeugung, aber mit einem Instinkt, der seine Gedanken bereits beflügelte, dass er schon binnen ganz kurzem, in einer Minute, in einer Stunde, zum ersten Mal der Wahrheit der Liebe begegnen würde. Im Vergleich zu der Regung in seinem Herzen bedeutete sein Name nichts.

»Sie sind schön«, sagte er unvermittelt.

»Woher wissen Sie das?«

»Weil für Frauen das Mondlicht das schwierigste Licht überhaupt ist.«

»Sehe ich hübsch aus im Mondlicht?«

»Sie sind das bezauberndste Wesen, das mir je begegnet ist.«

»Oh.« Darüber dachte sie nach. »Natürlich hätte ich Sie nie an Bord lassen dürfen. Ich hätte mir denken können, worauf die Rede kommen würde – bei solchem Mond. Aber ich kann doch nicht ewig hier so sitzen und hinüber zum Ufer starren. Dafür bin ich zu jung. Finden Sie nicht auch, dass ich zu jung dafür bin?«

»Viel zu jung«, stimmte er feierlich zu.

Plötzlich wurde ihnen beiden bewusst, dass die Musik sich verändert hatte, dass sie mehr aus der Nähe kam, Musik, die über das Wasser herüberzuschweben schien, keine hundert Meter entfernt.

»Hören Sie!«, rief sie. »Das kommt von der Minnehaha. Sie sind mit dem Dinner fertig.«

Einen Moment lang hörten sie schweigend zu.

»Danke«, sagte Val unvermittelt.

»Wofür?«

Es war ihm kaum bewusst, dass er gesprochen hatte. Er dankte den Bläsern für ihre leisen und tiefen Töne, ihren Gesang im Nachtwind, der See für ihr warmes murmelndes Klagen und das Plätschern am Bug, den Sternen, die ihre Milch über sie ausgossen, und schließlich war ihm, als trage ihn eine Substanz straffer gespannt als Luft.

»So bezaubernd«, flüsterte sie.

»Was machen wir nun damit?«

»Müssen wir etwas damit machen? Ich dachte, wir könnten einfach hier sitzen und uns freuen –«

»Das glaube ich Ihnen nicht«, unterbrach er sie, mit ruhiger Stimme. »Sie wissen, dass wir etwas damit machen müssen. Ich werde mich jetzt in Sie verlieben – und Ihnen wird es gefallen.«

»Ich kann nicht«, antwortete sie ganz leise. Jetzt

hätte sie gern gelacht, eine Bemerkung gemacht, leichthin, kühl, mit der sie die Sache wieder in das sichere Fahrwasser eines belanglosen Flirts gebracht hätte. Aber dazu war es jetzt zu spät. Val wusste, dass die Musik zu Ende brachte, was der Mond begonnen hatte.

»Ich will Ihnen die Wahrheit sagen«, sagte er. »Sie sind meine erste Liebe. Ich bin siebzehn – genauso alt wie Sie, nicht älter.«

Es war etwas ganz und gar Entwaffnendes an dieser Tatsache, dass sie beide gleich alt waren. Allein schon dadurch konnte sie dem Schicksal, das sie zusammengebracht hatte, nicht entgehen. Die Liegestühle knarzten, und er spürte den leisen, flüchtigen Hauch eines Parfüms, als sie sich nun fanden, plötzlich, wie die Kinder.

III

Später konnte er nicht mehr sagen, ob er sie nur einmal geküsst hatte oder mehrere Male, obwohl es gewiss eine ganze Stunde war, die sie dort beisammensaßen und die er ihre Hand hielt. Am meisten überraschte ihn an der Liebe, dass anscheinend nichts Wildes, Leidenschaftliches daran war – Bedauern, Begehren, Verzweiflung –, nein, es war das schwindelerregende Versprechen eines solchen Glücks auf dieser Welt, in diesem Leben, wie er es nie zuvor gekannt hatte. Die erste Liebe – es war ja nichts als die erste Liebe. Wie mochte sie dann erst in ihrer vollen Blüte sein, ihrer Vollkommenheit! Er wusste ja nicht, dass das, was er damals erlebte, diese unwirkliche, unschuldige Mischung aus

Verzückung und Frieden etwas war, das sich nie, nie mehr, ein zweites Mal erleben ließ.

Die Musik war schon seit einer ganzen Weile verstummt, als schließlich die Laute eines herannahenden Ruderboots das sanfte Plätschern der Wellen durchbrach. Unvermittelt sprang sie auf und spähte angestrengt hinaus auf die Bucht.

»Hören Sie!«, sagte sie hastig. »Ich will, dass Sie mir Ihren Namen sagen.«

»Nein.«

»Bitte.« Ihr Ton war flehentlich. »Morgen reise ich ab.«

Er antwortete nicht.

»Ich will nicht, dass Sie mich vergessen«, sagte sie. »Ich heiße –«

»Ich vergesse Sie nicht. Ich verspreche Ihnen, ich werde die Erinnerung für alle Zeit in meinem Gedächtnis bewahren. Welche Frau auch immer ich noch lieben werde, ich werde sie stets an Ihnen messen, meiner ersten Liebe. So lange ich lebe, wird die Erinnerung an Sie in meinem Herzen lebendig sein.«

»Ich will, dass Sie die Erinnerung bewahren«, murmelte sie stockend. »Ach, das hier hat mir mehr bedeutet als Ihnen – viel mehr.«

Sie stand so nahe bei ihm, dass er ihren warmen, frischen Atem auf seiner Wange spürte. Noch einmal näherten sie sich einander. Er griff ihre Hände, umfasste die Handgelenke – das schien ihm das Angemessene – und küsste sie auf die Lippen. Es war der richtige Kuss, fand er, ein romantischer Kuss – nicht zu flüchtig und nicht zu viel. Trotzdem lag eine Art Versprechen darin, von anderen Küssen, die er hätte bekommen können, und es war doch ein Stich ins Herz, als er hörte, wie das Ruderboot sich nun näherte, und begriff, dass ihre Familie zurück war. Der Abend war vorüber.

»Und das ist erst der Anfang«, sagte er sich. »Mein ganzes Leben wird sein wie diese Nacht.«

Jetzt sprach sie mit leiser, schneller Stimme, und er hörte angespannt zu.

»Eines müssen Sie noch wissen – ich bin verheiratet. Seit drei Monaten. Das war der Fehler, über den ich nachdachte, als der Mond Sie hier herausbrachte. Sie werden das gleich verstehen.«

Sie verstummte, als das Boot an der Kajütleiter anlegte und eine Männerstimme aus dem Dunkeln heraufklang.

»Bist du das, Liebling?«

»Ja.«

»Was ist das für ein anderes Boot, das hier wartet?«

»Einer von Mrs. Jacksons Gästen, der aus Versehen hier herauskam, und ich habe ihn gebeten zu bleiben und mir eine Stunde Gesellschaft zu leisten.«

Einen Augenblick später erschienen das schüttere weiße Haar und das müde Gesicht eines Mannes von sechzig Jahren über der Bordkante. Da verstand Val, und zu spät ging ihm auf, wie viel sie ihm bedeutete.

IV

Als im Mai die Saison an der Riviera endete, verschlossen die Rostows und alle anderen Russen ihre Villen und zogen für den Sommer in den Norden. Auch die russisch-orthodoxe Kirche schloss ihre Pforten, die Fässer mit den erlesenen Weinen wurden verspundet, das elegante Mondlicht des Frühlings kam, wenn man so sagen will, auf den Speicher, um dort auf ihre Rückkehr zu warten.

»Wir sehen uns im nächsten Jahr«, sagten sie, eine Selbstverständlichkeit.

Aber es sollte anders kommen, sie kehrten nie mehr zurück. Diejenigen, die es nach fünf tragischen Jahren mit Müh und Not wieder in den Süden schafften, waren froh, wenn sie eine Arbeit als Zimmermädchen oder Kammerdiener in den großen Hotels bekamen, in denen sie einst diniert hatten. Viele von ihnen waren natürlich im Krieg oder der Revolution umgekommen; viele verbrachten ihre letzten Jahre als Schnorrer und kleine Ganoven in den großen Städten, und nicht wenige machten ihrem Leben in einer Art dumpfer Verzweiflung selbst ein Ende.

Als 1917 die Kerenski-Regierung zusammenbrach, war Val Leutnant an der Ostfront, versuchte verzweifelt, in seiner Truppe noch Autorität walten zu lassen, als längst keine Spur davon mehr bestand. Er war noch immer damit beschäftigt, als Fürst Pawel Rostow und seine Frau eines regnerischen Morgens die Sünden der Romanows mit ihrem Leben bezahlten – und die beneidenswerte Karriere von Morris Hasyltons Tochter in einer Stadt ihr Ende fand, die einem Schlachthaus tatsächlich noch ähnlicher sah, als es Chicago im Jahr 1892 getan hatte.

Danach kämpfte Val eine Zeit lang in Denikins Armee, bis er schließlich einsah, dass das, wofür er kämpfte, nur noch eine Farce war, der Glanz der russischen Zarenzeit vorüber. Darauf ging er nach Frankreich und musste sich ganz unvermittelt der verwirrenden Frage stellen, wovon er denn von nun an leben sollte.

Da lag der Gedanke, nach Amerika zu gehen, natürlich nahe. Zwei Verwandte, eine Art Tanten, mit denen seine Mutter sich vor vielen Jahren zerstritten hatte, lebten immer noch in vergleichsweisem Wohlstand dort. Aber die Vorstellung schien ihm, so wie seine Mutter ihn erzogen hatte, unmöglich, und er hätte auch nicht mehr das Geld für die Überfahrt gehabt. Er konnte nur hoffen, dass eine Konterrevolution ihm die Rostowschen Reichtümer in Russland zurückerstatten würde, und bis dahin musste er irgendwie sehen, wie er in Frankreich am Leben blieb.

Und so ging er also in die kleine Großstadt, die er am besten von allen kannte. Er ging nach Cannes. Mit seinen letzten zweihundert Francs kaufte er sich eine Fahrkarte dritter Klasse, und bei der Ankunft überließ er seinen Abendanzug einem Herrn, der mit dergleichen Dingen handelte und gern gefällig war, und erhielt im Gegenzug Geld für Unterkunft und Verpflegung. Später bereute er, dass er den Anzug verkauft hatte, denn der hätte ihm zu einer Stelle als Kellner verhelfen können. Aber er fand stattdessen Arbeit als Taxifahrer und war genauso glücklich, oder besser gesagt genauso unglücklich, dabei.

Manchmal fuhr er Amerikaner, die auf der Suche nach einer Mietvilla waren, und wenn das vordere Fenster des Passagierabteils aufgeklappt war, wehten kuriose Gesprächsfetzen zu ihm heraus.

»– gehört, der Bursche sei ein russischer Fürst.« ... »Psst!« ... »Doch, der hier vorne.« ... »Sei still, Esther« – und dann ein unterdrücktes Lachen.

Wenn der Wagen hielt, reckten seine Fahrgäste ein wenig die Hälse, um ihn anzusehen. Anfangs machte es ihn schwer unglücklich, wenn junge Frauen so etwas taten, aber bald hatte er sich daran gewöhnt. Einmal fragte ein lustig besäuselter Amerikaner ihn, ob die Geschichte stimme, und lud ihn zum Essen ein, ein andermal ergriff eine ältere Frau, als sie aus dem Taxi ausstieg, seine Hand, schüttelte sie heftig und steckte ihm dabei einen Hundertfrancschein hinein.

»Siehst du, Florence, jetzt kann ich zu Hause erzählen, dass ich einem russischen Fürsten die Hand geschüttelt habe.«

Der beschwipste Amerikaner, der ihn zum Essen eingeladen hatte, hatte Val anfangs für einen Zarensohn gehalten, und er musste ihm erklären, dass »Fürst« in Russland einfach nur ein Ehrentitel für einen Adligen war. Aber er konnte nicht verstehen, dass eine Persönlichkeit wie Val nicht draußen in der Welt echtes Geld verdiente.

»Wir sind hier in Europa«, erwiderte Val mit ernster Stimme. »Hier wird man nicht einfach reich. Entweder man erbt ein Vermögen oder man spart es über viele Jahre an, und über vielleicht drei Generationen steigt eine Familie in eine höhere Gesellschaftsschicht auf.«

»Ihr müsst euch etwas ausdenken, was die Leute haben wollen – so wie wir das machen.«

»Das geht in Amerika, weil die Leute das Geld haben, etwas zu wollen. Alles, was die Leute hier wollen, hat sich schon vor langer Zeit jemand ausgedacht.«

Doch ein Jahr später, mit der Hilfe eines jungen Engländers, mit dem er vor dem Krieg Tennis gespielt hatte, bekam Val immerhin einen Posten bei einer englischen Bank, Zweigstelle Cannes. Er schickte Post weiter, besorgte Bahnfahrkarten, organisierte Ausflüge für Reisende, die nie Zeit hatten. Manchmal erschien ein vertrautes Gesicht an seinem Schalter; wenn die anderen Val erkannten, gab er ihnen die Hand, wenn nicht, schwieg er still. Binnen zwei Jahren sprach niemand mehr vom ehemaligen Fürsten, das Schicksal der Russen war inzwischen ein alter Hut – der Wohlstand, in dem die Rostows und ihre Freunde einmal gelebt hatten, vergessen.

Er ging nur wenig unter die Leute. Am Abend machte er einen kleinen Spaziergang auf der Promenade, trank bedächtig ein Glas Bier in einem Café und ging früh zu Bett. Nur selten wurde er eingeladen, denn die anderen fanden sein beklommenes, angespanntes Gesicht bedrückend – und er nahm die Einladungen ohnehin nie an. Er trug jetzt billige französische Anzüge statt der edlen Tweed- und Flanellstoffe, die sie zusammen mit denen für seinen Vater aus England hatten kommen lassen. Was Frauen anbelangte, da kannte er keine einzige. Unter den vielen Gewissheiten, die er mit siebzehn gehabt hatte, war dies die größte gewesen – dass sein Leben voller Liebschaften sein würde. Jetzt, acht Jahre später, wusste er, dass es nicht so war. Irgendwie hatte er nie Zeit für die Liebe gehabt – der Krieg, die Revolution und jetzt seine Armut hatten sich verschworen gegen sein hoffnungsvolles Herz. Der Quell seiner Leidenschaften, der in einer Aprilnacht zum ersten Mal gesprudelt war, war sogleich wieder versiegt, und nur ein winziges Rinnsal blieb noch davon.

Seine glückliche Jugend war zu Ende gewesen, fast bevor sie begann. Er sah sich dabei zu, wie er immer älter wurde, schäbiger, wie er mehr und mehr nur von der Erinnerung an seine wunderbare Jugend lebte. Allmählich wurde er zum Sonderling, jemand, der etwa ein Erbstück hervorzog, eine alte Taschenuhr, und sie den anderen jungen Angestellten zeigte, die sich dann darüber amüsierten und einander zuzwinkerten, wenn er vom Glanz des Rostowschen Namens erzählte.

Das waren die düsteren Gedanken, die ihm an einem Aprilabend des Jahres 1922 durch den Sinn gingen, als er über die Promenade spazierte und den erwachenden Lichtern zusah, ein Zauber, der nie seinen Reiz verlor. Jetzt galt dieser Zauber nicht mehr ihm, aber er war doch immer noch da, und das machte ihn irgendwie froh. Morgen würde er zu seinem Urlaub aufbrechen, in einem billigen Hotel ein Stück weiter die Küste hinunter, wo er baden und sich ausruhen und lesen konnte; dann würde er zurückkommen und wieder ein wenig arbeiten. Schon seit drei Jahren hatte er jedes Jahr seinen Urlaub in den letzten beiden Aprilwochen genommen, vielleicht weil um diese Zeit bei ihm die Sehnsucht, sich zu erinnern, am größten war. Im April war es gewesen, dass das, was zum besten Teil seines Lebens bestimmt war, seinen Höhepunkt gefunden hatte, im romantischen Licht des Mondes. Diese Zeit war ihm heilig – denn was er damals für den Anfang, die Initiation gehalten hatte, war, wie sich herausstellte, schon das Ende gewesen.

Vor dem Café des Étrangers hielt er inne, und einen Moment später überquerte er, einer Eingebung folgend, die Straße und schlenderte hinunter zum Strand. Ein Dutzend Jachten, die bereits im schönen Silberlicht strahlten, lag in der Bucht vor Anker. Er hatte die Boote schon am Nachmittag betrachtet und die Namenszüge an ihrem Bug gelesen – doch nur weil er es immer so hielt. Seit drei Jahren tat er das nun, und der Blick war ihm schon fast zur Gewohnheit geworden.

»Un beau soir«, ließ sich neben ihm eine französische Stimme vernehmen. Es war ein Bootsführer, der Val hier

schon oft gesehen hatte. »Die See gefällt Ihnen, Monsieur?«
»Sehr.«
»Mir auch. Aber man kann kaum davon leben, außer in der Saison. Morgen allerdings, da habe ich Glück. Von morgen an bekomme ich guten Lohn einfach nur dafür, dass ich hier sitze und warte, von acht Uhr bis Mitternacht.«
»Das ist doch schön«, gab Val höflich zurück.
»Eine Dame aus Amerika, verwitwet, eine Schönheit; immer in den beiden letzten Aprilwochen kommt sie mit ihrer Jacht hierher. Wenn die Privateer morgen wieder hier einläuft, sind es drei Jahre.«

V

Die ganze Nacht über fand Val keinen Schlaf – nicht weil er hätte überlegen müssen, was er tun würde, sondern weil seine so lange betäubten Gefühle mit einem Male wieder erwacht und lebendig waren. Natürlich konnte er nicht zu ihr hinüberfahren – er als armseliger Versager, dessen Name nun nur noch ein Schatten war –, aber es würde ihn doch für den Rest seines Lebens ein wenig glücklicher machen, dies Wissen, dass sie sich erinnerte. Es gab seiner eigenen Erinnerung eine neue Dimension, verlieh ihr Tiefe wie jene stereoskopischen Brillen, mit denen aus einem flachen Blatt Papier ein dreidimensionales Bild erscheint. Jetzt war er überzeugt, dass er sich nicht getäuscht hatte – es hatte einen Augenblick gegeben, in dem er eine bezaubernde Frau beeindruckt hatte, und sie hatte ihn nicht vergessen.

Schon eine Stunde vor Abfahrtszeit war er am nächsten Tag mit seinem Koffer am Bahnhof, um jeder zufälligen Begegnung auf der Straße aus dem Weg zu gehen. Er suchte sich einen Platz in einem Dritter-Klasse-Abteil des wartenden Zuges.

Irgendwie kam ihm, während er dort saß und wartete, das Leben ganz anders vor – eine Art Hoffnung, schwach und unwirklich, die er vor vierundzwanzig Stunden noch nicht gespürt hatte. Vielleicht konnte er es im Lauf der kommenden Jahre ja doch so weit bringen, dass er eine Chance bekam, ihr noch einmal zu begegnen – wenn er hart arbeitete und energisch jede Gelegenheit, die sich ihm bot, ergriff.

Er wusste von zumindest zwei Russen in Cannes, die ihr Leben neu angefangen hatten, mit nichts außer Phantasie und guten Manieren, und die jetzt erstaunlich gut zurechtkamen. Ein wenig begann das Blut von Morris Hasylton in Vals Schläfen zu pochen, ihm kam wieder in den Sinn, was er so viele Jahre aus seinen Gedanken verbannt hatte – dass Morris Hasylton, der seiner Tochter einen Palast in Sankt Petersburg gebaut hatte, auch mit nichts angefangen hatte.

Zugleich machte sich eine weitere Regung bemerkbar, nicht so fremdartig, nicht so bewegend, aber genauso amerikanisch – der Wunsch zu wissen. Für den Fall – nun, für den Fall, dass ihm das Leben doch noch eine Möglichkeit verschaffte, bei ihr vorzusprechen, wollte er wenigstens ihren Namen wissen.

Er sprang vom Sitz, bekam in seiner Aufregung kaum die Abteiltür auf, war draußen. Seinen Koffer schleuderte er in die Gepäckaufbewahrung, dann rannte er zum amerikanischen Konsulat.

»Heute Morgen ist eine Jacht eingelaufen«, rief er, noch

außer Atem, dem erstbesten Angestellten zu, »eine amerikanische Jacht – die Privateer. Ich brauche den Namen der Besitzer.«

»Einen Augenblick, bitte«, antwortete der Angestellte und sah ihn eigentümlich an. »Ich werde mich erkundigen.«

Val schien es eine Ewigkeit, bis der Mann zurückkam.

»Einen Augenblick noch«, sagte dieser zögernd. »Wir – anscheinend müssen wir noch rückfragen.«

»Ist die Jacht gekommen?«

»O ja – die ist hier. So viel ich weiß. Nehmen Sie doch einen Augenblick dort drüben Platz.«

Weitere zehn Minuten vergingen, Val blickte ungeduldig auf die Uhr. Wenn sie sich nicht beeilten, würde er wahrscheinlich seinen Zug verpassen. Er machte eine nervöse Bewegung, als ob er aufstehen wolle.

»Bleiben Sie, bitte«, bat ihn der Angestellte, der erschrocken von seinem Schreibtisch aufsah. »Ich bitte Sie. Bleiben Sie noch einen Moment sitzen.«

Val starrte den Mann an. Wieso war es für einen Büroangestellten so wichtig, ob er wartete oder nicht?

»Ich verpasse meinen Zug«, rief er ungeduldig. »Es tut mir leid, dass ich Ihnen so viel Mühe gemacht habe –«

»Bleiben Sie noch sitzen, bitte! Wir sind so froh, dass wir das endlich erledigen können. Sie müssen wissen, wir warten auf Ihre Anfrage schon seit – ähm – seit drei Jahren.«

Val sprang von seinem Stuhl auf und drückte sich energisch den Hut auf den Kopf.

»Warum haben Sie mir das nicht gesagt?«, schnauzte er den Mann an.

»Wir mussten erst unsere – unsere Auftraggeberin verständigen. Bitte gehen Sie nicht! Es – ah, zu spät.«

Val drehte sich um. Eine schlanke, strahlende Gestalt stand in der Tür, mit dunklen, verängstigten Augen, umrahmt vom Sonnenlicht der Straße draußen.

»Aber –«

Vals Mund stand offen, doch er brachte kein Wort hervor. Sie kam einen Schritt auf ihn zu.

»Ich –« Sie sah ihn hilflos an, ihre Augen füllten sich mit Tränen. »Ich wollte einfach nur Hallo sagen«, hauchte sie. »Seit drei Jahren komme ich hierher zurück, weil ich Hallo sagen wollte.«

Noch immer schwieg Val.

»Sie könnten mir etwas antworten.« Jetzt klang es ungeduldig. »Sie könnten mir etwas antworten, wo ich – wo ich ja fast schon geglaubt habe, dass Sie im Krieg umgekommen sind.« Sie wandte sich an den Angestellten. »Machen Sie uns miteinander bekannt!«, rief sie. »Denn sehen Sie, ich kann doch nicht Hallo zu ihm sagen, wenn wir beide nicht einmal wissen, wie der andere heißt.«

Natürlich muss man solchen Ehen zwischen den Kulturen misstrauen. In Amerika ist es Tradition, dass sie schlecht ausgehen, und wir sind an die typischen Schlagzeilen gewöhnt, »Herzogin gesteht: Würde Adelskrone gegen echt amerikanische Liebe tauschen« oder »Verarmter Graf misshandelt spanische Ehefrau«. Die gegenteiligen Schlagzeilen findet man nie, denn wer würde die schon lesen: »›Unser Schloss ist ein Liebesnest‹, sagt ehemalige Miss Georgia« oder »Herzog und Kaufmannstochter feiern goldene Hochzeit«.

Bisher hat es über die jungen Rostows noch überhaupt keine Schlagzeilen gegeben. Fürst Val ist viel zu sehr mit seiner mondscheinblauen Taxiflotte beschäftigt, als dass er Interviews geben könnte, und leitet die Firma mit großem Geschick. Nur einmal im Jahr verlassen er und seine Ehefrau New York – aber in Cannes gibt es noch immer einen Bootsführer, der selig ist, wenn in einer Nacht Mitte April die Privateer in den Hafen einläuft.

Roger Graf

Das Sommerloch

Es war heiß, und die meisten Leute waren in den Ferien oder sonst wie abwesend. Und diejenigen, die da waren, benötigten offenbar keinen Privatdetektiv. Die Ehemänner waren zu träge, um eifersüchtig zu sein, und die Frauen lagen lieber am Strand anstatt neben einem Liebhaber. So erstaunte es mich nicht weiter, dass mein Telefon stumm blieb. Hingegen erstaunte es mich, dass es dann doch plötzlich klingelte. Ich nahm den Hörer ab, und eine helle Frauenstimme drang an mein Ohr.

»Mein Name ist Walker, und ich möchte Sie gerne engagieren.«

»Um was geht es denn?«

»Sie haben sicherlich auch von diesen Kreisen in den Kornfeldern gehört?«

»Allerdings. Soll ich Ihnen welche in den Garten stampfen?«

»Nein. Aber auf dem Nachbargrundstück hat es solche Kreise. Und ich möchte nicht, dass sich diese Kreise auf mein Grundstück ausweiten.«

»Kreise ziehen nun mal Kreise, Frau Walker.«

»Es wäre mir äußerst unangenehm, wenn auf meinem Grundstück plötzlich diese Menschen von der Presse und vom Fernsehen auftauchen würden. Ich mag diesen Rummel nicht.«

»Und ich soll verhindern, dass bei Ihnen auch solche Kreise auftauchen?

»Ich vermute, dass mein Nachbar diese Kreise selber gemacht hat. Mein Nachbar will Aufsehen erregen. Ich habe das nicht nötig. Ich bin reich und glücklich.«

»Klingt vielversprechend. Ich kann mich mal umsehen und mit Ihrem Nachbarn sprechen. Kostet Sie aber was, Frau Walker.«

»Wenn Sie dafür sorgen, dass dieser Spuk aufhört, zahle ich Ihnen mehr, als Sie je auf einem Haufen gesehen haben.«

Ich lächelte. Schade war bloß, dass es nicht mehr Verrückte gab, die reich waren. Ich machte mich auf den Weg zum Grundstück von Frau Walker. Es war etwa halb so groß wie Manhattan, dafür sah man weit und breit keine Obdachlosen. Die Villa lag gut versteckt zwischen großen alten Bäumen und war mit Videokameras gesichert. Ich starrte in eines der Elektroaugen und klingelte. Es summte, und wenig später stand ich Frau Walker gegenüber. Sie war groß und etwas über vierzig. Ihr Händedruck war auch nicht übel.

»Mein Nachbar ist ein seltsamer Mensch. Und er ist geizig. Nicht mal einen Gärtner hat er. Deshalb steht das Gras so hoch.«

»Woher wissen Sie eigentlich, dass im Nachbargarten Kreise zu sehen sind? Ich dachte immer, die Dinger sieht man nur aus der Luft?«

»Ich besitze ein kleines Flugzeug und eine eigene Landebahn. Die Bewilligung dafür hat mich ein Vermögen gekostet. Früher waren die Leute lediglich käuflich, heute sind sie zu allem Übel auch noch teuer.«

»Verstehe. Und mit Ihrem Flugzeug sind Sie über das Grundstück des Nachbarn geflogen?«

»Ja. Und da sah ich diesen Kreis. Wissen Sie, ich fliege nur noch selten. Die Einkäufe erledigt mein Pilot.«

»Ihr Pilot fliegt ins Einkaufszentrum?«

»Es gibt ein paar Dinge, die man bei uns nicht so leicht kriegt. Mein Pilot fliegt deshalb ab und zu ins Ausland und macht Besorgungen.«

Ich nickte verständnisvoll, schließlich hat unsereins auch für die Nöte der Reichen ein offenes Ohr. Vor allem dann, wenn sie einem das Mittagessen für die kommenden Monate finanzieren. Frau Walker führte mich in den Raum, aus dem sie ihr Grundstück überwachte. Er war vollgestopft mit Monitoren, auf denen so ziemlich alles zu sehen war, was um die Villa herum vor sich ging.

»Haben Sie gelesen, wie viele Einbrüche und Überfälle es im vergangenen Jahr gegeben hat? Ich verlasse mein Haus nur noch, wenn es absolut nötig ist.«

»Ich will nicht indiskret sein, aber was machen Sie den ganzen Tag?«

»Ich habe ein Telefon, und ich male. Möchten Sie einige meiner Bilder sehen?«

»Danke, aber ich sehe so viel im Leben, dass ich ganz gut auf den Anblick von gemalten Bildern verzichten kann.«

»Nun, ich glaube, Sie könnten mit meiner speziellen Symbolik sowieso nicht viel anfangen.«

»Mir sind einfache Kreise als Symbole lieber. Vielleicht wäre es ganz gut, wenn ich mir jetzt Ihren Nachbarn vorknöpfen würde. Wie hieß er doch gleich?«

»Gubler. Ein seltsamer Mann. Ein bisschen exzentrisch. Oh, ich habe Ihnen noch gar nichts angeboten. Wie wäre es mit finnischem Mineralwasser? Hat mein Pilot letzte Woche eingekauft.«

»Danke, aber mein Magen verträgt keine finnischen Mineralien. Im Übrigen sollten wir jetzt über das Geschäftliche reden.«

»Ich habe den Check bereits vorbereitet. Bei Erfolg hänge ich noch eine Null daran.«

Das kleine Schriftstück sah nicht übel aus. Es war zwar kein Lottogewinn, aber ein Haufen Geld für ein paar lausige Kreise. Dann machten wir uns auf den Weg zu Gublers Grundstück. Es war mit Pflanzen überwuchert und sah aus wie ein Naturschutzgebiet. Der Hausherr war nirgends zu sehen. Frau Walker führte mich zu den ominösen Kreisen.

»Hier ist es. Das Gras ist niedergedrückt.«

»Sieht nicht sehr imposant aus.«

»Moment mal. Was ist denn das da?«

Sie zeigte auf ein Tuch, das im Gras lag. Als ich genauer hinschaute, wurde mir klar, weshalb sie zwei Schritte zurückging.

»Liegt da nicht ein Mann im Gras?«, fragte sie unsicher.

»Tatsächlich«, stellte ich fest. »Ist das Herr Gubler?«

»Das würde zu ihm passen«, sagte sie gefasst. »Im Freien zu schlafen! Wo man doch weiß, dass das bei der Hitze ungesund ist.«

»Scheint ihm tatsächlich nicht gut bekommen zu sein.«

»Ich habe meine Brille nicht dabei. Ist irgendetwas mit dem Mann?«

Wir gingen näher. Und mit jedem Schritt wurde der Anblick ungemütlicher. Frau Walker hielt sich beide Hände vor das Gesicht. Ich fluchte leise vor mich hin. Die Kreise zogen tatsächlich Kreise. Herr Gubler lag tot in einem dieser Kreise, und sein Kopf sah übel zugerichtet aus.

Hugentobler trug eine Mütze, die seinen Schädel vor der Sonneneinstrahlung schützen sollte. Frau Walker trank im Haus eine Flasche isländisches Mineralwasser. Mir bot sie glücklicherweise nichts an.

»Der Mann ist offenbar erschlagen worden«, sagte Hugentobler. »Ist diese seltsame Frau Walker Ihre Klientin?«

»Kann schon sein.«

»Sieht nach einem Überfall aus. Das Haus von diesem Gubler ist praktisch leer. Es stehen nur noch ein paar Möbel herum.«

»Sie glauben, dass die Diebe mit einem Lastwagen vorgefahren sind und alles mitgenommen haben, was einigermaßen wertvoll aussah?«

»Es spricht einiges dafür. Wäre nicht das erste Mal. Das waren Profis, Maloney. Saumäßige Hitze. Ich gehe wieder zurück in mein klimatisiertes Büro.«

Das tat er dann auch. Mir blieb nichts anderes übrig, als erneut Frau Walker aufzusuchen, die sich in ihre kühle Villa verkrochen hatte.

»Schrecklich. Und das direkt in meiner Nachbarschaft. Stimmt es, dass Gublers Haus vollständig geplündert wurde?«

»Die Polizei hat so etwas angedeutet. Ist Ihnen nichts aufgefallen? Sie haben nicht zufällig eine Ihrer Videokameras auf das Nachbargrundstück gerichtet?«

»Selbstverständlich. Aber ich sitze nicht ständig vor den Monitoren. Glauben Sie, dass diese Einbrecher eines Tages auch bei mir vorbeikommen werden? Oder vielleicht sogar in der Nacht?«

»Schon möglich. Aber Ihr Haus scheint mir ausreichend gesichert zu sein.«

»Trotzdem. Würden Sie mein Haus in den nächsten Wochen bewachen?«

Ich sagte ihr, dass ich mir dies gründlich überlegen würde. Sie war nicht beleidigt. Ich hatte nichts Gescheiteres zu tun, deshalb ging ich ins klimatisierte Polizeigebäude.

»Gut, dass ich Sie nochmals sehe, Maloney. Wissen Sie, wer die Frau ist, für die Sie arbeiten?«

»Wieso? Sind ihre Checks etwa nicht gedeckt?«

»Im Gegenteil. Die Frau ist steinreich. Hat von ihrem verstorbenen Mann ein mittleres Firmenimperium übernommen, das sie per Telefon und Telefax kontrolliert. Ziemlich verschroben, diese Frau Walker. Meine Frau erzählte mir gerade am Telefon, dass diese Frau Walker, laut einem Zeitschriftenartikel, einige Goldbarren in ihrem Haus aufbewahrt. Als eiserne Reserve. Falls mal Krieg ausbricht oder eine Revolution.«

»Keine schlechte Idee. Und wie sah es bei diesem Gubler aus? Schlief der auch auf Goldbarren?«

»Im Gegenteil, Maloney. Hat sich an der Börse verspekuliert, und dann hat er sich auch noch mit einer Reisebürokette übernommen. Der Mann war mehr oder weniger pleite.«

»Mit anderen Worten: das Haus war schon leer, als er noch lebte.«

»Ob er derart pleite war, wissen wir nicht. Auf jeden Fall ist Raub nicht das einzige Motiv. Der Mann war nicht gerade beliebt.«

Ich ging zurück an die Sonne und trank unterwegs zu meinem Büro einen Whisky. Später landete ich wieder bei Frau Walker. Die Sonne hatte mir so sehr zugesetzt, dass ich drauf und dran war, ihren Bewachungsauftrag anzunehmen. Doch anstelle von Frau Walker traf ich eine junge Frau, die die Videokameras abstaubte und mich säuerlich musterte.

»Sind Sie der Detektiv, der das Haus bewachen soll?«

»Sind Sie die Frau, die ständig Fragen stellt, die sie gar nicht beantwortet haben möchte?«

»Nur weiter so, Herr Detektiv. Wenn ich diese Kameras geputzt habe, können Sie mich filmen. Sie und diese reiche Schrulle.«

»Sie mögen Frau Walker nicht besonders?«

»Sie als Detektiv sollten doch einen Sinn für Gerechtigkeit haben. Finden Sie es gerecht, dass eine solche Person im Geld schwimmt, während Sie und ich keine Chance im Leben kriegen?«

»Ich möchte eine Chance, wie Frau Walker zu werden, nicht mal geschenkt. Haben Sie vom toten Nachbarn gehört?«

»Das war auch so ein seltsamer Kauz. Sind reiche Leute eigentlich immer so seltsam?«

»Nicht seltsamer als alle anderen. Sie können es sich aber im Gegensatz zu den anderen leisten, ihre Verrücktheiten auszuleben. Wenn ich nackt an eine Party gehe und eine Rede zu Ehren des Lendenschurzes halte, lande ich in der Klapsmühle. Bei einem Reichen würde diese Episode allenfalls zwei Seiten in den Memoiren füllen.«

»Ich habe genug von verschrobenen Reichen. Ich fahre weg, am nächsten Wochenende.«

Wohin sie gehen wollte, verriet sie mir nicht. Dafür verriet Frau Walker mir den Namen und die Adresse des Piloten, der für sie in fremden Ländern einkaufte.

»Wollen Sie einen Rundflug machen?«, fragte Frau Walker, und ihre Äuglein glänzten dabei. »Ich würde Sie gerne pilotieren.«

»Später vielleicht. Ich möchte Ihren Piloten gerne fragen, ob ihm in den letzten Tagen etwas aufgefallen sei.«

»Sehr gut. Ich komme mit. Ich habe nämlich noch einen Auftrag für ihn. In Schottland soll es phantastisch prickelndes Mineralwasser geben.«

Sie erzählte mir unterwegs, aus wie vielen Ländern sie schon Mineralwasser importiert hatte. Mir schauderte bei der langen Liste. Frau Walker musste durch und durch mit Mineralien verseucht sein. Vielleicht würde sie eines Tages als Kristall enden. Der Pilot wohnte in einem modernen Wohnblock. Die Gegend war totenstill, so als ahnte sie, was wir in der Wohnung vorfinden würden. Die Tür war offen, und der Pilot lag auf dem Bett. Seine starren Augen fixierten die Zimmerdecke. Frau Walker würgte einige Mineralien hervor, und ich wunderte mich langsam darüber, wie sich das Sommerloch mit Leichen füllte.

Die Polizisten schwitzten und arbeiteten, während ich es mir in der Küche gemütlich machte. Frau Walker saß mir gegenüber. Sie war sehr bleich.

»Was gäbe ich jetzt für ein gutes japanisches Mineralwasser.«

»Ist Ihnen in der Wohnung nichts aufgefallen?«

»Ziemlich unordentlich. Aber was geht mich das Privatleben dieses Mannes an?«

»Die Koffer, Frau Walker. Ihr Pilot hatte die Koffer gepackt.«

»Tatsächlich? Nun, er wollte am nächsten Wochenende wegfahren. Für längere Zeit.«

»Interessant. Ihre Hausangestellte hatte das Gleiche vor.«

»Die hat gekündigt. Glauben Sie, dass die beiden befreundet waren? Mich interessiert so etwas nicht. Solange die Arbeit richtig gemacht wird, ist es mir egal, was diese Leute sonst noch treiben.«

»Würden Sie die Spesen übernehmen, wenn ich mir einen Hubschrauber mietete?«

»Einen Hubschrauber? Ich habe ein Flugzeug, Maloney. Ich fliege Sie, wohin Sie wollen.«

»Ich möchte mir das Grundstück Ihres Nachbarn aus der Luft ansehen.«

»Dann ist es besser, Sie nehmen einen Hubschrauber. Die Nachbarn beschweren sich immer über meine Tiefflüge.«

Hugentobler schwitzte erbärmlich, als er uns mitteilte, dass der Pilot mit seiner eigenen Waffe erschossen worden war. Zwei Stunden später saß ich in einem Hubschrauber. Der Pilot war ein junger Mann, der ständig nervös mit den Achseln zuckte.

»Ihr erster Flug?«, fragte der nervöse Pilot.

»Ich bin früher schon einmal über einen Golfplatz geflogen. Seither kann mich nichts mehr aus der Ruhe bringen.«

»Habe ein seltsames Gefühl im Magen, aber das muss nichts heißen. Wenn mir schlecht wird, drücken Sie einfach auf diesen Knopf hier.«

Er zeigte mit einem Finger auf einen gelben Knopf.

»Ist das der Autopilot?«

»Nein, ein Tonbandgerät. Darauf können Sie Ihren letzten Willen sprechen.« Er lachte laut und unanständig über den Scherz. »Keine Angst. Ich fliege schon seit acht Jahren und habe noch nie einen Kunden verloren. Ist das da vorne das Grundstück?«

»Genau.«

»Hübsch. Haben Sie das gemacht?«

»Was denn?«

»Da unten! Sehen Sie? Sieht aus wie ein großes *OK*. Heißt der Besitzer des Grundstückes OK?«

»Sie können mich jetzt wieder absetzen. Ich habe genug gesehen.«

»Wie wäre es mit einem kleinen Rundflug über die Stadt? Ich könnte Sie auf der Uniterrasse absetzen.«

Ich sagte ihm, dass er mich auf Frau Walkers Grundstück absetzen solle. Sie empfing mich mit einer Flasche Mineralwasser in der Hand. Ich ging an ihr vorbei zum Telefon. Hugentobler klang gereizt.

»Was soll uns denn aufgefallen sein, Maloney?«

»Bei der ersten Leiche«, sagte ich in den Hörer. »Diesem Gubler. Gab es da nicht etwas, das ungewöhnlich war?«

»Ungewöhnlich? Allerdings, Maloney. Bei armen Leuten wäre das sehr ungewöhnlich, bei reichen hingegen nicht.«

»Gold?«

»Volltreffer, Maloney. An der Leiche fanden wir kleine Mengen von Gold. Winzige Mengen. Seltsam war nur der Ort, wo wir das Gold fanden.«

»Darf ich raten? An den Haaren.«

»Genau, Maloney. Aber wie kommen Sie darauf? Verschweigen Sie mir wieder etwas, Maloney?«

Ich verschwieg es ihm auch weiterhin und hängte ein. Ich wandte mich Frau Walker zu. Die Mineralwasserflasche war weg. Dafür trug sie jetzt ein Fragezeichen als Make-up.

»Was ist mit den Haaren? Haben Sie etwas herausgefunden?«

»Stimmt es, dass hier in Ihrem Haus einige Goldbarren herumliegen?«

»Aber natürlich. Man weiß ja nie, wann unser Wirtschaftssystem zusammenkracht. Ich kenne eine Menge führender Leute hier im Land. Und je besser ich diese Leute kenne, umso mehr zweifle ich daran, dass das noch lange gut gehen kann.«

»Könnten Sie mal nachschauen, ob noch alles Gold da ist?«

Ihr Mund öffnete sich. Darin erkannte ich genug Gold, um meine Miete damit bezahlen zu können.

»Ich schaue sofort nach. Einen Moment bitte.«

Sie verschwand in einem anderen Raum und kam wieder einmal bleich zurück. Ihre Hände suchten halt an einer Mineralwasserflasche, fanden aber nur meine Arme. Sie setzte sich auf einen Stuhl.

»Es fehlen tatsächlich einige Barren.«

»Das werden Sie überleben.«

»Darum geht es nicht. Es ist die Unsicherheit. Ich dachte immer, mein Haus sei optimal geschützt gegen Einbrecher.«

»Wenn die Einbrecher im Haus arbeiten, hilft auch keine Alarmanlage.«

»Sabrina?«

»Wer ist Sabrina?«

»Sabrina ist meine Hausangestellte.«

»Ich dachte eigentlich an den Piloten.«

»Aber der Pilot ist doch tot?«

Wo sie recht hatte, hatte sie recht. Langsam nahm die Geschichte in meinem Kopf Konturen an. Ich besuchte die Hausangestellte in ihrem kleinen möblierten Zimmer. Ihr

Gesicht war verheult, und auch sonst sah sie ziemlich zerknittert aus.

»Ich halte das nicht aus. Ich gehe zur Polizei.«

»War es Notwehr?«

»Ein Unfall. Er wollte mich verlassen. Ich habe ihm mit der Pistole gedroht. Die lag bei ihm auf dem Nachttisch. Er wollte sie mir wegnehmen. Da fiel ein Schuss. Er fiel aufs Bett und war tot.«

»Und das Gold?«

»Welches Gold?«

Sie schaute mich verdutzt an. Ich nahm ihr die Verdutztheit ab und ging wieder zurück zu Frau Walker. Es ist nicht besonders angenehm, mitten im Sommer ständig unterwegs zu sein. Frau Walker hatte sich ein wenig erholt. Sie sah mich fragend an. Ich tat, was ich in solchen Situationen immer tue: abwarten.

»Jetzt spannen Sie mich nicht auf die Folter. Hat Sabrina das Gold gestohlen?«

»Nein. Aber sie hat den Piloten erschossen. Vermutlich war es ein Unfall. Ihr Nachbar und der Pilot wollten Sie um das Gold erleichtern. Der Pilot packte das Gold ins Flugzeug und warf es über dem Nachbargrundstück ab. So entging er ihren Videokameras. Ihr Nachbar hatte die Abwurfstelle mit Kreisen markiert. Wenn man genau hinsieht, steht da *OK*. Leider war Ihr Nachbar unvorsichtig und wurde von den Goldbarren erschlagen. Der Pilot nahm das Gold anschließend zu sich und wollte abhauen.

»Und wo ist mein Gold jetzt?«

Die Frage konnte ich ihr nicht beantworten. Das Gold ist nicht wieder aufgetaucht. Frau Walker ließ seither auch ihren Luftraum überwachen. Die Hausangestellte Sabrina konnte vor Gericht glaubhaft machen, dass sie ihren Freund nicht absichtlich tötete. Und meine Abneigung gegen Mineralwasser ist seit diesem Fall um einiges gestiegen. So geht das.

Martin Suter

Die Sommerlochfrage

Auch dieses Jahr bleibt Geri in den Sommerferien zu Hause. Das Risiko, das falsche Ferienziel zu wählen, ist ihm schlicht zu groß. Aber auch so ist die Ferienzeit eine schwere Prüfung. Sie unterbricht den natürlichen Lauf der Dinge. Es ist kompliziert genug, den Überblick über Falsch und Richtig zu behalten, wenn die Szene beisammen ist. Wenn sie sich in alle Welt verstreut, gerät sie vollends außer Kontrolle.

Wenn sich im Juli das Fisch & Vogel leert und in der SchampBar die fremden Gesichter überhandnehmen, beginnt für Geri die Zeit der Orientierungslosigkeit. Dann sitzt er in seiner immer fremder werdenden Umgebung zwischen Shortsträgern und Menschen mit beschrifteten T-Shirts (»Auf und Davos!«) und fühlt sich mit jedem Tag deplazierter. Wer garantiert ihm, dass er sich nicht im Auge einer gigantischen Trendwende befindet, die alles durcheinanderwirbelt und einzig Geri Weibel zurücklässt als Kuriosität aus einer anderen Zeit mit anderen Kragen und Hosenbünden?

Manchmal hat Geri das Gefühl, die Ferien dienten Robi Meili und Konsorten nur dazu, aus der Lifestyle-Disziplin der Szene auszubrechen und unbeaufsichtigt mit unautorisierten Trends herumzuexperimentieren.

Allzugut erinnert er sich an den Sommer 96, als Robi

Meili mit einem Zehntagebart aus Barcelona zurückkam und zum Carajillo im – damals noch – Mucho Gusto El País las und darin Artikel anstrich. Geri hatte sich bereits drei Tage nicht rasiert und einen Kassetten-Schnellkurs Intensiv-Spanisch gekauft, als sich Robis damalige Freundin in der Bartfrage durchsetzte, und mit den Stoppeln auch El País verschwand. Nur der Carajillo hielt sich noch eine Weile.

Auch Susi Schläflis Rückkehr aus Bali ist ihm in lebhafter Erinnerung. Sie tauchte in der SchampBar auf mit nichts als einem Batik-Sarong an, bereit, ihn auf den kleinsten Wink abzuwerfen und ihre nahtlose Bräune und ihr neues Verhältnis zu ihrem Körper zu demonstrieren. Erst als sie mit einer doppelten Lungenentzündung ins Spital eingeliefert wurde – sie hatte die Vorläufer der Herbststürme ignoriert –, verlief der Trend im Sand. Geri ärgerte sich, dass er vorsorglich die Hosenbeine seiner besten Jeans abgeschnitten und ausgefranst hatte.

Was Geri an den Nachferientrends am meisten zu schaffen macht, ist ihre Abruptheit. Trendwenden, die unter seinem wachsamen Auge geschehen, kündigen sich meistens durch Kleinigkeiten an. Auch wenn es ihm nicht jedesmal gelingt, die Zeichen frühzeitig zu lesen, so muss man ihm doch ein gewisses Sensorium attestieren und eine gewisse Erfahrung in der Seismologie der Trenderschütterungen seiner unmittelbaren Umgebung. Aber wie kann er vorausahnen, dass Freddy Gut nach den Ferien von Trance auf Chris de Burgh und von Gatorade auf Guinness umgestiegen ist, weil er auf Korfu eine Turnlehrerin aus Dublin kennengelernt hat?

Geri hat auch schon versucht, die Lifestyle-Anarchie, die

in der Ferienzeit und der kurzen Zeit danach herrscht, zu genießen. Er hat sein Hawaiihemd, einen Fehlkauf aus dem Jahr 89, aus dem Schrank geholt, ist in die abgeschnittenen Jeans geschlüpft und so am See spazierengegangen. Aber es stellte sich kein Gefühl der Freiheit ein. Er fühlte sich wie ein schlecht verkleideter Spitzel, der jederzeit befürchten muss, enttarnt zu werden.

Seither meidet Geri Weibel während der kritischen Wochen Ausbrüche aus der Lifestyle-Routine. Er hält sich an die Vorgaben der Vorferienzeit und versucht die Ungewissheit der Nachferienzeit aus dem Bewußtsein zu verdrängen. Die einzigen Ausbrüche aus der Routine sind seine Besuche in der Badeanstalt, wenn es das Wetter erlaubt.

Die Badeanstalt, vorausgesetzt, es ist die richtige, war im vorletzten Sommer voll im Trend und im letzten noch akzeptiert. Das Risiko, dass er sich damit in die Nesseln setzt, ist relativ gering. Er muss nur darauf achten, dass er nicht braun wird. Braun ist abgesehen von den gesundheitlichen Aspekten uncool, unurban und eine schlechte Kontrastfarbe zu Schwarz und Steingrau.

Geri arbeitet konsequent mit Schatten, Frotteetüchern, XXL-T-Shirts und 30er Blocker. Er übersteht das Trend-Sommerloch ohne Sonnenbrand und mit einer Haut, so weiß wie ein frischgebadeter Tunnelwart.

Langsam füllen sich Fisch & Vogel und die SchampBar wieder mit den vertrauten Gesichtern. Geri ist froh, die vorbildlose, die schreckliche Zeit hinter sich zu haben, und stiehlt sich vor dem Apéro jeweils ein halbes Stündchen fürs Solarium.

Anna Katharina Hahn

Sommerloch

Das Wasser des Kanals sieht dunkelbraun und zäh aus, als ob es in den Wochen ohne Regen durch irgendeine chemische Reaktion dickflüssig geworden ist. Die Bäume streuen aus ihren unteren Etagen gelbe Blätter auf die stillstehende Brühe, werfen Ballast ab, die Wipfel sind staubiggrün. Nicht einmal die von dir so geliebten Schwäne sind heute elegant. Sie treiben auf dem Wasser wie zerdrückte Kopfkissen, die beim Lüften von den Fensterbänken der umliegenden Häuser geplumpst sind, warm, schwer und ein bisschen schmuddelig. Ich nehme einen Zug Zitronensprudel und versuche, im Samstagmittagsgewimmel auf der Brücke Nelly zu entdecken – Nelly mit zwei riesigen, fetttriefenden Wärmetüten, auf denen ein kopfloses Hähnchen rennt, mit ein paar Dosen Holsten, die unmelodisch aneinanderknallen und noch beschlagen sind von einer Nacht im Kühlschrank der ›Bahnhofsklause‹. Die Luft flimmert über der Kreuzung. Es riecht nach Benzin, heißem Staub und Sonnenöl. Rings um mich knistern verschiedene halbkahle Pflanzen, die nicht auf einen Außenbalkon gehören, ein Drachenbaum, ein Ficus, etliche Kakteen, die noch einigermaßen frisch aussehen. In ihren Töpfen stecken Kippen dicht an dicht. Meine Fata Morgana löst sich auf.

»Wahrscheinlich erzählt sie gerade dem Imbissfritzen ihre Lebensgeschichte.« Hanno schiebt seine neunzig

Kilo in Khakishorts, Springerstiefeln und Camouflage-Netzhemd neben mich auf den schmalen Balkon. Als ich ihn heute Morgen durch die Tür kommen sah, war ich versucht zu fragen, in welchen Krieg er denn ziehen wolle. Aber die Aussicht auf stundenlanges Kistenschleppen mit jemandem, der sich in seiner Eitelkeit getroffen fühlt, ist nicht besonders angenehm, also ließ ich es sein, streckte ihm nur die Hand hin und hoffte, dass sie hinterher noch zu gebrauchen wäre. Den Vormittag haben wir auch ganz gut hinter uns gebracht. Mein wöchentliches Herumgespringe auf einem mitfedernden Hallenboden zusammen mit zwei Dutzend anderen Orangehäutigen hat sich endlich mal gelohnt, du kannst also aufhören, dich ständig darüber lustig zu machen. Ich habe genauso viel Puste wie Bühnenarbeiter Hanno, auch wenn ich etwas anders gebaut bin und nicht ganz so viele Teile gleichzeitig schleppen kann. Trotzdem sieht Nellys Wohnung immer noch aus, als wäre ein Bulldozer durchgefahren. Wir beide haben gestern bis Mitternacht gepackt, nur in Unterwäsche, bei weit offenen Fenstern, permanent angehaucht vom heißen Röcheln der Augustnacht, bis die letzte U-Bahn einfuhr. »Gut, dass wenigstens du da bist.« Sie fummelte am Verschluss eines wasserfesten Filzstifts, der die stickige Luft mit beißendem Gestank erfüllte und verteilte dann kryptische Inhaltsangaben auf die Deckel der umstehenden Kisten: »Wichtige Unterlagen«, »Porzellan, zerbrechlich!«, »Weihnachten«. Die Buchstaben verhäkelten sich ineinander zu einem kaum lesbaren Gewebe. Währenddessen erzählte sie vom Verbleib der restlichen Umzugsmannschaft. Ich erfuhr, dass ich heute mit zwei Typen allein sein würde, die Nelly aus verschiedenen Gründen die Stange halten.

»Hanno, der ist unheimlich nett, ich kaufe manchmal Gras bei ihm. Mein Dealer, sozusagen.« Sie kicherte. »Und Kurt ist mein Ex, das weißt du ja. Wir haben uns vor ein paar Tagen zufällig auf dem Postamt getroffen.« Na schön. Die Kerle werden eindeutige Absichten haben, wenn sie ihren Samstag opfern. Einen Augustsamstag wohlgemerkt. Von der Natur vorgesehen für Ostsee, Quallen, Sonnenbrand, Sex in den Dünen. Und hinterher die unvermeidliche rote Grütze mit zwei klebrigen Kugeln Vanilleeis. Nicht vergessen, die Kontaktlinsen reinzutun, man will ja nicht aussehen wie ein dreckiger Intello. Das kann in diesen Breiten durchaus gefährlich werden. Kannst du dich noch erinnern, letzten Sommer in Kühlungsborn? Abenteuer Osten, besser als jede Fahrt nach Marlboro Country.

Nelly meditierte über einer angebrochenen Packung Mondamin, zwickte den Beutel schließlich mit einer gelben Wäscheklammer zusammen. »Mindestens haltbar bis Februar 1999. Sechs Monate überfällig. Aber das macht doch nichts, oder?« Ich schnappte mir das Zeug und schleuderte es in Richtung Küchenkiste. Es klatschte dumpf zwischen Fadennudeln und Frühstücksflocken. »Und wo bleiben deine ganzen Mädels?« Vor meinem geistigen Auge erstand eine Horde Frauen, die ich in diesen Räumen schon öfter gesehen hatte; sie nahmen gerne noch eine zweite Portion Gemüsequiche, ein weiteres Gläschen Rotwein, vor allem, wenn Julian das Tablett herumreichte. Sie erzählten von ihrer Heilpraktikerausbildung, dem supereinfühlsamen Therapeuten und flüsterten rauchig: »Nelly sieht heute aber abgespannt aus, findest du nicht, Ju?« Mareike muss zu ihrem Bildhauerkurs, Annett ist in der sechsten Woche, sie darf nichts Schweres tragen, und bei Miriam ist der Samstag seit jeher für ihre Wochenendbeziehung reserviert, das muss man doch verstehen. Sie haben alle angerufen und abgesagt – »Ganz nett, oder?« –, wünschten »viel Kraft« oder Schlimmeres.

In einem rosa Plastikkörbchen auf dem Badewannenrand lagen Anti-Schuppen-Shampoo und eine ausgedrückte Tube Rasiercreme. Ich halte es Nelly unter die Nase. »Was ist damit?« Ihre grünen Augen werden plötzlich giftig wie Nagellackentferner. »Das gehört mir nicht, ich habe keine Schuppen!« Billiges Aftershave, Hornhauthobel, eine Packung Heftpflaster bleiben unter ähnlichen Anweisungen im zahnpastafleckigen Hängeschrank zurück. Ebenso eine schmale Bronzefrau mit wenig verlockenden Sportlerbrüsten und -hüften: »Das Ding gehörte früher mal Julians Vater, irgendwas aus der Schule, muss ewig her sein. Julian fand es immer ganz toll.« Auf dem Sockel steht: »Arno Breker: Die Siegerin.« Dann ein weißes Päckchen aus der Apotheke. »Posterine, ist das deins?« Nelly ließ mich wortlos den Pappdeckel aufklappen und ein längliches, gläsernes Teil auspacken, das entfernte Ähnlichkeit mit einer sehr schlanken Möhre hatte. Wir kennen uns zwar schon eine Weile, aber ich fand es ziemlich mutig von ihr, dass sie mir so, ohne mit der Wimper zu zucken, ein Sex-Toy zeigte, das nur ihr gehören konnte. Doch sie blieb derart ungerührt, dass ich stutzte. Der Beipackzettel rutschte mit heraus. Ich las laut vor und erfuhr, dass Posterine ein Hilfsmittel bei der Behandlung von Hämorrhoiden ist, »zur Einbringung der Salbe in den After«, das Julian verschrieben wurde und das er nie benutzte. »Sein eigenes Arschloch war ihm unheimlich.« Da nun ohnehin alles zu spät war, fragte ich mit schief gelegtem Kopf, was mich wirklich interessierte, im Gedächtnis Julians imposante Erscheinung. Ein wirklich schöner Mann, groß, blond, Riefenstahl: »Und beim Sex? Ich meine, das ist doch eine unheimlich erogene Zone.« Nelly zuckte mit den Achseln. »Ich habe es ihm mehrfach angeboten – abgelehnt!« Wir sahen uns an und grinsten. Wir kicherten wie die Bekloppten. Nelly hielt sich an meiner Schulter fest. Sie ließ sich auf den Wannenrand fallen. Die Stargarderobenstrahler um den Spiegel knallten auf ihre weiche braune Haut, die zitternden Schultern. Sie wippte hin und her und machte glucksende Geräusche. Als sie aufschaute, war ihr Gesicht nass, die Mundwinkel zeigten nach unten. Dann ging alles wieder von Neuem los. Julian, dieses Schwein. Sie musste dann unbedingt etwas einwerfen und mir Fotos zeigen. Und das Hochzeitskleid. Es hing auf einem Drahtbügel im leer geräumten Kleiderschrank und war relativ einsam in seiner Plastikhülle. Mir fiel ein durchsichtiger Behälter mit rosa Deckel ein, den meine Mutter auf dem Kühlschrank deponiert hatte. Original Wiener Feinbäckerbaisers, Schäumchen. Zutaten für irgendeinen Angebernachtisch, den sie dann doch nicht zubereitete. Die stocksteifen Eiweißhäufchen, stechend süß, konnten nicht einmal meine Schwester, eine gierige Fünfjährige, verlocken. Sie blieben in ihrer Schachtel, bis sich eine flauschige Staubschicht auf dem Deckel gebildet hatte und sie nur noch unter archäologischen Gesichtspunkten interessant waren. An der mit Spitzen durchbrochenen Schulter von Nellys Hochzeitskleid haben sich die Nähte gelockert. »Es war alles wie im Film.« Sie kreuzte die Knöchel, auf den Unterschenkeln hatte der wahrscheinlich zu hastig aufgetragene Selbstbräuner schlierige

Streifen hinterlassen. »Es regnete wie wahnsinnig, und wir haben unter einem schwarzen Schirm für die Hochzeitsbilder posiert.« Jetzt kommt es knüppeldick. 120 Gäste, Treibhausblumen, Tantrasex, ein Celanzitat im Ring eingraviert – »Niemandsrose«. Ich schaufelte mit beiden Händen Zeitungspapier vom Couchtisch, irgendwo war doch der Tabak, bitteres schwarzes Kraut, Feinschnitt, überhaupt nicht meine Sorte, aber diese Hochzeit ... Schließlich war ich mit von Partie, einmal richtig und inzwischen mindestens zehnmal virtuell, mithilfe von Nellys schiefen Schnappschüssen und weit aufgerissenen Augen. Du bist auch unter den Gästen gewesen, weißt du noch, und hast mich im Arm gehalten, während die beiden vor Vater Staat ihre Zustimmung äußerten. Im Rausgehen, als alle heulten, die irgendwie mit ihnen verwandt waren, hast du eine orangefarbene Gerbera aus dem Tischbouquet gezogen und mir hinters Ohr gesteckt. In meiner Handtasche zwei Beutel Konfetti, es rieselte noch den ganzen Abend aus den Klamotten der Hauptdarsteller, sogar aus Nellys Höschen, wie Julian später grinsend erzählte.

Sie öffnete hilflos den Mund, eine Menge Rotz und Wasser blockierten die Nasenatmung. »Mir geht's plötzlich so schlecht, mental.« Ein Haufen kratziger Wollpullover, Kaninchenpelzmantel, Thermohandschuhe flogen auf den Boden. Mir brach der Schweiß aus, nur beim Anblick der Wintersachen. Nelly bewahrt ihr Valium in einer pseudoantiken Schnupftabakdose aus dem Teeladen auf. Sie ist nicht geizig, ich bekam auch eine ab, zur Entspannung. Sie schlief bald ein, zusammengerollt zwischen den bräunlichen und gelben Blütenranken des betagten Sofas. Faltkartons lehnten ungeknickt in Zehnerpacken an der Wand.

Hanno und ich teilen den lauwarmen Rest auf dem Flaschenboden. Mein Magen knurrt. Er schaut auf seine Armbanduhr, »echt Panzer«, auch so ein militärisches Teil mit fingerdick verglastem Zifferblatt; wahrscheinlich in den ersten Jahren nach der Wende auf dem Polenmarkt im Schatten der barbusigen Quadrigalenkerin erstanden. »'ne halbe Stunde für ein bisschen Fast Food, diese Frau hat wirklich die Langsamkeit entdeckt.« Leider hat er recht. Wenn man sich mit Nelly verabredet, ist es besser, gleich selbst eine halbe Stunde zu spät zu kommen. Sie trödelt nicht nur im privaten Rahmen, sondern auch bei Vorstellungsgesprächen oder ersten Arbeitstagen, und das macht es weniger schlimm, denn es ist echt. Wie chronische Bronchitis. Oder zusammengewachsene Augenbrauen. Ich habe das Gefühl, nach Pavian zu stinken und wünsche mich, nicht zum letzten Mal, in eine kalte Flüssigkeit, egal wo, Badewanne, Regentonne, Springbrunnen, wie bei Fellini, um bei Nellys Filmvergleichen zu bleiben.

»Also, in diesem Viertel könnte ich nicht wohnen!« Hanno macht eine unbestimmte Geste, die Zwölfuhrsonne verbeißt sich in das rote Gebüsch auf seinem Unterarm. Von der Kanalbrücke geht eine kastaniengesäumte Straße ab, in ihrer Mitte fährt die Hochbahn. Antiquitätenläden, Kosmetikstudios, Boutiquen. Gebeugte Muskelmänner in römischen Togen tragen die Lasten ganzer Hauseingänge auf ihren Granitschultern. Wuchernde Blüten auf Kacheln in den Treppenhäusern. Fassaden wie verzierte Tortenstücke, jede Balkonbepflanzung ein Kunstwerk, japanische Papierschirme, Silberleuchter in den Fenstern. Ich kann Hannos grauen Bully in seiner Parklücke sehen und habe den Eindruck, dass die Passanten ihm verächtliche Blicke zuwerfen. Das alte Schlachtross hat mein Mitgefühl, denn mir ging es vorhin ähnlich, als ich in staubigen Jeans und schweißglitschigen Spaghettiträgern Klappstühle und Regalbretter in seinem Inneren verstaute. Ein großgeblümtes Sommerkleid wäre angebrachter, hinten offene Plateausandalen und sorgfältig lackierte Zehennägel. Dazu ein passender Geruch, Été oder Sunflower. Und diverse diskret bedruckte Papiertüten mit der Ausbeute dieses Vormittages. Ich habe trotzdem keine Lust, mich über die tollen Kicks zu unterhalten, die Hanno bekommt, wenn Fixer in seinem Hausflur zusammenbrechen, Penner ins Treppenhaus scheißen und er Seite an Seite mit Pärchen von den benachbarten Fickshows sein Bier schlürft. St. Georg eben. Das wahre Leben. Ein einziger Darkroom.

Kurt gesellt sich zu uns. Er knurrt etwas Unverständliches, schiebt mit dem Fuß einen traurigen Terrakottapott beiseite. Die im Mundwinkel baumelnde Zigarette lässt ihn mehr denn je wie einen erschöpften Brooklyner Paten aussehen, dessen gesamte Sippe gerade von der Konkurrenz in einer Tiefgarage niedergemäht wurde. Nelly hat ihn mir genau wie Hanno heute Morgen vorgestellt, als ich gerade dabei war, die ersten Kartons zu füllen und mich von dem Schock zu erholen, der mich beim Betreten der Wohnung erneut angefallen hatte. Sie redet und lacht, erzählt, dass er Ingenieur bei irgendeiner Dampfdruckkesselfirma ist. »Und er verdient zehntausend Mark im Monat, ein echter Erfolgsmensch!« Kurt verzieht angeekelt das Gesicht. Um seine Unterarme ringeln sich zwei vor Alter schon grünlich gewordene Tattoos, japanische Glücksdrachen. Wahrscheinlich versteckt er sie wochentags, wenn er auf Erfolgskurs ist, unter Seidenhemden. Die leere Flasche stellt er klirrend auf den Betonboden.

Kurt war mir bekannt aus Nellys Erzählungen als ihr Ex-Lover, sitzengelassen wegen Julian. Jetzt sehe ich einen Mann mit dunkel gefärbtem Haar, das sich heftig beißt mit den trockenen Falten um Mund und Augen, dem kleinen Bauchansatz und den kaffeefarbenen Flecken auf seinen Handrücken, die keine Sommersprossen sind und sich bald vermehren werden. Wenn ich Nelly richtig verstanden habe, scheiterte die Sache nicht allein an Julians plötzlichem Auftauchen – wer hätte da widerstehen können; ein Mann, der nicht nur Celan und Brinkmann zitiert, sondern auch ab und zu Ohrfeigen verteilt? Kurt hingegen liebte lange Fernsehabende, besonders Tennis und Geräteturnen, und warme Mahlzeiten, die nicht aus der Mikrowelle kamen. Dazu ein penetranter Kinderwunsch, na ja.

Er hat sich direkt aus dem Büro zu seinem heutigen Packerjob begeben. »Noch schnell was mitgenommen, für Sonntag.« Tolle Freizeitgestaltung. Kurt hat sehr gute Manieren, reicht mir wortlos die Requisiten, Paketklebeband, Schere, Zeitungspapier. Wir packen schnell, mit feuchten, geschwärzten Fingern; wenn sich unsere Blicke treffen, klappen wir die Augendeckel runter. Nicht, weil es so sehr zwischen uns knistert, sondern weil uns die Worte fehlen bei dem erbärmlichen Krempel, der hier übrig geblieben ist: verknickte Taschenbücher, angeschlagenes Geschirr, eine Sammlung von Schulheften und angeschmutzten Stofftieren. »Das muss unbedingt mit, das sind persönliche Erinnerungen.« An den Wänden zeichnen sich dunkle Ränder in verschiedenen Formaten ab. Ich erinnere mich an aufwendig gerahmte Poster, meist schwarz-weiß, korrekt gekrümmte Stahlregale und Stühle, einen antiken Spiegel. Hanno schraubt Kiefernholzregale auseinander und stemmt eine fleckige Matratze hoch. »So wie das hier aussieht, werden wir noch Stunden brauchen.«

»Na endlich«, sagt Kurt. Ich folge seinem ausgestreckten Zeigefinger. Nelly, tatsächlich, die Arme voller Tüten, eine fleischgewordene Hungerfantasie. Sie schiebt sich voran durch das Gewühl, zieht auch den einen oder anderen Blick auf sich. Männer gaffen, Frauen schauen sauer. Ihre Umzugskluft unterscheidet sich sehr von den handelsüblichen Modellen: bauchfreies Top, schwarze Jeans, die die Sonneneinstrahlung sechsfach bündeln, Riemchensandalen mit hohen Absätzen, ein neongelbes Haarband, das schwarze Locken daran hindert, über die silbernen Lider, den fuchsienfarbenen Mund, die kleine Pudernase zu fallen. Sie sieht uns und winkt mit einem vollgehängten Arm; sogar auf diese Entfernung kann ich den erleichterten Ausdruck auf ihrem Gesicht erkennen, dieses glückliche Grinsen, wenn man in der eigenen Wohnung erwartet wird, die eigentlich leer sein müsste.

Du fällst mir ein, mal wieder, was tust du jetzt? Ungefähr halb eins, und die Sonne drückt sich seit Stunden an den schweren gelben Vorhang vor dem Schlafzimmerfenster; ein schmaler Lichtstreifen auf deinem Kissen, nur ein Laken zum Zudecken, Brille, Bücher, Zahnseide, ein Teller mit Pizzakrümeln. Sicher stehst du jetzt bald auf, nackt auf dem Weg in die Küche, findest die Kaffeedose mit halbgeschlossenen Augen, nicht ansprechbar, aber anfassen könnte ich dich, fast so warm wie die Außentemperatur, schweigsam und handzahm.

Wir sitzen um den klebrigen Küchentisch und schieben

uns höflich die herausgefetzten Hühnerflügel, Keulen und Brüste zu; ich kaue an einem Knochen, mein Gesicht spiegelt sich in der offenen Balkontür, glasige Augen von dem hausgemachten Porno, der unter meiner Schädeldecke abläuft, glänzende Nase. Nelly redet ununterbrochen. Zwischen ihren Lippen zittert die Zigarette, sie reißt die Kühlschranktür auf und bombardiert die Tischplatte mit fast leeren Schraubgläsern, Tuben und Plastikflaschen: Ketchup, Currypaste, Zigeunersoße, Grillsoße, süßer und extrascharfer Senf. »Es tut mir leid, ich wollte ja eigentlich Kartoffelsalat und Würstchen für euch vorbereiten, richtig selbst gemacht, aber irgendwie hat das nicht geklappt. Vielleicht könnte ich schnell noch etwas Leckeres zu Trinken aufgießen, nicht nur Cola, eine Kalte Ente ...« Kurt schüttelt ungeduldig den Kopf und wischt sich die Hände an der Hose ab. »Hör mal, Nelly, was liegt denn jetzt noch an? Da drüben ist noch nichts gepackt, und für morgen habe ich wirklich andere Pläne.« Schließlich geht es weiter; Nelly und ich im Wohnzimmer vor der Bücherwand, eingebaute Regale bis zur Decke, dunkelbraun und vollgestopft. Auf dem Fensterbrett steht seit Tagen ein Lilienstrauß, mindestens ein Dutzend schwere weiße Blüten, ein Busch für ein Staatsbegräbnis. Sie welken langsam und riechen dabei wie die Leiche einer übergewichtigen Opernsängerin, die seit Tagen in der überheizten Garderobe liegt und sich vor ihrem Ableben noch ausgiebig parfümiert hat. Nellys Cousine arbeitet bei einer Blumenbilligkette, wahrscheinlich war das Zeug gerade im Angebot. Kurt und Hanno schleppen die Küchenmöbel nach unten. Ich glaube, sie hoffen, dass ich es schaffe, Nelly – so von Frau zu Frau – in eine systematisch packende Persönlichkeit zu verwandeln. Sie streift mit einer Hand über die Bücherrücken, nimmt einen Band heraus, blättert, lächelt: »Hier, sieh mal, die Widmung, von Julian, als wir uns 24 Stunden lang kannten.« In einer Ecke türmt sich ein Berg von Schuhen, daneben liegen vergilbte Zeitschriftenbündel, die Schubladen der Kommode gehen schwer auf, sie sind bis oben hin vollgestopft. Jeder Haushalt hat eine Kramschublade, Nelly hingegen …

Ich gehe auf den Schuhberg zu, kein Absatz unter acht Zentimeter, nadelspitz, geblockt, plateau, staubig und abgetreten. »Nelly, lass uns weitermachen. Können die hier weg?« Ich wedele mit einem Paar altmodischer Wildlederstiefel. »Nein, die sind von der Zypernreise, handgenäht, extra für mich angefertigt, die muss ich behalten. Weißt du, da hat Julian …« Hanno poltert ins Zimmer, sein Gesicht verzieht sich unter der Lilienattacke. Er sieht sich entsetzt um, blickt auf Nelly, die am Boden kniet und mit dem Zeigefinger über den rauen schmutzigen Stiefelschaft streichelt. Er schiebt mich in den Flur. »So geht das nicht weiter. Wir werden nie fertig, wenn sie zu jedem Pantoffel einen Roman erzählt. Du schaffst es auch nicht, oder?« Ich zucke mit den Achseln. Er schwitzt stark, aber es riecht nicht schlecht, frisch, nach Tag der Arbeit. Er hebt einen Arm, schnüffelt und grinst: »Ziegenbock sucht altes Treibnetz. Komm, wir nehmen die Scheißkommode, ich hab' ja gesehen, was du tragen kannst.«

Schließlich die letzte Fuhre, ich sitze zwischen Kurt und Hanno, aus dem Bauch des Bully stechen Gardinenstangen und abgeschraubte Tischbeine in Richtung Lenkrad. Die Straßen, durch die wir fahren, sind seltsam leer, nur vereinzelte Jogger, Omis in hellbraunen Mänteln und Stützstrümpfen, die von ihren Dackeln durch die grünflimmernden Alleen gezerrt werden, Sommerloch. Auf meinen Oberschenkeln breiten sich blaue Flecken aus, klopfend und pochend unter dem dünnen Jeansstoff. Ein Daumennagel ist eingerissen, die Haare mit Schweiß und Staub in eine Form gestylt, die in Frauenzeitschriften »verwegen« genannt wird. Ich bin nicht angeschnallt und fliege in den Kurven regelmäßig gegen Hanno oder Kurt, die genauso klebrig sind und mich jeweils ein bisschen länger als nötig im Arm halten. Nelly will später mit der U-Bahn nachkommen. Nachdem das Bücherregal leer war, hat sie aufgehört zu sprechen und ist an der kratzigen Strukturtapete zusammengesunken, neben sich eine alte Porzellantasse voller Kippen, die verschmierten Silberdeckel fest geschlossen. Ihre neue Wohnung liegt im Erdgeschoss, ein Zimmer mit grauem Linoleumboden. Wir schauen sie uns nicht genauer an. Tür auf, Licht an, die Wände entlang wird gestapelt, was wir einander zureichen, begleitet von knurrenden Lauten und heftigen Handzeichen, wie eine Affenhorde – Gorillas im Nebel, die einander bei der Futtersuche beistehen. Im Hausflur hängen verbeulte Briefkästen mit handgeschriebenen Namensschildern. Es riecht nach Müll und verbranntem Grillfleisch. Hinter einer Tür dröhnt *Sweet home Alabama*. Ich bin so müde, dass ich im Rhythmus mitschwanke. Kurt legt mir die Hand auf die Schulter. »Ist das deine Musik?« fragt er. Ich schüttele den Kopf. Die Drachen auf seinen Armen bewegen sich, ihre Schwänze und Flügel zucken. Hanno kommt dazu, er schwenkt den klirrenden Schlüsselbund. »Los, lasst uns abhauen, das ist jetzt echt nicht mehr unsere Baustelle!« Die beiden nehmen mich in die Mitte. Ich fühle mich wie eine Kiezkönigin zwischen ihren Bodyguards und bin dankbar für ihre Hilfe, als sie mir im nächsten Biergarten einen Stuhl unter den Hintern schieben, mit der Kellnerin verhandeln, nicht überlegen grinsen, als ich Berliner Weiße bestelle, grün natürlich.

Unser Gespräch dreht sich zunächst um Nelly, wir schimpfen ein bisschen, massieren unsere Schwielen, beide Männer machen düstere Prophezeiungen betreffs Einrichtung und künftigem Liebesleben. »Das wird noch Jahre dauern, bis sie wieder einen Fuß auf die Erde kriegt. Pass auf, nächste Woche sucht sie sich einen neuen Kerl, und ihre Kisten, die packt sie bis Weihnachten nicht aus!« Ich nippe an meiner Schale. Flaschengrün leuchtet unter dem sahnigen Schaum. Du hast es nie gemocht, ich weiß, aber die Waldmeisterwoge schwappt so tröstend in das Sommerloch, füllt es bis zum Rand, billiger als ein Cocktail, süßer als verlogene Wangenküsschen und die schmachtenden Sambaklänge, die seit Wochen aus allen Kneipen dröhnen. Kurt und Hanno berauschen sich an Kristallweizen, angeln nach den Zitronenscheiben, pflastern ihre geschundenen Handflächen, soll ja gut gegen Verletzungen sein. Hanno erzählt Theaterstories: »Meine Devise – nie auf der Premierenfeier und nie mit einer Schauspielerin.« Langsam, aber sicher tasten sich beide zu Fragen nach meinem Liebesleben vor. Ich kippe den letzten Schluck, schon abgestanden; du hast einmal meinen Hals gerühmt und ein Stück aus einem mittelalterlichen Gedicht zitiert, über eine Dame, so schön, so zarte Haut, dass man den roten Wein, den sie verkonsumierte, innen ihre milchglasweiße Kehle herabrinnen sah. Kann man eine durchgeschwitzte Schlampe besingen, die sich ein grünes Gesöff durch die Gurgel gießt? Ich erzähle von dir, wenige, beeindruckende Sätze. Kurt nickt anerkennend: »Du hast Glück, weißt du das?« Ich lächle durch den

Bierschaum der zweiten Runde. Er hat vollkommen recht. Wir trinken relativ schnell aus, dann trennen wir uns, unter Händeschütteln und Schulterklopfen, die müden Primaten suchen ihren Schlafplatz auf. Jeder für sich.

Der Mond hängt unauffällig am Nachthimmel, eine trübe Glühbirne, die völlig untergeht im Leuchten der sommerlichen Stadt, der himbeerfarbenen und blauen Lampions, der rötlichen Gartenfackeln, blitzenden Autoscheinwerfern und schummrigen Balkonleuchten. Ich schlendere nach Hause und denke an die letzte Woche; da hatte er seinen großen Tag, der Mond, der die Sonne biss, ein Stück herausnagte, dunkel und grausig die Wunde, die schnell immer größer wurde. Wir waren nicht in der Totalitätszone, würden also nicht die Winde der Finsternis, ausgelöst durch plötzlichen Temperaturabfall, fliegende Schatten, Sterne am Himmel und die bei plötzlicher Dunkelheit aufjaulenden Hunde erleben. Du hattest trotzdem vorgesorgt, dir und mir eine Sonnen-Sicht-Brille besorgt, lange bevor man sich vor den Optikerläden dafür prügelte, mit silbernen Foliengläsern und einem romantischen Nachthimmelaufdruck auf dem Pappgestell. Bei einer partiellen Finsternis im Jahr 1970 erblindeten in den USA 145 Personen, da muss man schon aufpassen. In süddeutschen Kantinen gab es zur Feier des Tages schwarze Nudeln. Und überall pilgerten die Leute in den Zoo, um sich an hysterischen Papageien, Giraffen und durchgehenden Elefanten zu ergötzen. Wir standen auf dem Balkon, die Straßen leer, Sonntagvormittagsstille mitten in der Woche, die eingebildete Blumenhändlerin von ›Mille fiori‹ und der dicke Imbiss-Manni mit verrenkten Hälsen einträchtig nebeneinander, graue Luft, etwas kühler vielleicht, du, unruhig, die Silberfolie verbirgt deine Augen. Es wird nur dämmrig, nicht dunkel, das bleierne Scheibchen ganz unspektakulär vor der Sonne, dazu noch Regenwolken. Ich starre, du sprichst plötzlich ganz schnell, ich höre noch die Stimme des TV-Moderators, der mitten im Kernschatten steht: »Wenn es oben schwarz wird, sieht man unten nichts.« Eine totale Sonnenfinsternis soll mit dem Erleben des eigenen Todes vergleichbar sein. Die eingetrübte Schmuddelshow, die uns hier oben geboten wird, verschafft keinen derartigen Kitzel, doch deine Worte lassen meine Knie wackeln, den Atem hecheln, knallen den Sargdeckel über mir zu. Vom Nachbarbalkon dröhnt *Moon over Bourbon Street*. Du nuschelst, ein Zeichen dafür, dass du dich nicht besonders wohlfühlst. Langsam nehme ich die Brille von der Nase. Aus den Folienfenstern starren mich meine Augen an, weit aufgerissen. Der Papst betrachtet die Sofi durch ein rußgeschwärztes Stück Glas. Vom Hubschrauber aus.

In der Wohnung ist es dunkel. Ich öffne den Kühlschrank. Angestrahlt werden ein Vanillejoghurt, Magerstufe, ein Bund Radieschen, »schon sechs Stück am Tag halten gesund«, eine Flasche Weißwein, halb voll, und ein Paket Vollkorntoast. Es riecht nach künstlicher Kälte und Essigreiniger. Ich greife nach dem Wein, ziehe den losen Korken heraus, nehme die Flasche am Hals mit ins Wohnzimmer und knipse das Licht an. An den Wänden sind dunkle Ränder in verschiedenen Formaten. Schluck für Schluck ziehe ich sie mit den Fingern nach.

Nachweis

Walter Benjamin
In der Sonne. Aus: Walter Benjamin, *Kleine Kunst-Stücke.* Copyright © 1989 Insel Verlag, Leipzig.

Lucia Berlin
Manchmal im Sommer. Aus dem Englischen von Antje Rávik Strubel. Aus: Lucia Berlin, *Abend im Paradies.* Copyright © 2019 by Kampa Verlag AG, Zürich. Neben *Abend im Paradies* ist von Lucia Berlin *Welcome Home. Erinnerungen Bilder und Briefe* im Kampa Verlag erschienen. Im AKI Verlag ist *Love, Loosha*, ein Band mit Briefen von Lucia Berlin und Kenward Elmslie, in Vorbereitung.

William Boyd
Frau mit Hund am Strand. Aus: William Boyd: *Der Mann, der gerne Frauen küsste.* Erzählungen. Aus dem Englischen von Ulrike Thiesmeyer und Heinz Müller. Copyright © 2020 by Kampa Verlag, Zürich. Von William Boyd sind im Kampa Verlag sechzehn Bücher erschienen, zuletzt sein neuer Roman *Der Romantiker* und sein preisgekrönter Debütroman *Unser Mann in Afrika* als Kampa Pocket.

F. Scott Fitzgerald
Liebe in der Nacht. Aus dem amerikanischen Englisch von Manfred Allié. Zuerst erschienen 1925 in der *Saturday*

Evening Post. Für die Übersetzung Copyright © 2023 by Kampa Verlag AG, Zürich. Von F. Scott Fitzgerald ist als Gatsby Original im Kampa Verlag eine gebundene Ausgabe von *Der große Gatsby* erschienen, in der Ausstattung der Originalausgabe. Von Zelda Fitzgerald ist als Kampa Pocket der Roman *Schenk mir den Walzer* lieferbar.

Roger Graf
Das Sommerloch. Aus: Roger Graf, *Üble Sache, Maloney! Die haarsträubenden Fälle des Philip Maloney*. Copyright © 2023 by Atlantis Verlag in der Kampa Verlag AG, Zürich.

Tessa Hadley
Sonnenstich. Aus dem Englischen von Marion Hertle. Aus: Tessa Hadley, *Sonnenstich*. Copyright © 2023 by Kampa Verlag AG, Zürich. Von Tessa Hadley ist zuletzt der Roman *Das Jahr der Veränderungen* erschienen, als Kampa Pocket sind die Romane *Zwei und zwei*, *Hin und zurück*, *Für einen Sommer* und *Freie Liebe* lieferbar. Das Gesamtwerk von Tessa Hadley erscheint im Kampa Verlag.

Anna Katharina Hahn
Sommerloch. Aus: Anna Katharina Hahn, *Sommerloch*. Erzählungen. Copyright © 2000 by Achilla Presse Verlagsbuchhandlung GmbH, Hamburg, Bremen, Friedland.

Ricarda Huch
Der letzte Sommer. Eine Erzählung in Briefen. Copyright © 2019 by Kampa Verlag AG, Zürich.

Tim Krohn
Wie Zugvögel. Copyright © by Tim Krohn. Abdruck mit freundlicher Genehmigung des Autors. Von Tim Krohn ist der Roman *Die heilige Henni der Hinterhöfe* sowie die Alpensage *Der See der Seelen* im Kampa Verlag erschienen, außerdem unter dem Pseudonym Gian Maria Calonder seine Engadin-Krimireihe.

Milan Kundera
Fingierter Autostop. Aus dem Tschechischen von Susanna Roth. Aus: Milan Kundera, *Das Buch der lächerlichen Liebe.* Copyright © 2024 by Kampa Verlag AG, Zürich. Das Gesamtwerk von Milan Kundera erscheint im Kampa Verlag.

Deborah Levy
Schlaglicht. Aus dem Englischen von Barbara Schaden. Aus: Deborah Levy, *Black Vodka.* Copyright © 2024 by Kampa Verlag AG, Zürich. Das Werk von Deborah Levy erscheint im Kampa Verlag und im AKI Verlag.

Martin Suter
Die Sommerlochfrage. Aus: Martin Suter, *Richtig leben mit Geri Weibel.* Sämtliche Folgen. Copyright © 2005 by Diogenes Verlag, Zürich.

Kurt Tucholsky
Wandertage in Südfrankreich. Aus: Kurt Tucholsky, *Mit 5 PS.* Copyright © 1927 by Rowohlt Verlag, Berlin.

Wenn Ihnen dieses KAMPA POCKET
gefallen hat, gefällt Ihnen vielleicht auch der
Lesetipp auf der gegenüberliegenden Seite.

Schicken Sie uns bitte Ihren LIEBLINGSSATZ
aus einem Kampa Pocket, bei einer Veröffentlichung auf unseren Social-Media-Kanälen
bedanken wir uns mit einem Buchgeschenk:
lieblingssatz@kampaverlag.ch